Friedrich Sieburg
Robespierre

Werkausgabe
Friedrich Sieburg

Deutsche Verlags-Anstalt

Friedrich Sieburg
Robespierre

Deutsche Verlags-Anstalt

CIP-Kurztitelaufnahme der Deutschen Bibliothek

Sieburg, Friedrich:
Werkausgabe / Friedrich Sieburg. – Stuttgart:
Deutsche Verlags-Anstalt

NE: Sieburg, Friedrich: [Sammlung]

Robespierre. – Neuausg. – 1987
ISBN 3-421-06342-7

Neuausgabe 1987
Deutsche Gesamtauflage 176 500

Typografische Gestaltung, Einband
und Schutzumschlag: Hans Peter Willberg, Eppstein
Satz und Druck: Wagner GmbH, Nördlingen
Bindearbeit: Buchbinderei Monheim, Monheim

Inhalt

Vorbemerkung

Die Angaben des Ortes, der Zeit und der Umstände, auch der geringsten, sind ausnahmslos zeitgenössischen Quellen entnommen. Kein Ereignis, kein Detail und keine wörtliche Äußerung ist erfunden. Die Verweisung auf die zugezogenen Werke und Dokumente hätte einen umfangreichen Anhang oder fast auf jeder Seite Fußnoten erfordert. Da das Werk aber nicht zum wissenschaftlichen Gebrauch dienen soll, sondern eine Darstellung und Deutung sein will, wurde mit Rücksicht auf den Leser jede Quellenangabe weggelassen. Das Buch wurde 1935 in Ditchingham, England, niedergeschrieben und noch im gleichen Jahr auf deutsch und auf französisch veröffentlicht. In der Folge erschienen dann zahlreiche Ausgaben in anderen Sprachen. Mein verstorbener Freund Paul Bourdin, der während meiner langen Pariser Jahre mein Mitarbeiter war, half mir bei der Durchsicht des Textes. Die Beurteilung Robespierres hat sich seitdem, wenigstens in Frankreich, etwas vertieft und damit gemildert, jedoch nicht so grundsätzlich, daß im Text dieses Neudruckes darauf hätte Rücksicht genommen werden müssen.

Die letzte Nacht

Um zwei Uhr morgens wird er auf einem Brett in die Tuilerien getragen. Es geht fünfzehn Schritte hinauf – der Verwundete fühlt in seinem halbzerschmetterten Kopf jeden Schritt, den seine Träger machen, wie einen Hammerschlag – dann links hinein in das Vorzimmer des Wohlfahrtsausschusses.

Der Raum ist groß und mit zwei Fenstern versehen, die auf den nächtlichen Garten hinausgehen. Früher hat er zu den Gemächern der Königin gehört, die Decke ist von Mignard aus Avignon bemalt und zeigt in einer Landschaft aus Säulen und rosigen Wolken den lächelnden Apollo, der die Göttin Minerva und ihr Gefolge, die vier Weltteile, empfängt. Das schmutzige Weiß der Wände, das nur von einigen dünnen Goldleisten unterbrochen wird, sieht im ungenügenden Schein der Kerzenflammen warm und gelb aus. Fenstervorhänge gibt es nicht. Wer sein Gesicht an die Scheiben preßt, der sieht einige regennasse Bäume und flüchtende Wolken, hinter denen die unruhigen Sommersterne aufs neue sichtbar werden. Die Gartenwege sind schon wieder trocken geworden und dampfen.

Denn die Nacht ist heiß. Das Gewitter, das gegen Mitternacht über Paris niederging und die Straßen mit warmem Regen überschwemmte, hat nur geringe Kühlung gebracht. Dieser kochende Hochsommer, der die Brunnen austrocknet, die Blumen verwelken läßt, die Speisen in den Schränken zerstört und das Holz der Möbel und Türen sprengt, läßt die Menschen auch nachts nicht zur Ruhe kommen. Die wenigen, die nackt und schweißbedeckt auf ihren bloßen Betten eingeschlafen waren, sind durch das Läuten der Sturmglocke, durch Flintenschüsse, durch das Traben von Pferden auf dem Pflaster und durch den Marschtritt bewaffneter Männer wieder geweckt worden.

Mancher Bürger ist dem Ruf der Glocke gefolgt, hat schweigend den Uniformrock der Nationalgarde angezogen, hat sein Gewehr ergriffen und sich zum Sammelplatz seiner Sektion begeben. Zwei Stunden später ist er, vom Regen durchnäßt, ebenso schweigend wieder nach Hause gekommen und hat sich damit begnügt, seiner angstvoll forschenden Frau zu antworten: »Nichts Besonderes. Wir rückten zum Rathaus, aber als das Gewitter kam, wurde ›Wegtreten!‹ befohlen.« Er kleidet sich aus, steht noch eine Weile am Fenster, horcht auf die verworrenen Geräusche der dumpf fiebernden Stadt, betrachtet den schwachen Lichtschein, der vom Fluß zu kommen scheint, und streckt sich dann in seinem Bett aus. Seine Frau hört seinen Atem und fragt zaghaft in die Dunkelheit hinein: »Schläfst du schon?« Aber er antwortet nicht. Ahnt er, daß die Revolution soeben zu Ende gegangen ist? Daß in den zwei Stunden seiner Alarmbereitschaft die Herrschaft des Schreckens und der Tugend ihren Abschluß gefunden hat?

Im Vorzimmer des Wohlfahrtsausschusses haben die Träger ihre Last zu Boden gesetzt. Ist der Mann, der dort auf einer Planke liegt, schon tot oder atmet er noch? Seine Wunde ist fürchterlich, die linke Wange ist von der Pistolenkugel durchbohrt, der Unterkiefer scheint völlig zerschmettert zu sein und wird durch ein weißes Tuch, das um den Kopf gewickelt ist, zusammengehalten. Die Blutung ist gestillt und zu einer dunkelbraunen Kruste erstarrt, die wie ein Ausschlag unter dem notdürftigen Verband herauskommt. Das Gesicht des Mannes, soweit man es vor Schmutz und Blut überhaupt sehen kann, ist wachsbleich. Die bläulichen Augendeckel sind schwer geschlossen, auf der schön gewölbten Stirn stehen einige Schweißperlen, die erstarrt und eisig aussehen.

Der Mann zwischen Leben und Tod ist Maximilien Robespierre, sechsunddreißig Jahre alt, gebürtig aus Arras in der Grafschaft Artois, ehemaliger Rechtsanwalt, Mitglied des Nationalkonvents, Mitglied des Wohlfahrtsausschusses, seit einigen Stunden durch einstimmigen Beschluß der Volksvertretung geächtet, somit außerhalb des Gesetzes stehend und dem Tode geweiht, dem er soeben im Rathaus noch einmal entgangen ist.

Man macht den großen Tisch, der im Raum steht, von Schreibgerät und Papieren frei, hebt den Verwundeten vorsichtig hinauf und schiebt ihm eine kleine Kiste unter den Kopf, in welcher die im Hause liegende Wache sonst ihre tägliche Brotration aufzubewahren pflegt. Immer noch ist er unbeweglich. Seine Kleider haben jene unheimliche Starre, wie sie den Kleidern der Toten eigen ist. Die Falten seines blauen Fracks, desselben, den er vor einigen Tagen zum Fest des Höchsten Wesens trug, sehen ganz gefroren aus, als sollten sie sich nie wieder glätten. Sein Hemd ist aufgerissen, das Halstuch ist verschwunden, die schönen Spitzen, die über seine Hände fallen, sind zerfetzt. Die blaßgelben Kniehosen und die weißseidenen Strümpfe sind mit Blut befleckt.

Sein Zustand erzwingt Stille. Viele Menschen sind draußen, die den Sterbenden sehen wollen. Viele, die es nicht fassen können, daß dieser Mann wehrlos daliegt. Viele, die plötzlich fühlen, daß ihnen das schöne Leben wieder geschenkt ist, und die nun für ihn eine seltsame Art von Dankbarkeit empfinden. Sie drängen sich an der Tür, aber die Bewaffneten, die ihn hierhergebracht haben, lassen nur die Beamten des Wohlfahrtsausschusses und einige bevorzugte Mitglieder des Konvents eintreten. Die Neugierigen dämpfen unwillkürlich ihren Tritt und senken die Stimme. Dann breitet sich Schweigen in dem Raume aus, in dem nur das Atmen der Dastehenden zu hören ist, während die Lautlosigkeit des ausgestreckten Mannes doppelt fühlbar wird.

Aus dem Nebenraum dringt das Geräusch von Gabeln und

Tellern, von Gläsern und eifrigen Stimmen. Einige Leute der beiden Ausschüsse und des Konvents nehmen dort einen eiligen Imbiß ein. Die meisten von ihnen sind schon die zweite Nacht nicht aus den Kleidern gekommen. Die Sitzung hat vom frühen Morgen bis nach Mitternacht gedauert, niemand hat sich erfrischen können, die Kehlen sind vom Staub des Sitzungssaales und vom Schreien heiser, die Hände, die Knie zittern noch von der überstandenen Aufregung. Kein Wunder, daß sich plötzlich ein rasender Hunger gemeldet hat. Ein Amtsdiener hat dreiundzwanzig Flaschen Wein, einige Vierpfundbrote, einen Schinken, acht Kotelette und einen Korb mit Pfirsichen, Aprikosen und Birnen herbeigeschafft, und nun wird gegessen und getrunken. Sie sind gleich Schiffbrüchigen, die hoffnungslos und dem Wahnsinn nahe auf gebrechlichem Floß umhergetrieben wurden und nun durch ein himmlisches Wunder an Land gesetzt worden sind, wo Quellen rauschen und Früchte wachsen.

Man hört die Stimmen, die durch einen Bissen Fleisch oder einen Schluck Wein immer wieder erstickt werden. Man hört Collots gepflegte und metallische Schauspielerstimme, man vernimmt das warme Organ Barères, die polternden Laute müssen von Lecointre kommen, die atemlose Heiterkeit dürfte Fréron gehören, und wer anders könnte in dieser Stunde mit so gleichmäßig ruhiger Stimme sprechen als Fouché?

Der blutige Mann auf dem Tisch liegt nun schon eine Stunde da, ohne sich zu regen. Noch ist Nacht, und noch lebt er. Aber morgen, bevor die Sonne untergeht, wird er tot sein. Wie ein Summen wird das Wort »Robespierre ist tot!« durch Paris gehen, wird langsam anschwellen, wird mit Glockenstärke in die Gefängnisse und die Verstecke dringen, wird die Straßen entlangbrausen und die blassen Menschen aus ihren Häusern locken, wird über das Land fliegen, wird die Hähne auf den Kirchtürmen bewegen, wird über die Küste gehen und die Segel der englischen Fregatten blähen, wird zum König nach Potsdam und zum Kaiser nach Wien kommen, ja es wird eine ungeheure Flutwelle um den Erdball wandern, die Herzen erschüttern, die

Leichtfertigen zu einem fröhlichen Fluch bewegen und eine ahnungsvolle Trauer – ach, eine flüchtige Sekunde nur! – durch den Sinn der Nachdenklichen jagen, wie der Hauch eines Mundes über einen Spiegel läuft.

Und du, prahlerisches, leichtfertiges und doch so großherziges Paris? Ihr Vorstädte und Proletarierviertel, ihr Sansculotten, ihr Marktweiber, ihr starken Männer der Hallen, ihr Seineschiffer, ihr Munitionsarbeiter, ihr Bautischler, ihr Wollkämmer, ihr Bäcker, ihr Seifensieder, ihr Gerber, ihr Maurer, ihr alle, die ihr Héberts derbe Schimpfereien mit Vergnügen gelesen und die ihr Jacques Roux' Brandreden so gerne zugehört habt – was sagt ihr? Werdet ihr aufweinen, wenn ihr den Tod eines Menschen erfahrt, der Menschenopfer ohne Zahl gebracht hat, um für euch, für euch eine gerechtere Verteilung der irdischen Güter zu erzwingen? Nein, ihr werdet morgen fehlen, so wie ihr diese Nacht gefehlt habt, als man euch zu den Waffen rufen wollte. Höchstens einige von euch werden am Straßenrand stehen, wenn die Karren zum Richtplatz rollen, und werden den Männern der Kommune, die mit ihm zum Tode gehen, nachrufen: »Nieder mit den Höchstlöhnen!«

Es ist vorbei mit Robespierre. Er wird sein Geheimnis mit ins Grab nehmen, und nie wird Frankreich sich darüber einigen können, ob er ein großer Staatsmann oder ein blinder Hetzer war, ob er die Alleinherrschaft für sich anstrebte oder die Diktatur des Proletariats wollte, ob er mit Wonne das Blut seiner Mitmenschen vergoß oder im Augenblick gestürzt wurde, als er dem Schrecken der Guillotine aus Menschenliebe ein Ende bereiten wollte, ob er seinen Nächsten oder nur sich selbst geliebt hat, ob er die Französische Revolution befleckt oder erhöht hat, ob er Frankreich gefördert oder geschädigt hat, ob er der größte und edelste Mann dieser Zeitenwende war oder ein krankhafter Blutsäufer. Draußen in Europa von Spanien bis Sankt Petersburg, von Irland bis Konstantinopel gibt es kein Wirtshaus, keinen geselligen Tisch, keine Kaminecke, keinen Ruheplatz vor der Haustür, wo nicht zweierlei Meinung heftig ausgetragen würde. Alte Gefährten meiden sich, Freundinnen stellen ihren Briefwechsel ein, Kartenpartien werden abgebrochen, Familien spalten sich, Jünglinge werden rasend, Frauen träumerisch, Greise traurig, Zyniker unruhig und Liebespaare zu Feinden, weil der eine Teil sagt: »Er ist ein Mörder!« und der andere: »Er verändert das Antlitz der Menschheit!« In Deutschland sinken alte Prediger in ihrem armseligen Pfarrgärtlein zusammen, weil ihr Gewissen dem Geheimnis dieses Franzosen, der Gott wieder auf die Altäre hebt und die Priester auf verpesteten Gefängnisschiffen umkommen läßt, nicht gewachsen ist. In England zerbrechen junge Dichter ihre Feder, weil die in Paris geübte Harmonie von Freiheit und Tyrannei ihren wißbegierigen Genius lähmt. Überall lockern die Taten und Worte dieses Menschen wie Hefe die Seelen, werfen Rätsel auf, die schwerer lasten als ein Fluch, und säen Ratlosigkeit, von der auch die Fürsten auf ihren Thronen, die Priester in ihren Heiligtümern und die Lehrer auf ihren Kathedern ergriffen werden.

Was Europa quält, ist dies: Es ist durch die Grausamkeit, ja Niedrigkeit der Französischen Revolution aufs tiefste erschrokken und fürchtet für seine Bequemlichkeit, aber auch für sein Anstandsgefühl – gleichzeitig aber ist es durch die Kühnheit der neuen Ideen unwiderstehlich verführt und möchte nicht den Weg in die Zukunft verfehlen. Gott, König und Sitte füllen die eine Waagschale, aber die andere zittert mächtig unter dem Druck der schön und schrecklich leuchtenden Worte »Freiheit, Gleichheit«. So geschieht es, daß die Welt sich in zwei Teile spaltet – dem einen bangt es vor der Zukunft, der andere möchte sie mitgestalten. Frankreich hat dem alten Europa, das ihm in den Arm fallen wollte, bereits den Kopf eines Königs vor die Füße geschleudert. Valmy, Jemappes, Mainz, Nizza, Savoyen, Wattignies, der Geisberg, Weißenburg und Fleurus haben dieses sich im Inneren zerfleischende Frankreich nach außen einig gezeigt, geeinigt durch einen neuen Glauben, der im Brausen der trikoloren Fahnen adlergleich über den Köpfen dieser Jugend schwebt, durch den Glauben an die französische Nation.

Gewiß ist es richtig, daß die meisten Menschen draußen sich unter den letzten fünf Jahren des französischen Gebarens nicht viel mehr vorstellen können als eine rote Zipfelmütze, die einst von den Galeerensträflingen getragen wurde und nun das Ehrenzeichen der Freiheit geworden ist. Man kennt gerade das, was auf billigen Kupferstichen zu sehen und was auf Kaffeetassen gemalt ist, ein schmales rotgestrichenes Schafott mit blinkendem Fallbeil, einen affenhäßlichen Menschen in der Nachthaube, Marat, einen gutmütig aussehenden, dicken Mann mit Doppelkinn und stark gebogener Nase, dem die Hände auf dem Rücken zusammengebunden sind, den König, einen schnauzbärtigen Arbeiter mit Ohrringen, der eine große Pfeife raucht, die Hemdsärmel hochgeschlagen hat, zwei Pistolen aus dem Gürtel herausschauen läßt und anstatt schicklicher Kniehosen (culottes) lange Beinkleider trägt und darum der Sansculotte genannt wird. Vor allem aber sieht man das Brustbild eines nicht jungen, nicht alten, nicht schönen, nicht häßlichen, nicht sympathischen und nicht abstoßenden Menschen mit fliehender Stirn und krampfhaft geschlossenem Mund, altmodisch frisiert und gepudert, mit schneeweißem und vielfach gefälteltem Halstuch, das kokett aus dem Frack herausschaut, Robespierre.

Es ist derselbe Robespierre, der in diesem Augenblick zu Paris blutig und besiegt auf einem mit schönen Bronzeverzierungen versehenen Tisch im Vorzimmer des Wohlfahrtsausschusses liegt. Es ist die letzte Nacht seines Lebens, die er auf diesem Tisch verbringt. Denn morgen wird er unter dem Fallbeil enden, wenn er nicht schon vorher an seiner schrecklichen Verwundung stirbt. Es wird nicht einmal eine Gerichtsverhandlung gegen »Robespierre und Genossen, angeklagt der Verschwörung gegen den Konvent, die Republik und die Freiheit« geben. Denn der Konvent hat ihn und die Seinen im Laufe der Nachtsitzung einstimmig außerhalb des Gesetzes gestellt. Der öffentliche Ankläger, Fouquier-Tinville, braucht also nur seine Identität festzustellen, um ihn unter das Fallbeil schicken zu können – ein Verfahren, das erst vor kurzer Zeit von Robespierre selbst erfunden worden ist. Die Nachricht von seinem Sturz und dem Ende der robespierristischen Kommune ist um diese Nachtstunde kaum schon in Paris bekannt. Aber morgen mittag wird die Neuigkeit dank der geschwinden Arbeit des optischen Telegraphen schon bei den Armeen an den Rändern der Republik eintreffen, von wo sie dann leicht bis zum Abend ins Ausland dringt.

Der Armee dürfte die Nachricht übrigens ziemlich gleichgültig sein. Zwar hat der Wohlfahrtsausschuß angeordnet, daß die Stäbe von königstreuen Elementen gesäubert und kräftig mit Jakobinern durchsetzt würden. Aber Soldat ist Soldat, und da die Auswahl der Rekruten auf Vorschlag der Klubs und der Überwachungsausschüsse bei den Sektionen vorgenommen wird, so haben die gesinnungstüchtigen Schreier zunächst einmal die anderen ins Feld geschickt. Dem Mann an der Front bedeutet es wenig, ob in Paris ein Robespierre oder ein Barras das große Wort führt. Wenn nur Frankreichs Fahnen siegreich bleiben und wenn Carnot, Lindet und Prieur nur ordentlich Munition, Gewehre, Wagen und vor allem Brot und Stiefel schicken. Aber damit hapert es leider sehr. Brot haben die zu Hause selbst nicht mehr, und seitdem es in Paris die Brotkarte gibt, ist der Laib auch nicht größer und besser geworden. So muß man sich denn zu den armen Pfälzern, Rheinländern, Holländern und Italienern an den Tisch setzen und das Essen, das man ihnen fortnimmt, mit revolutionären Weisheiten bezahlen. Daran ändert auch das Verschwinden dieses unheimlichen Robespierre nichts, der sich sowieso niemals an der Front hat sehen lassen.

Für den einen oder anderen General mag das Ereignis freilich mehr bedeuten. Der schöne Jüngling Hoche, dies verhätschelte Kind des Sieges, sitzt in diesem Augenblick eingesperrt im Gewölbe des Karmeliter-Klosters auf der Rue Vaugirard, von wo man ihn morgen früh sicher entlassen wird. Custine, Houchard und Beauharnais, die ihre Niederlagen mit dem Tode bezahlen mußten, können allerdings nicht wieder lebendig gemacht werden. Ihre Körper liegen irgendwo auf einem überfüllten Friedhof, dem von Sankt Margarethen oder im Park Monceau, und ob ihre Köpfe dabei sind, ist höchst fraglich. Übel dürfte es dem jungen Buonaparte ergehen, einem kleinen korsischen General, der zwar viel verspricht, sich aber bedenklich mit den beiden Robespierre, besonders dem jüngeren, eingelassen hat. Zur Stunde ist er in Genua, wo er mit dem Rate wegen des schleunigen Baues einer Heerstraße von Ceva nach Savona verhandelt. In einigen Tagen wird er zu Antibes im Kerker sitzen und über den Wechsel des Glückes nachdenken – jedoch nicht für lange. Und Pichegru? Nun, der verachtet alle diese Politiker in Paris, Robespierre vielleicht noch am wenigsten.

»Volk«, sagte er vielversprechend, »denke daran, daß die Kolonnen der verbündeten Tyrannen niemals vor unseren Armeen standgehalten haben und daß auch eine Handvoll Halunken vor ihnen nicht standhalten wird.«

Groß und langsam schlägt eine Uhr im Raume nebenan die dritte Stunde, die Stimmen der Tafelnden übertönend. Robespierre schlägt plötzlich die Augen auf und läßt sie im Zimmer umherwandern, ohne den Kopf zu bewegen. Weiß er, wo er sich befindet, erkennt er die Stimmen wieder, die nebenan erklingen? Schwach fühlt er das Leben in sich, nur seine linke Gesichtshälfte ist leblos, wie erfroren. Er versucht, mit der Zunge zu fühlen, aber sie gehorcht ihm nicht, sie scheint ebenfalls verletzt zu sein. Dunkel empfindet er, daß der Kiefer zerschmettert ist. Er ahnt Knochensplitter, zerbrochene Zähne und altes Blut, das sich bitter mit dem Speichel vermischt. Die Wunde hat wieder zu bluten begonnen, das Blut zieht eine dünne Spur den Hals entlang und durchtränkt langsam sein Hemd. Die Knieschnallen seiner Beinkleider spannen, wie gerne würde er sie lösen, aber er kann mit der Hand nicht hinlangen. Ein Beamter des Kriegsarchivs errät den Sinn dieser hilflosen Handbewegungen, öffnet die Schnallen und lockert die Strümpfe. Robespierre macht eine ungeheure Anstrengung, er möchte dem Manne danken und bringt schließlich mit Mühe die Worte hervor:

»Danke, mein Herr!«

Mein Herr? Sagt man nicht seit fünf Jahren in der Republik bei einer solchen Gelegenheit »Danke, Bürger«? Jedem Menschen ist diese patriotische Anrede in Fleisch und Blut übergegangen, und selbst wenn dem nicht so wäre, würde die Polizei für die strikte Einhaltung dieses Brauches sorgen. Was bedeutet dieser Rückfall in die Sprache einer Welt, die niemals wiederkehren soll? Ist es nur ein durch Schmerz gesteigertes Zeichen des von Robespierre stets geübten Bestrebens, die Formen zu wahren und höflich, ja höfisch zu bleiben, oder ist es die bittere Ahnung, daß die große Zeit der Revolution mit ihm zu Ende geht? Vielleicht sieht der Blutende im Fieber seiner Agonie tiefer und weiter als andere Sterbliche und fühlt mit seinem Lebensblut eine Epoche unwiederbringlich verrinnen. Für ihn waren diese Anreden, Worte und Gebräuche mehr als Symbole. Sie waren ihm Erziehungsmittel. Nun liegt der blutige Schulmeister der Republik hilflos und sterbend auf einem Tisch und weiß, daß Frankreich morgen wie eine losgelassene Schulklasse jauchzen wird. Es war umsonst.

Mit einem weißen Lederbeutelchen, das als Pistolenbehälter gedient hat und das in goldenem Aufdruck die Firma des Waffenhändlers zeigt, versucht er, das rinnende Blut anzuhalten. Wie schwierig diese Bewegung ist! Langsam führt er immer wieder die Hand zum Gesicht, langsam tupft er mit dem weißen Leder das warme Naß auf, und wenn diese mühevolle Tätigkeit nicht wäre, müßte man ihn für tot halten, so bleich ist sein Gesicht, so starr liegt er da. Der schmächtige Mann erscheint nun noch viel magerer und unscheinbarer, die dünnen Beine sehen so leblos aus, als ob sie gar nicht mehr zu ihm gehörten.

Immer stärker wird das Gedränge im Raum. Sehen, sehen wollen die Menschen. Sie wollen die Wunde, sie wollen das Blut sehen. Immer wieder müssen die Soldaten die Neugierigen zurückdrängen. Ist es wahr, daß er versucht hat, sich zu erheben und das Zimmer zu verlassen? Ist es auch ganz, ganz sicher, daß er in Acht erklärt ist, daß er machtlos, fertig, erledigt ist und niemandem mehr schaden kann? Tausend geflüsterte Fragen erfüllen die Luft, in deren steigender Wärme die Kerzen unruhig flackern. Aber die Menschen gehorchen nicht lange dem Schweigen der Agonie. Wie könnten sie auf die Dauer der Versuchung widerstehen, endlich ihrem Herzen Luft zu machen? Jene, die sich in den letzten Wochen haben verstecken müssen, die nicht mehr gewagt haben, nachts zu Hause zu schlafen, aus Furcht, dort verhaftet zu werden, jene, die mit Angst seinen forschenden Blick während der Konventssitzungen auf sich verweilen gefühlt haben, vielleicht auch jener, der sich bei einer solchen Gelegenheit hinter dem breiten Rücken seines Vordermannes zu verstekken versuchte und dabei erschrocken stotterte: »Er wird denken, daß ich etwas denke«, jene, die er als feige Schurken abgemalt hat, ohne ihre Namen zu nennen, jene, deren verlegene Anbiederung er verächtlich abgelehnt hat, jene, die sich von ihm erkannt und durchschaut fühlten, jene, deren trübe Geheimnisse er kannte, jene, deren schuldbewußtes und angstvolles Lächeln er mit eisiger Miene unerwidert gelassen hat, jene, deren Völlerei und Verderbtheit sich voll schlechten Gewissens an seiner Enthaltsamkeit maß, alle jene, die sich von ihm beargwöhnt, verachtet, beneidet, beobachtet, bedroht wußten, alle diese Menschen möchten jetzt aufatmen und, dem ungläubigen Thomas gleich, ihre Hand in die Wunde legen.

Robespierre kann den Kopf nicht mehr bewegen, aber er kann seinen Peinigern mit den Blicken folgen. Seine hellen Augen, die auch jetzt noch nicht völlig ihren zugleich unschuldigen und erschreckenden Ausdruck verloren haben, folgen jedem Gesicht, das sich ihm nähert und sich von ihm entfernt, als wollte er alle wiedererkennen und sich einprägen, um sie dann heute abend in sein Notizbüchlein einzuschreiben und sie morgen dem Verwalter seiner Polizei, dem Bürger Herman, mitzuteilen. Aber niemand weiß, was er wirklich sieht. Hört er die Schimpfworte der Menschen, den Hohn der Feiglinge, ihre nutzlosen Drohungen, ihr befreites, fast fröhliches Spotten? Der Schmerz seiner Wunde wird mit einem Male so groß, daß er seinen Körper nur noch wie ein Gebilde aus überirdischer und doch brennender Kälte spürt. Auf seiner Stirn fühlt er eine wandernde Feuchtigkeit, ein Mensch hat ihn angespuckt, und der Speichel gleitet nun langsam die Stirn herunter.

Vielleicht gibt es auch einige Freunde zwischen all diesen neugierigen Feiglingen, Freunde, die ihre wahren Gefühle nicht mehr zu zeigen wagen. Denn wenn es gestern noch die nützlichste Empfehlung in der ganzen Republik war, sich auf persönliche Beziehungen mit diesem Manne zu berufen, so kann es heute das Leben kosten. Sind nicht die Haftbefehle gegen den Tischler Duplay und Frau, in deren Familie er in den letzten Jahren gelebt hat, bereits ausgestellt? Nein, es ist besser, den Daliegenden nicht in Schutz zu nehmen und ihn seinem Schicksal zu überlassen. Wird jemals ein sterblicher Mensch erklären können, wieso dieser Umschwung innerhalb zehn kurzer Stunden möglich gewesen ist? Durch die Todesfurcht aller derer, die noch nicht in den Gefängnissen sitzen, sagen einige. Aber das genügt nicht, denn wie war es möglich, daß dieser unscheinbare, mehr redende als handelnde Mensch, welcher der Umwelt stets waffenlos und mit bloßen Händen gegenübertrat, einsam in einem Hofzimmerchen lebte, nie eine bewaffnete Leibwache duldete, sich gern auf langen Spaziergängen unbegleitet in den Wäldern um Paris verlor, niemals um eines Mitmenschen Gunst warb, niemals Menschen, sondern immer nur Prinzipien zu Hilfe rief, daß ein solcher Mensch diese lähmende Furcht verbreiten konnte! Ganz sicher ist man ja auch jetzt noch nicht. Wie, wenn er sich plötzlich erhöbe, wenn alles nicht wahr wäre, wenn er, die Menge mit kalten Blicken teilend, auf die Tür zuschritte und in dem Beratungszimmer des Wohlfahrtsausschusses verschwände? Man faßt sich unwillkürlich an den Hals, wenn man diese Vorstellung zu Ende denkt.

Ein Mann hat Spottzeichnungen aus Londoner Blättern mitgebracht, auf denen man Robespierre auf dem Throne des sechzehnten Ludwig sitzen und zusammen mit der Tochter des Tischlers Duplay geröstete Aristokratenherzen verzehren sieht. Die Blätter wandern im Kreise herum und erregen viel Munterkeit. Ein anderer erinnert daran, daß Barère jüngst im Konvent Berichte aus ausländischen Blättern vorgelesen hat, in denen immer von »Robespierres Truppen«, von »Robespierres Flotte«, von »Robespierres Festungen« die Rede war. Ist es ein Wunder, daß man da draußen so über seine Macht und Stellung in der Republik denkt? Der Konvent hat ihn zu seinem Präsidenten gewählt, im Wohlfahrtsausschuß ist er unbestrittener Herr, den Sicherheitsausschuß hat er seiner Selbständigkeit beraubt und ihm eine eigene, von Saint-Just geleitete Polizei gegenübergestellt. Die Kommune gehört ihm, denn sowohl der ihr beigegebene Staatskommissar als auch der Bürgermeister sind von ihm ausgesucht, das Revolutionstribunal ist in seiner Hand, seit am 22. Prairial die Geschworenen aus seinen Leuten gewählt und zu Beamten gemacht wurden. Vor allem aber ist er der Meister des Jakobinerklubs, der wichtigsten und machtvollsten Körperschaft in der Republik. Er ist es? Er war es! Irgend etwas ist für immer vorbei, denn er hat nicht zu den Menschen gehört, die Nachfolger haben, er hat als Prinzip gelebt, vielleicht ist jetzt die ganze Revolution zu Ende.

Die Worte und Gespräche, das Raunen und Flüstern, das Drängen und Stoßen der Menge erfüllen den Raum, der immer enger und heißer wird. Robespierre hört alles nur mit halbem Bewußtsein, sein Sinn ist schon von den herzzerreißenden, süßen Sphärenklängen des Todes und der Wiedergeburt erfüllt. Die Menschen Frankreichs haben noch ihre Ängste und Triumphe, aber er möchte nur noch an die elysäischen Gefilde denken. Nicht an jene, unter deren Kastanienbäumen er mit der Tischlerstochter spazierenging, um mit ihr von den Tröstungen des Höchsten Wesens, von den vaterländischen Pflichten zu sprechen oder auch um ein Gläschen Limonade zu trinken oder die kleinen Savoyarden tanzen zu lassen, nein, an jenes Elysium, das nicht eine Straße, sondern ein Ziel ist.

O Nacht vom 9. zum 10. Thermidor, o Julinacht, die kein Regen, kein Wind zu erquicken vermag. Bald muß schon das Dämmern des Tages sichtbar werden, und immer noch kocht Paris vor Hitze. Jemand hat das Fenster weit geöffnet, aber was hilft es! Die Luft, die langsam hereindringt, ist dampfend schwer und voll Staub, sie scheint den Anhauch des eiligen Flusses und den Atem der Rasen für immer vergessen zu haben und bringt dafür den dumpfen Geruch aus Garküchen, aus Pferdeställen und Aborten mit. Unwirklich und doch ungeheuer steht im Ohr des Leidenden das Geräusch dieser Nacht. Das Knacken der Möbel, das zarte Nagen einer Maus dröhnt in seinem Kopf nicht weniger gewaltig wider als die Erinnerung an den Pistolenschuß, der seinen Unterkiefer zerschmettert hat. Es braust, es schwillt an, es spricht und wispert, Stimmen dürrer Bäume, Geraschel von tausend Füßen, Flüstern von vielen Menschen oder bloß unruhiges Atmen solcher, die sich schlafsuchend in der erstickenden Hitze auf ihren Lagern wälzen.

Es ist bald vier Uhr morgens. Der kleine Lederbeutel ist steif von altem Blut und kann nichts mehr aufsaugen. Robespierre sucht mit schwachen Händen auf seinem Körper nach irgend etwas, womit er das fließende Blut ein wenig aufhalten könnte. Jemand errät seine Bewegungen und gibt ihm einige Bogen Schreibpapier in die Hand. Es ist weißes Papier, das als Aufdruck trägt »Wohlfahrtsausschuß der einen und unteilbaren Republik, Freiheit, Gleichheit, Brüderlichkeit oder der Tod«. Er legt einen solchen Bogen vorsichtig und sanft auf seine zerrissene Wange. Das Papier ist kühl, er hat immer Papier geliebt. Er konnte nicht müde werden, es mit seiner kleinen Schrift eng zu bedecken. Er hat sich ins Papier geflüchtet, wie Kinder ihr Gesicht in die Kleiderfalten der Mutter drücken. Besonders gern machte er Listen, sauber und senkrecht untereinander, auf einem großen Bogen, Listen von Maßnahmen, von brauchbaren Personen, von Prinzipien, auch von Verdächtigen. Den Haftbefehl gegen Danton hat er allerdings auf die Rückseite eines gebrauchten Briefumschlags gekritzelt, aber da war er auch ziemlich eilig. Taten, die sauber auf Papier geschrieben werden, sind keine Taten im Sinne der guten und bösen Werke, sondern angewandte Grundsätze. Was auf dem Papier steht, ist nicht wirklich, was auf dem Papier steht, blutet nicht. Er hat nie eine Hinrichtung mit angesehen, er hat sie immer nur auf dem Papier vollzogen, das Papier ist weiß, erst heute, in dieser Julinacht, ist das Papier rot von Blut.

Robespierre schlägt die Augen auf. Er hat gefühlt, daß jemand über ihn gebeugt ist und ihn forschend ansieht. Richtig, ein Mann steht da und betrachtet ihn leidenschaftslos und gleichgültig, offenbar nur um den Stand der Wunde besorgt. Es ist ein Feldscher, denn er trägt Uniform. Wie selten hat sich ein Gesicht über mich gebeugt, denkt der Leidende, den der Schmerz aufs neue zwingt, die Augen zu schließen. Wenn man glücklich sein, wenn man alt werden und ruhig sterben will, so muß man Erinnerungen an Gesichter haben, die sich über uns beugten. Ich war noch keine fünf Jahre alt, als meine Mutter starb. Ich war sechs Jahre alt, als mein Vater plötzlich Arras verließ und in die Verschollenheit wanderte. Ich habe in einer Stube geschlafen, die zur Aufbewahrung von Säcken und Getreide diente, denn der Großvater war Brauer. Ich war ein hübsches Bübchen, ich konnte häkeln, denkt euch, ihr sterblichen Menschen, ich konnte häkeln, ich hätte gerne auf den Knien meiner Großmutter gesessen, aber sie war eine strenge Frau, und ich wagte nicht einmal, ihr zu sagen, daß ich Angst vor den vielen Mäusen hatte, die nachts in mein Zimmer gehuscht kamen, um Gerste zu naschen. Ich ging fleißig zur Schule, denn die Großmutter sagte mir jeden Tag, daß ich mehr arbeiten und artiger sein müsse als andere Kinder, damit ich den Verwandten nicht zu lange zur Last falle und möglichst bald für meine kleinen Geschwister sorgen könne. Ich war fast immer allein. Die Mama hat eben gefehlt. Ich fütterte die Tauben, die ebenfalls wegen der Gerste kamen, ich hielt mir auch einige Singvögel, meine Feinde haben später verbreitet, ich hätte mir eine kleine Guillotine gebaut, um sie hinzurichten. Ich saß am Fenster und war traurig. In Paris ist es mir nicht gutgegangen, ich war ein Freischüler im Lyzeum Louis-le-Grand, ich war der ärmste Schüler dort, mein Rock war oft zerrissen, und meine Schuhe hatten Löcher, aber ich arbeitete mehr als die anderen. Wenn ich gelegentlich einige Sous geschickt bekam, so trug ich sie zum Friseur, denn wichtiger als Essen und Trinken war mir wohlgeordnetes und wohlgepudertes Haar. Ich hatte keine Sonntagskleider, und als einmal der junge König Ludwig in die Schule kam, wurde ich ausgesucht, um eine Begrüßungsrede zu halten. Der Direktor, ein guter Mann, schenkte mir zu diesem Zweck einen abgelegten Frack. Der König, der fett und liebenswürdig war, hörte nicht ordentlich zu. Ich habe später seine Verurteilung befürwortet, aber nicht wegen seiner Schwächen und Fehler, sondern wegen seiner Stellung. Ludwig mußte sterben, damit das Vaterland lebe. Ich besaß wenig Bücher, zwei Schuhbürsten, ein Wachstuchsäckchen mit Puder samt Quaste, ferner einen kleinen Vorrat Nähseide, Wolle und die dazu nötigen Nadeln, denn ich stopfte mir die ärgsten Löcher selbst. Schlimm ist es mir gegangen. Obwohl ich gut gewachsen war, kam ich mir oft wie ein Krüppel vor. Das kam, weil ich damals nie Glück hatte. Meine Erfolge als junger Rechtsanwalt waren nicht gerade überwältigend, und diesen lächerlichen Prozeß für einen Mann, der sich als erster in Frankreich einen Blitzableiter aufs Haus gesetzt hatte, was die furchtsamen Nachbarn zur Klage veranlaßte, habe ich in zweiter Instanz doch noch verloren. In der Nationalversammlung habe ich mich durchgesetzt, obwohl mich sogar meine Kollegen vom dritten Stand oft verhöhnt haben und im Sitzungsbericht mein Name anfänglich immer falsch geschrieben und oft sogar durch drei Sternchen ersetzt wurde, weil niemand ihn kannte. Aber alle Spottrufe und Unterbrechungen haben mich nicht abgehalten, meine Meinung zu sagen, und als der Erzbischof von Aix in seiner eleganten und schneeweißen Greisenhand ein Stück schwarzen Brotes in die Höhe hielt, um damit die elende Lage des Volkes zu erläutern, da war ich es, der ihm und seinesgleichen den Rat gab, auf die Kirchengüter zu verzichten und den schändlichen Herrenluxus preiszugeben. Aber was half das alles, niemals war man diesen Herren gewachsen! Ich zitterte innerlich, wenn eine Dame des Hofes mich neugierig anblickte, selbst vor dem braven Herzog von Liancourt hatte ich Angst, obwohl er ein anständiger Mensch war, und der Zeremonienmeister des Königs, der die Verbindung zwischen Seiner Majestät und den Abgeordneten besorgte, ärgerte mich so, daß er mich in meinen Träumen bedrückte. Er war ganze dreiundzwanzig Jahre alt, trug einen Mantel, der von Goldstickereien und Edelsteinen glänzte, seine Hände waren mit Diamantringen geschmückt, und auf seinem Hut hatte er mindestens sieben weiße Straußenfedern. Er war wohl der unverschämteste Mensch, den man sich vorstellen kann, er ließ den dritten Stand antreten wie eine Rotte Soldaten, nannte uns »Ihr guten Leute« und examinierte durch ein goldenes Lorgnon unseren Anzug. Aber die Zeit ist schnell mit all diesen Menschen fertig geworden. Bald hat niemand mehr gewagt, meine Stimme zuzudekken. Noch keine zwei Jahre, und ich wurde, als ich zu Besuch nach Arras fuhr, in Bapaume von zweihundert Reitern empfangen, die mich den Rest des Weges eskortierten, und meine Vaterstadt hatte mir zu Ehren illuminiert. Das war schön. Sonst habe ich nicht viel Freude vom Leben gehabt. Ich bin ja auch noch jung. Ich habe zwei winzige Zimmer im Hof mit Aussicht auf eine Tischlerwerkstatt bewohnt, ich hätte gern Reitstunden genommen wie Saint-Just, aber ich hatte Angst vor Pferden; nur Apfelsinen aß ich, soviel ich wollte, und meine Frisur war stets in bester Verfassung. Für morgen bin ich bei den Brüdern Laviron in Créteil zum Essen eingeladen. Das sind gute Leute, die mir immer gern eine Freude machen wollten. Sie werden vergeblich warten. Wahrscheinlich wird statt meiner ein Gendarm kommen, der sie ins Gefängnis schleppt, weil sie meine Bekannten sind. Von meinen Schulkameraden sind die meisten verschwunden. Die meine Erniedrigung gesehen haben, sind nicht mehr. Camille Desmoulins war der letzte. Ich habe ihn gut leiden können. Er erinnerte sich wohl daran, wie schwer ich es als Knabe hatte, sprach aber nie davon. Schließlich ist er doch gestolpert und gefallen. Welch ein Leben, welch ein Gedränge von Schatten! Das schwarze Brot damals wäre vielleicht besser Kohle gewesen, es soll so qualvoll sein, in Kohlenbergwerken zu arbeiten. Das Lorgnon machte mir keine Furcht mehr, ich gebrauche selber eines, jetzt freilich habe ich es verloren, es muß im Gleichheitssaal des Rathauses liegengeblieben sein; wenn sie es nur nicht zertreten, die Gläser sind so teuer, man könnte es vielleicht morgen suchen lassen, allerdings war das Brot sehr schwarz damals, nur hätte man es nicht emporhalten dürfen, wie bei der Wandlung der Leib des Herrn emporgehalten wird. Nein, Fouché, nein, Chaumette, der Tod ist kein ewiger Schlaf. Der Tod ist der Anfang der Unsterblichkeit, aber erst muß ich durch das Fegefeuer der Schande und des Fiebers, des Fiebers …

Der Militärarzt hat seinen Instrumentenkasten geöffnet, ein älterer Mann, ebenfalls ein Arzt, ist hinzugetreten. Er bringt Schreibzeug mit sich, der Konvent verlangt einen Bericht über den Zustand des Verwundeten. Kann eine Behandlung hier noch viel helfen, zumal da der Patient seinen übel zugerichteten Kopf morgen ja doch verlieren wird? Der Jüngere schlägt vor, lediglich einen Verband anzulegen und den Mann im übrigen seinem Schicksal zu überlassen. Ihm ist es gleichgültig, wer da liegt, er ist Soldat, er ist immer allein gewesen mit seinem Säbel und seinem Instrumentenkasten, er geht nach Belgien oder an den Rhein, ihn kümmert es wenig, ob die Herren vom Konvent sich gegenseitig umbringen, morgen wird Paris hinter ihm liegen, er geht mit seinem Regiment, lauter anständigen jungen Leuten aus Orléans und Tours, er reitet auf seinem dicken Grauschimmelchen, was geht es ihn an, ob Robespierre lebt oder stirbt. Er ist ein Mensch und sollte nicht unnütz leiden. Der andere Arzt ist nicht dieser Ansicht, er ist bei den Gesundheitsbehörden angestellt, er ist für den Bericht verantwortlich, der Verwundete muß imstande bleiben, seine Strafe zu empfangen. Also wird die Wunde untersucht, Knochensplitter, Fleischfetzen und Zähne werden entfernt. Die Untersuchung muß sehr schmerzhaft sein, aber Robespierre gibt keinen Laut von sich. Er folgt den Bewegungen der beiden Ärzte genau mit den Augen, als wolle er sie überwachen oder etwas von ihnen lernen. Dicke Lagen von Verbandsstoff werden aufgelegt, um jeder neuen Blutung gewachsen zu sein, dann wird der Kopf aufs neue mit einer Serviette umwickelt, denn die einzelnen Teile der Wange und des Kiefers hängen nur noch lose zusammen. Nie wieder wird Robespierre ein Wort sprechen in dieser Welt.

Jetzt der Bericht an den Konvent! Hier ist der ältere Arzt an seinem Platz. Er schreibt: »Der Zustand dieses mit vollem Recht Geächteten...« Der andere zuckt verächtlich die Achseln. »Das Ungeheuer«, schreibt die Feder weiter. Der Feldscher schluckt einen Fluch hinunter, drängt zur Sache, unterschreibt und verläßt grußlos den Raum. Der Konvent ist noch versammelt. Erst um sechs Uhr vertagt ihn der Präsident Charlier und beraumt die nächste Sitzung auf neun Uhr vormittags an.

Draußen beginnt der Tag, ein glühender Tag, der ebenso heiß wie der gestrige zu werden verspricht. Auf die Bäume des Tuileriengartens fällt das erste matte Licht des Tages. Das Grauen des Morgens ist völlig lautlos, die Dinge sind wie erstarrt, sie werfen nicht einmal Schatten. Das Licht ist grau und ruht tot auf der versteinerten Welt. Ist alles Leben für immer erloschen, ist das Gestirn, auf dem wir leben, in diesem Augenblick zu farbloser Asche verglüht? Es ist die Stunde, in der die irrenden Seelen der Abgestorbenen eilig wieder in ihre Gräber zurückkehren, schaudernd vor so viel Stille. Nun färben sich die Blätter und Büsche mit fahlem Glanz, nun erklingt der erste, noch schlaftrunkene Vogellaut, nun antwortet eine andere Stimme, nun brechen die Vögel des Gartens in ein tausendstimmiges Konzert aus, die ersten Karren gehen in den Straßen, ein Hund bellt, eine Menschenstimme wird hörbar, der Tag beginnt. Robespierres letzte Nacht ist zu Ende.

Ein schlechter Franzose

Robespierre, gewaltiger, ungeliebter Schatten, du verlangst, vom Opferblut des Lebens zu trinken. Dich dürstet nicht nach jenem Blut, das du vergossen hast, aber ich sehe dich ruhelos an jenem Strande auf und ab schweben, der das Reich des Todes von den Ufern der Lebenden trennt. Was treibt dich zurück? Ist es das Glück, das du nie hast genießen können und das vielleicht irgendwo auf dich wartete? Ist es dein Werk, das schon am Tage deines Todes zu verfallen begann und das du immer noch für vollendbar hältst? Oder ist es einfach der Wunsch, dir ein wenig Gerechtigkeit zu erkämpfen, wenn schon von Verehrung oder gar Liebe keine Rede sein kann? Man hat dir berichtet, daß an den öffentlichen Gebäuden deines Vaterlandes immer noch die Worte »Freiheit, Gleichheit, Brüderlichkeit« prangen. Und wenn es dich vielleicht auch kränkt, daß der Genius der Republik, dessen Büste in allen öffentlichen Räumen aufgestellt ist, die phrygische Mütze trägt, die du nie geliebt hast, so erweckt es in dir doch Heimweh nach dem Leben. Denn die Republik, für die du gelebt hast und gestorben bist, ist immer noch da und hat sich aus allen Zusammenbrüchen siegreich wieder erhoben. Der Tag des Bastillensturms ist immer noch der Feiertag der Nation, die Trikolore weht ungealtert im Winde der Zeit, und die großen Männer der Republik nennen sich bei festlichen Gelegenheiten stolz die Nachfahren der Jakobiner. Ist es da ein Wunder, daß du unruhig am Strande des Schattenreiches umherirrst und deine ganze, teuer erworbene Leidlosigkeit darum gäbst, wenn du auch nur einen Tag ins Leben zurückkehren könntest, um den Boden der französischen Republik zu berühren?

Wünsche es nicht, Maximilien, bleibe deinem Tode treu. Sie wollen nichts von dir wissen, du wärest ihnen nur lästig. Ja, ich bin überzeugt, daß sie dich sofort wieder ergreifen, ächten und, wenn möglich, aufs neue hinrichten würden. Es ist nicht deine Republik. Es ist eine andere. Du bist allein, trauriger Schatten. Du bist nicht vergessen, aber du bist Schlimmeres, du bist abgelehnt. Die Gier der blassen Gestorbenen, die sich um den Opferstein drängen, um einen Tropfen von dem lebenspendenden Blute zu erhaschen, ist deiner nicht würdig. Du hast den Mut zur letzten Kälte gehabt. Du hast gewußt, daß ein Volk von Zeit zu Zeit der Unerbittlichkeit einer bis zu Ende gedachten Idee unterworfen werden muß, um weiterleben zu können. In dir, seltsamer Franzose, ist Größe, denn deine Politik war so sehr Idee, daß ihre Anwendung den Tod als Prinzip zur Folge hatte – aber nicht nur den Tod derer, die nicht für deine Idee waren, sondern auch deinen eigenen Tod. Wärst du am Leben geblieben, wärst du fünfzig Jahre alt geworden und hättest du mit deinen Generalen Buonaparte, Masséna, Pichegru, Lannes und Bernadotte die halbe Welt erobert, so wäre dein Schicksal ein Abenteuer. Aber du bist jung gefallen, gleichsam unter der Schneide deiner eigenen Idee.

Andere werden rufen: »Robespierre, das ist der Schrecken, das ist die Guillotine!« Das ist richtig, aber muß man nicht hinzufügen, daß er den Schrecken zugleich mit der Tugend und um ihretwillen auf die Tagesordnung gesetzt hat und daß seine Tyrannei, die niemand bestreiten kann, der Versuch war, Frankreich zur Freiheit zu zwingen? Nie ist ein politisches Leben in solcher Geradlinigkeit verlaufen, auch das Cromwells nicht, der in Amt und Ehren starb und erst nach seinem Tode hingerichtet wurde. Jeder Wunsch, das Paradies auf Erden zu errichten, erstickt in Blut. Wie sah Robespierres Paradies aus? »Wir wollen eine Ordnung der Dinge«, sagt er, »wo alle niedrigen und grausamen Leidenschaften gebändigt, alle wohltätigen und großmütigen Leidenschaften durch das Gesetz erweckt sind; wo der Ehrgeiz in dem Wunsch bestehen soll, Ruhm zu ernten und dem Vaterland zu dienen; wo die Unterschiede nur aus der Gleichheit selber entstehen; wo der Bürger dem Hüter des Gesetzes, der Hüter des Gesetzes dem Volke und das Volk der Gerechtigkeit unterworfen ist; wo das Vaterland das Wohlsein jedes Individuums sichert und wo jedes Individuum mit Stolz das Gedeihen und den Ruhm des Vaterlandes genießt; wo alle Seelen im unaufhörlichen Austausch republikanischer Empfindungen und durch das Bedürfnis, die Achtung eines großen Volkes zu verdienen, größer werden; wo die Künste der Schmuck der Freiheit sind, die sie adelt, wo der Handel der Schmuck des öffentlichen Reichtums und nicht nur der ungeheuerlichen Völlerei einiger Häuser ist. Wir wollen in unserem Lande den Egoismus durch Sittlichkeit ersetzen, die Ehre durch Rechtschaffenheit, die Gepflogenheiten durch Grundsätze, das Wohltun durch die Pflichten, die Tyrannei der Mode durch die Herrschaft der Vernunft, die Verachtung des Unglücks durch die Verachtung des Lasters, die Unverschämtheit durch den Stolz, die Eitelkeit durch die Seelengröße, die Geldliebe durch die Ruhmliebe, die gute Gesellschaft durch die guten Leute, den Schöngeist durch das Genie, den Glanz durch die Wahrheit, die Plagen der Wollust durch den Zauber des Glücks, ein liebenswürdiges, frivoles und verkommenes Volk durch ein großherziges, machtvolles und glückliches Volk.«

Was der Unbestechliche da in kategorischen Wendungen aufzeichnet, ist auf den ersten Blick ein wahres Idyll, eine friedliche Gemeinschaft der Tugend, die auf Gleichheit aufgebaut ist. Dieses Bild hat er nie geändert, geschweige denn preisgegeben, aber das Streben nach seiner Verwirklichung führte ihn geradewegs in den Terrorismus hinein. Sieht man nicht schon das Eisen blitzen, wenn er sagt, daß »die Gepflogenheiten durch Grundsätze« ersetzt werden müßten! In diesen scheinbar harmlosen Maximen liegt eine Verbindlichkeit, die erschreckend ist.

Weg mit den Gepflogenheiten, damit die Republik ihre Grundsätze geltend machen kann! Die Freiheit der privaten Lebensführung empfängt damit ihren ersten Stoß. Und man glaube ja nicht, daß der von Rousseau ererbte Grundsatz der Tugend eine auf den Sinn des einzelnen Menschen beschränkte Übung sei. Die Tugend, das ist ihm die »öffentliche Tugend«. Sie kann, so sagt er ausdrücklich, nur »in bezug auf das Volk und in bezug auf die Regierung betrachtet werden«. Noch einen Schritt weiter, und »was verderbt ist, ist gegenrevolutionär«. Und schließlich, um alles zu sagen: »Die Triebfeder der in Revolution befindlichen Volksregierung ist *zugleich* die Tugend und der Terror.«

Wie kurz ist im Denken dieses Menschen der Weg vom Beglückungstrieb zum Blutvergießen! Am Eingang zum Paradies steht die Guillotine. Warum? Weil der Unbestechliche unfähig ist, sich vorzustellen, daß Politik im unaufhörlichen *Streben* nach Glück, aber nicht in der *Erfüllung* besteht. Was einem guten Politiker nützlich erscheint, das würde Robespierre eitel nennen. Der Politiker macht vor dem Menschen halt, und darum bleibt jede »menschliche« Politik Stückwerk. Der Prophet, der Heilige, der Religionsstifter geht über die Grenzen des menschlichen Lebens hinaus und opfert sich und andere. So wird Robespierre, der als Humanist begonnen hat, im Verlauf seines kurzen Weges als Staatslenker das Symbol der Unmenschlichkeit. Um der Sittlichkeit zum Triumph zu verhelfen, setzt er die Sittengesetze außer Kraft. Um einen Menschheitsgedanken zu verwirklichen, schafft er die menschlichen Werte für Frankreich ab.

Was war Rousseau, der Schöpfer des »Gesellschaftsvertrages«, anderes als ein Gläubiger ohne Kirche, und was war Robespierre anderes als der einzige Mann, der versucht hat, den Gesellschaftsvertrag zu verwirklichen! So wie der Genfer Sonderling den »Willen der Allgemeinheit« nur in einem seelischen Zustand, welcher dem der göttlichen Gnade zum Verwechseln ähnlich sieht, erraten konnte, so kam auch der Unbestechliche zur Anschauung seines Gottes »Volk« nicht durch die mühsame Erfahrung eines Menschen, der mit dem Volke lebt, sondern durch eine Art von Offenbarung. Er hat die Massen nie geliebt und ihnen nie herzlich nahegestanden. Aber er hat das Volk als erdachtes Prinzip in sich aufgenommen und während seiner ganzen politischen Laufbahn von fünf Jahren streng danach gehandelt. Was er wollte, war im Grunde eine Theokratie, aber der Gott darin sollte das Volk sein – so wie er dies Gebilde verstand. Daß er Rechtsbrüche und selbst Verbrechen mit Großtaten und Akten einer märtyrerhaften Hingabe an seine Lehre verbinden konnte, ja verbinden mußte, war die Folge dieser demokratischen Mystik, die in der Vergöttlichung des Volkswillens bestand, den er allein zu kennen glaubte. Seine Schande ist zugleich sein Ruhm, er tat nichts aus irdischer Lust oder aus selbstsüchtigen Trieben, aber als Hohepriester seiner neuen Gottheit schreckte er vor nichts zurück.

Das Wort »Staat« kommt in Robespierres Äußerungen nur selten vor, aber man kann den Antrieb seines Handelns darum doch mit Staatsräson bezeichnen oder wenigstens andeuten. Die völlige Abdankung des individuellen Glücksanspruchs, die er verlangte, um den von Rousseau als Grundlage der idealen Gesellschaftsordnung geforderten »Allgemeinen Willen« durchzusetzen, verwandelte die Republik in kurzer Zeit in einen lichtlosen Kerker, der von den Seufzern der guten Bürger und dem Hohnlachen der Halunken erfüllt war. Das Gesetz wurde so vollständig zum Götzen, daß die Gesetze unaufhörlich gebrochen und durch neue ersetzt wurden. Um das Recht zu brechen, genügte ein rechtskräftiges Dekret. Robespierre hat niemals illegal gehandelt, aber er hat die Gesetze so mißbraucht, daß sie nicht mehr den Menschen, sondern nur noch den Götzen schützten. Da er selber Herr der Gesetze war, so war er in der Lage, jede Rechtsbrechung, jeden Anschlag auf den Menschen und seine Rechte unverzüglich in Gesetzesform zu bringen. Er war von den »Menschenrechten« ausgegangen, um bald zum »Willen des Volkes« zu gelangen. Zwischen diesen beiden Polen Mensch und Volk spielt sich Robespierres Kampf mit seinen Gegnern und der Umwelt ab. War er gut, war er böse? Er war konsequent.

Die Französische Revolution war erfolgreich, wo sie für den Menschen geführt wurde. Sie unterlag, wo es um den Begriff vom Volk ging. Sie war so lange menschlich in jedem Sinne, bis Robespierre die Führung gewann und sie unmenschlich und tugendhaft machte. Die einflußreichen Ideen des Liberalismus, die von ihr ausgegangen sind und die moderne Zivilisation völlig durchtränkt haben, sind nicht sein Werk. Die Girondisten, Danton, ja der pöbelhafte Atheist Hébert, sind zwar von Robespierre hingerichtet worden, haben ihn geistig aber mühelos überlebt. Den am 10. Thermidor freigewordenen Sitz haben die Schatten dieser Hingerichteten so gründlich eingenommen, daß selbst Napoleon sie dort nicht zu vertreiben wagte. Was man heute stolz oder unwillig das Erbe der großen Revolution nennt, stammt nicht von Robespierre, auch nicht von seinem Jünger Saint-Just, sondern ist erst durch die sorgfältige Entfernung seines politischen und weltanschaulichen Beitrages zustande gekommen. Seinen Vorgängern war der Terror ein Bestandteil der nationalen Verteidigung, ihm war er das Gegenstück zur öffentlichen Tugend und untrennbar mit dieser verbunden. Dort war die Guillotine Notwehr, hier ein politisches Mittel. Was an Robespierre groß ist, gehört ebensowenig zur klassischen Hinterlassenschaft der heute noch volkstümlichen Revolution wie das, was an ihm verworfen wird.

Frankreichs Wahl ist getroffen. Die III. Republik hat sich gegen Robespierre entschieden. Auf keinem öffentlichen Platz Frankreichs hat er ein Denkmal, während das Andenken Dantons durch verschiedene Standbilder geehrt wird. Die Räume im Hause Nr. 398 der Rue St. Honoré, die der Unbestechliche bewohnt hat, sind noch erhalten, aber keine Gedenktafel erinnert daran, daß hier drei Jahre lang das Herz der Republik schlug. Dagegen hat der Ministerpräsident Clemenceau im Jahre 1908 die Erinnerungsinschrift an einem Hause in Choisy eingeweiht, das Danton nur einige Monate bewohnt hat. Robespierre wird bewundert, studiert, aber nicht verehrt. Er hat ein Lebensgesetz des republikanischen Frankreich verletzt, er war zwar Demokrat, aber nicht liberal. Vor allem, er war nicht humanitär. Das moderne Frankreich verzeiht ihm weder die Rechtsbrüche noch den Rechtsfanatismus. Daß er das Gesetz nicht nur im Grundsatz, sondern auch in der Anwendung über den Menschen stellte und diesem dadurch dauernd unrecht tat, verzeiht man ihm nicht. Das unaufhörliche Paktieren zwischen Staatsräson und menschlicher Behaglichkeit, welches das Wesen der modernen französischen Staatsführung bildet, ist wohl mit dem Terror des Jahres 1793 vereinbar, aber nicht mit dem systematischen Blutvergießen des Jahres 1794.

Die Franzosen, die sich heute von den Tribünen herab, die Hand auf dem Herzen, stolz als Nachfahren der Jakobiner und Erben der Revolution bezeichnen, denken nicht an Robespierres demokratische Mystik, sondern an Dantons kompromißhafte, aber saftige Menschlichkeit. Dieser war ein vollblütiger Lebenskünstler, der gern fünfe gerade sein ließ und dessen Löwenstimme das Vok zu den Waffen rief, jener war ein Asket, der den Genuß und die gemütlichen Geschäftchen haßte und in kalter Predigt über die Köpfe der Menge hinweg eine Tugend forderte, die das Glück ausschließt. Ja, Danton war das Glück, Robespierre das Gesetz. Wer das Leben nicht liebt, der kann kein mündiges und freies Volk regieren, wer nicht an das Gute im Menschen glaubt und diesen Optimismus nicht jeder öffentlichen Maßnahme zugrunde legt, der kann das notwendige Gleichgewicht zwischen Individuum und Staat nicht aufrechterhalten: das ist französischer Grundsatz, dem das Andenken Robespierres zum Opfer fällt.

Im französischen Sinne ist er überhaupt kein Politiker gewesen, sondern ein verunglückter Priester, der am Objekt Frankreich Rousseausche Religion praktiziert hat und zur Erprobung seiner Lehre sämtliche Köpfe abgeschnitten hätte, wenn man ihm nicht in den Arm gefallen wäre. Der Wille des Volkes! Der moderne französische Politiker erforscht ihn, stellt ihn fest, leitet ihn dauernd ab, und zwar in nie abreißender körperlicher Fühlung mit dem einzelnen Wähler, dem er die Hand schüttelt und auf die Schulter klopft, während der Unbestechliche diesen Willen proklamierte, ihn verkündete und aufzwang. »Das Volk will immer das Gute, aber es sieht es nicht immer«, sagte er, weil er überzeugt war, dies Gute zu sehen und somit den Volkswillen besser zu kennen als das Volk selbst. Nie mischte er sich unter die Masse, nie sprach er zu ihr. Die einigen hundert Zuhörer des Jakobinerklubs, vor dem er unermüdlich erschien, waren stets dieselben, auch die Tribünen des Konvents hatten ihr Stammpublikum, das sich übrigens überwiegend aus Mitgliedern des Klubs zusammensetzte. Körperliche Vertraulichkeit war ihm zuwider, er vermied das Händeschütteln. Nur zwei Standorte gegenüber der Öffentlichkeit kannte er, seinen Schreibtisch und die Tribüne. In beiden Fällen war er von der Menge und von der Wirklichkeit sorgfältig getrennt.

»Grundsätze statt Gewohnheiten«, so lautete seine Forderung. Was kann sie einer Gegenwart bedeuten, die auf Gewohnheiten ihr öffentliches Leben aufbaut! Ist nicht das ganze Dasein der Menschen eine Gewohnheit, eine süße, liebliche sogar? Aus seiner Forderung spricht eine schneidende Verachtung des Lebensgenusses, der ja gerade in der Bejahung der Gewohnheiten und der völligen Freiheit für sie besteht. Was kann ein Mann für das heutige Frankreich bedeuten, der nichts auf dieser Welt – nicht einmal Frauen und Geld – liebte außer seiner Philosophie, der den Besitz verachtete, dem Vermögen aus dem Wege ging und sein Herz niemals an irdisches Gut hängte! Gewiß ist Frankreich auch heute noch gleichmacherisch, aber wohlgemerkt aus Abneigung gegen jedes Übermaß. Robespierre jedoch war es aus Grundsatz. Er scheute sich nicht, aus der Menge herauszufallen, ja er tadelte alle Bestrebungen nach Uniformierung des äußeren Lebens. Seinen eleganten Anzug, seine gepuderte Frisur, seinen altmodischen Zopf gab er niemals auf. Die rote Mütze hat er immer bekämpft, und Leute, die in betont revolutionärer Tracht umhergingen, flößten ihm Mißtrauen ein, das er nicht verschwieg.

Wenn Frankreich ihn heute ablehnt, so geschieht dies vielleicht in dem Gefühl, daß er seinem ganzen Wesen nach etwas Unfranzösisches hat und dadurch eher eine Störung als eine Bestätigung darstellt. Zwar ist es richtig, daß die Revolution den Begriff der Nation geschaffen und Frankreich dadurch die kostbare Möglichkeit geschenkt hat, immer zugleich nationalistisch und humanitär zu sein, aber dieser Schüler Rousseaus hat dem Begriff der Nation nichts Wesentliches hinzugefügt, ja er hat ihn vielleicht sogar eingeschränkt. Der Krieg, den die Gironde vom König erzwang, ist gleichsam die Idealform, das Urbild des modernen Angriffskrieges. »Einen Kreuzzug der individuellen Freiheit« nannte Brissot, sein leidenschaftlichster Vorkämpfer, ihn freudetrunken. Ein echt französischer Ausruf, der die Befriedigung darüber ausdrückt, etwas unternehmen zu können, was zugleich realpolitisch und idealistisch ist, was zugleich Machtzuwachs bringt und eine humanitäre Idee fördert. Brissot stellt die französische Außenpolitik in den Dienst der Menschheit – oder umgekehrt, wenn man will. Frankreichs Stoßkraft, ja seine politische Stellung in der Welt beruht heute noch auf der Gesinnung, in der Brissot zum Kriege gerufen und Danton die levée en masse gepredigt hat. Robespierre war gegen den Krieg, ja gegen den Soldaten und hat den Gedanken, daß Frankreich eine Mission in der Welt habe, die machtpolitisch ausgenutzt werden könne, von Anfang an scharf abgelehnt.

Der modernen französischen Lebensbejahung, die der Gemeinschaft erst im letzten Augenblick ein bescheidenes Opfer bringt und ihr im übrigen nichts schuldig zu sein glaubt, steht dieser unversöhnliche Mystiker gegenüber, der nicht müde wird, die Veräußerung der Rechte jedes einzelnen zum Vorteil der Gesellschaft zu fordern. Während dem Menschen von heute die Freiheit ein Gut ist, das ihm erlaubt, ein Höchstmaß an Privatglück zu erraffen, solange er damit seinem Nächsten nicht schadet, kennt der Eiferer von 1794 nur den »Despotismus der Freiheit« und erklärt jedes Streben nach persönlichem Wohlsein als asozial, solange die vollkommene Gesellschaft nicht verwirklicht ist. Dem Vertrauen auf die natürliche Trägheit der Dinge und auf das langsame, aber sichere Spiel der Kräfte steht der Eingriff eines Diktators gegenüber, der sich in alleiniger Kenntnis des »Allgemeinen Willens« weiß und entschlossen ist, die Menschen zu einem Glück zu zwingen, das nicht nach dem Vorbild ihrer gemütlichen Schwächen, sondern nach dem Grundsatz der »öffentlichen Tugend« geformt ist.

Obwohl Frankreich durchaus zwischen dem Blute der Guillotinierten und dem der auf den Schlachtfeldern an der Moskwa Gefallenen zu unterscheiden weiß – denn Napoleon bediente sich des Wortes Ehre, das Robespierre ausdrücklich ablehnte –, so verwirft es doch in beiden Erscheinungen die gleiche Idee, nämlich die Diktatur. Dabei waltet nicht so sehr die eingewurzelte Abneigung gegen das »pouvoir personnel« schlechthin als vielmehr gegen die Anwendung dieser Gewalt gegen den einzelnen, um von ihm das größte aller Opfer, die Änderung des Lebensgefühls und damit auch der Lebensform, zu erzwingen. Napoleon, der ja als Schüler Rousseaus und Anhänger Robespierres begann, hielt den zwar sozialen und gesellschaftsfreundlichen, aber im modernen Sinne staatsfeindlichen Charakter der Franzosen dadurch in Atem, daß er sie zu einer heroischen, also in ihrem Sinne maßlosen Gesinnung zwingen, und vor allem dadurch, daß er sie zur Legitimierung der Exekutive durch Äußerung des »Volkswillens« heranziehen, sie aber von der gesetzgeberischen Arbeit fernhalten wollte. Der Franzose will aber genau das Umgekehrte. Er will der Obrigkeit nur so viel Autorität spenden – die ja nur vom Volke kommen kann, wenn sie nicht von Gott kommt –, wie diese braucht, um das Land anständig zu verwalten, aber nicht so viel, daß sie damit in Friedenszeiten vom Bürger ein Opfer oder gar die Selbstentäußerung fordern kann. Solange die Obrigkeit schwach ist und die Autorität nur von Fall zu Fall, also in Formen von Ermächtigungen zugebilligt erhält, kann sie Frankreich auch nicht über sich selbst hinaussteigern und dem Individuum eine Haltung oder Tätigkeit zumuten, die es in seinem privaten Lebensbezirk stört. Die Furcht vor der Diktatur in Frankreich ist die Furcht vor dem Verlust der Bequemlichkeit, aber auch die Furcht vor dem Verlust der französischen Persönlichkeit. Die Traditionstreue, die über den Propheten von 1794, aber auch über den Helden von 1812 zur Tagesordnung übergegangen ist, darf nicht als bloße Trägheit oder als Egoismus abgetan werden, denn sie ist auch ein Zeichen der Verbundenheit mit den wertvollsten Zügen des nationalen Wesens. Die innere Sicherheit, mit der Frankreich große, aber verwirrende Erscheinungen seiner Geschichte ablehnt, um seine Lebensform ungestört zu genießen, ist freilich nur so lange eindrucksvoll, wie es die ärgerlichen und beschämenden Zwischenfälle, welche die Kehrseite dieser Lebensform sind, guten Mutes erträgt.

So wäre denn Robespierre am Ende nichts weiter als ein schlechter Franzose gewesen? Sicher ist, daß er dem Patriotismus, den die Revolution gehißt, ja geschaffen hat, nichts Wesentliches mehr hinzufügte. Seine eigentliche Machtentfaltung begann mit der Enthauptung des Königs im Januar 1793 und dauerte neunzehn Monate. Während dieser Zeit erfuhr der magische Inhalt des Wortes Nation keine Steigerung mehr. Im Gegenteil, während bis zum Untergang Dantons noch jeder republikanisch gesinnte Franzose als Patriot gelten konnte, wurde diese Bezeichnung im Munde des Unbestechlichen zum Kennwort einer Sekte, zu der nur er die Franzosen zulassen konnte. Der Patriotismus, der wie ein strahlender, aber auch roter Stern über Europa aufgegangen war, hatte seine tiefste Wirkung in Frankreich selbst bereits getan, als das letzte Jahr der Schreckensherrschaft begann. Nach dem Sturze des Diktators war er überhaupt nur noch in den Armeen zu finden, wo der junge Buonaparte ihn begierig aufgriff. Ein Patriot, das war nicht mehr der Mann der Marseillaise, der im hinreißenden Schwung der Fahne dem übrigen Europa zeigte, was ein echter

Franzose vermag, sondern er war in Robespierres Augen ein Auserwählter der Rousseauschen Kirche, ein demütiger und starrer Verwalter des »Volkswillens«, dessen wahren Inhalt nur der Papst dieser Kirche, nämlich Robespierre selbst, kannte. In den Augen seiner Feinde aber war der Patriot einfach ein wüster Kerl in langen Hosen, in dreifarbigem, mit Pistolen gespicktem Gürtel, der sich, die rote Mütze auf dem Kopf und geraubtes Gut in der Tasche, an die Guillotine lehnte. Je mehr die Revolution die ausschließliche Sache einer im Jakobinerklub zusammengefaßten Sekte wurde, um so mehr stumpfte der nationale Klang des Patriotismus ab und gewann eine jakobinische Ausschließlichkeit, die als Diktatur, sei es der demokratischen Mystik, sei es des Pöbels, gedeutet wurde.

Durch das Blut des Königs hatte die Nation ihren Bund besiegelt und der Welt eine Lektion erteilt, die heute noch nicht erschöpft ist. Der Zusammenschluß zur Nation erfolgte als eine Tat der Verzweiflung, aber da ein Volk sich nie aus einer Not rettet, ohne damit gleichzeitig einen Schritt vorwärts zu tun, so war auch Frankreich aus seiner Panik stärker und größer hervorgegangen. Man war ja ohne Programm in den Kampf gegangen, das Volk war in dieses gewaltige Abenteuer der Revolution völlig blind, ja bewußtlos hineinmarschiert und hatte nur um sich schlagen wollen, um die Plage des alten Regimes loszuwerden. Dann kam der Erfolg, das Erstaunen über die eigene Kraft und damit die Notwendigkeit, etwas zu schaffen. Man stand gleichsam im luftleeren Raum, und nachdem man einmal den Rausch der Freiheit geschmeckt hatte, erhob sich der Zwang, diese Freiheit anzuwenden. Welche Zumutung! Der einzelne forschte vergeblich in seinem Inneren nach, wo Cromwell die Gewissensfreiheit gefunden hatte. Es war ja kein religiöser, sondern ein philosophischer Kampf, der durchzufechten war, und in ihm konnte die Stimme des Gewissens nur von geringem Nutzen sein.

Die Unzuständigkeit des Sittlichen machte die herrliche Bedeutung des neugefundenen Gefühls der Nation doppelt stark. Das war der Punkt, an dem Frankreich der ganzen Welt verständlich, ja einleuchtend war. Aber Robespierre blieb an diesem Punkt nicht stehen. Ihm genügte es nicht, daß das französische Volk zum Bewußtsein seiner selbst gekommen war und daß damit zum erstenmal ein Volk als handelnde und souveräne Einheit auf den Plan trat. Was er suchte, war »das Volk an sich«. Daß er auf dem Wege zur echten Volksherrschaft sei, lebte als unerschütterliche Überzeugung in seinem fest verschlossenen Herzen. Wenn es sich zeigen sollte, daß seine Philosophie politisch anwendbar war – und er zweifelte nicht daran –, so war damit ein Beweis geführt, der in seinen Augen schlagender und umwälzender war als der schlüssigste Gottesbeweis. Vor dem Volk als solchem lag er auf den Knien, aber dieses Volk brauchte nicht unbedingt das französische zu sein. Der von ihm verehrte Götze bezog seine Heiligkeit nicht aus dem Franzosentum, seine Macht und Verbindlichkeit beruhte nicht auf dem Geheimnis, auf der Einmaligkeit des französischen Wesens, sondern stammte aus der absoluten, jenseits von Raum und Zeit herrschenden Sphäre der philosophischen Erkenntnis.

Am Ende ist der schlechte Franzose auch ein schlechter Europäer gewesen? Höchstwahrscheinlich, da es ja bisher nur eine Art, Europa zu sehen und gelten zu lassen, nämlich die französische, gegeben hat. Wenn es wahr ist, daß das heutige Europa in seiner Zivilisation und dem, was es an Moralischem und Sozialem verbindet, von der großen Revolution geprägt ist, so war der Prophet des »Volkes an sich« in der Tat ein schlechter Europäer. Die eigennützige Schwäche dieses Weltteils war ihm ebenso fremd wie dessen Genußfähigkeit und schöne Leidenschaften, denn alle diese Eigenschaften entstammten einem schon halb entwurzelten Weltbürgertum, gegen das er sich mit dem Fallbeil zur Wehr zu setzen pflegte. Aber hat nicht auch die heutige Lähmung desjenigen Europa, das sich auf 1789 beruft, in diesem Liberalismus ihren Ursprung, und ist es nicht gerade darum notwendig, die Französische Revolution immer wieder zu prüfen und sich nicht gedankenlos mit ihr abzufinden? In einem gewissen Sinne ist sie ja noch nicht zu Ende, ihre Entwicklung ist noch nicht abgeschlossen, ihr Ideengut ist noch nicht in die Versteinerung der Geschichte eingegangen. Der Mensch ist frei, gewiß. Aber zu was? Der Mensch ist gut, gewiß. Aber weiß er es? Alle Macht geht vom Volke aus, gewiß. Aber wer ist das Volk?

Die Französische Revolution hat uns von der Ungerechtigkeit befreit, aber sie hat unsere Fähigkeit erhöht, Unrecht zu begehen. Sie hat uns die Freiheit gebracht, aber auch die Möglichkeit, von ihr einen falschen Gebrauch zu machen. Für diese Entwicklung ist Robespierre nicht verantwortlich zu machen, denn seine Lehre von der Gleichheit ist im Blut ertrunken und von den Erben der Revolution nicht wieder ans Tageslicht gezogen worden. Was als Geist der Französischen Revolution heute die Welt beherrscht, das ist vielleicht Condorcet, Brissot oder Danton, aber niemals Robespierre, Saint-Just oder gar Babeuf. Soweit die Gaben dieser Revolution zweifelhaften, aber praktischen Wertes sind, stammen sie aus ihrer nationalistisch-französischen Strömung – soweit diese Gaben groß, aber unanwendbar sind, rühren sie von ihrer utopischen und sozialistischen Etappe her, die mit Robespierre zu Ende ging und damals als eine Verirrung oder doch mindestens eine Unterbrechung der Entwicklung angesehen wurde, während sie in Wirklichkeit das jähe Ende war.

Darf man somit sagen, daß das moderne Frankreich angesichts seiner größten Krise, die zugleich eine europäische Krise hervorrief, für Voltaire und gegen Rousseau Stellung genommen hat? Wenigstens ist es zutreffend, daß es sich für Danton und gegen Robespierre erklärt hat. Frankreich ist Danton. Es ist ungläubig und humanitär, verliebt und geistreich, harmonisch und disziplinlos, patriotisch und bequem, aggressiv und mitleidig, kurzum menschlich bis zur Selbstzerstörung – und ratlos gegenüber der bis zur Unmenschlichkeit gesteigerten Dogmatik eines Robespierre.

Der Täter und sein Spiegelbild

Ist es möglich, die Erscheinung eines Sterblichen ohne Zuneigung zu beschreiben? Bedarf man nicht wenigstens eines Hauches von Sympathie für sein Wesen? Nichts an Maximilien Robespierre ist liebenswert. Achtung ist das wärmste Gefühl, das dieser Mann, der als der »Unbestechliche« in jedem Schulbuch fortlebt, uns abzuringen vermag. Was an ihm könnte verführen, was an ihm weich stimmen, wo er doch selbst immer bestrebt gewesen ist, das Verführerische bei anderen zu verdächtigen und das Rührende bei sich oder seinem Schicksal durch starre, ja drohende Zurückhaltung wettzumachen! Und schließlich, wissen wir genug von ihm, sind nicht alle Zeugnisse seines Lebens im Streit der Meinungen entstanden, und trägt nicht jede Nachricht über ihn die Spur der Vergötterung oder des blinden Hasses, aber niemals der Gleichgültigkeit? Da die Revolution nie aufgehört hat, ein lebenswichtiger Bestandteil der französischen Tagespolitik zu sein, so sind auch ihre Ideen, Personen und Ereignisse von jeher dem politischen Streit ausgeliefert gewesen. Das gilt für die Geschichtsschreibung ebensosehr wie für die zeitgenössischen Zeugnisse. Diese stammen zum größten Teil aus der Zeit nach dem 9. Thermidor und von Leuten, die für das tragische Ereignis mehr oder weniger verantwortlich sind und nun ihren Anteil am Sturze des Tyrannen herausstreichen oder rechtfertigen wollen. Denn ungetrübt war die Genugtuung ja nicht. Die Edleren unter ihnen ahnten wohl, daß sie mit Robespierre die echte Revolution niedergeschlagen hatten, und die Unreinen – bei weitem die Mehrzahl – waren sich vollständig klar darüber, daß der eigentliche Schmutz der Revolution an ihren Fingern und nicht an denen des Besiegten klebte. Die Tallien, Fouché, Fréron und Barras, die fleißig gemordet und gestohlen hatten, ohne dies durch doktrinären Fanatismus erklären zu können, hatten beim Anblick der gestürzten Größe ein ebenso schlechtes Gewissen wie die Sieyès, Boissy d'Anglas und Cambacérès, die das Ende der Schreckensherrschaft freudig begrüßt hätten, wenn es nicht eben durch jene Schurken herbeigeführt worden wäre. Alle aber stürzten sich zunächst auf weißes Schreibpapier, um in Briefen, Schilderungen, Pamphleten und Noten den Fall zu behandeln und den Helden des blutigen Dramas, der eben noch der »Unbestechliche« gewesen und nun das Ungeheuer war, mit zitternder Hand zu zeichnen. Und wahrlich, es war leicht, ihm unmenschliche Züge zu verleihen, denn nichts in seinem Wesen forderte die Überlebenden zur Nachsicht heraus. Im Bilde dieses rätselhaften Mannes gab es keine Schwächen, die man mit verständnisvollem Augenzwinkern hätte berichten können, keine Anekdoten, mit denen man das Sprichwort von der rauhen Schale und dem weichen Kern hätte belegen können. Nichts an ihm schien um Sympathie, ja auch nur Verständnis zu bitten. Alles Sichtbare stand hart, kalt und schneidend klar da, während das Unsichtbare hartnäckig, fast verächtlich im dunkeln blieb. Und so ist es auch heute noch.

Das ganze Leben dieses Mannes ist in Traurigkeit gehüllt, es ist, als ob jede Freude und jede Entspannung sorgfältig ferngeblieben seien, damit alle Lebenskraft in ihm sich der Idee widmen könne. Traurigkeit bedrückt sein Vaterhaus, das in Arras, der Hauptstadt des Artois, gestanden hat. Flandrische Nebel erfüllen diese ernste Stadt mit nordischen Schatten. Das Leben in ihr scheint langsamer zu pulsieren als anderswo in Frankreich und sich hinter wohlverschlossenen Haustüren und blankgeputzten, aber sorgfältig mit schneeweißen Gardinen verhüllten Fenstern zu verbergen. Die lärmende Lust der Märkte, die vergnügten Zurufe quer über die Gasse hinweg, die von überströmender Sonne erfüllten Sonntage am Flußufer, der Geruch von Wein und Blumen, die ganze schwatzhafte Seligkeit der meisten französischen Städte fehlt diesem Ort, der erst im Herbst, wenn es feucht wird und der Wind in den Feldern die Pappeln biegt, seine richtige Gestalt zu gewinnen scheint. Eilig hallen die Tritte der Menschen auf dem runden Pflaster der gewundenen Gassen, und wie man an der Loire oder an der Garonne an ein Glas Wein und ein sonniges Plätzchen denkt, so wünscht man sich hier ein tüchtiges Kaminfeuer und einen Krug warmes Bier.

Kein lateinischer Hauch weht in dieser Stadt, und auch Robespierre hat nichts von einem Lateiner. Die gesellige Lust am öffentlichen Wortstreit, die eine Gabe des Mittelmeeres ist, fehlt ihm ebenso wie die Fähigkeit, einzulenken und ein »guter Kerl« zu sein, wenn die Unvereinbarkeit der Meinungen die Behaglichkeit zu stören droht. Eine unsichtbare nordische Luft umgibt ihn selbst in den glücklichsten Augenblicken seines Lebens und trennt ihn von der romanischen Offenherzigkeit, Beweglichkeit und Prahlerei, die allenthalben um ihn sind. Nicht als ob er den Menschen aus dem Wege ginge, aber er liefert sich ihnen nicht aus und ist nie bereit, auch nur einen geringfügigen Teil seiner Anschauungen zu opfern, um gefällig zu sein. Freilich ist in seiner Kindheit nichts, was ihm helfen könnte, das Leben leichtzunehmen. Seine Mutter stirbt, als er fünf Jahre alt ist, im Wochenbett; sein Vater, ein angesehener Advokat, verfällt bald darauf in eine Art unordentlicher Schwermut, verläßt Arras mit unbekanntem Ziele, ohne auch nur so viel wie ein zweites Hemd mitzunehmen, kommt noch einmal zurück und verschwindet dann für immer, wahrscheinlich um sich in Deutschland eine neue Heimstätte zu suchen. Die Kinder werden unter die Verwandtschaft verteilt, Maximilien und sein kleiner Bruder, Bonbon genannt, kommen zum Großvater, in dessen Familie sie das bittere Brot der Waisen essen. Später sorgt dann der Bischof dafür, daß der Älteste eine

Freistelle an der berühmten Pariser Knabenschule Louis-le-Grand erhält.

Robespierre eröffnet damit die lange Reihe der Freischüler, die in der französischen Politik eine so große Rolle spielen und in ihr mit der Empfindlichkeit des abhängigen Armen den Sinn für den sozialen Aufstieg und für die Gleichmacherei wachhalten. Unter den 600 Schülern des Lyzeums war er gewiß einer der ärmsten, und der einzige Aufwand, den er sich leistete, war eine gutgehaltene Frisur, zu der es damals der Hilfe eines Haarkräuslers bedurfte. Im übrigen war er vom ersten bis zum letzten Tag seiner Schulzeit ein Musterschüler, der fast immer den ersten Platz einnahm. Diese Tatsache ist eine der wichtigsten seines Lebens, und alle instinktive Abneigung, die er im Laufe seines kurzen Erdenwallens gegen sich wachruft, ähnelt auf ein Haar derjenigen, die eine Bande von gesunden Schulbuben gegen den ewigen Primus empfindet, der sich von ihren Spielen und Streichen absondert, um während der Zeit Aufgaben zu machen und sie dadurch zu überflügeln. In allen Fächern glänzte er, besonders aber im Studium der antiken Autoren, deren strenge Gestalten ihn so anzogen, daß sein Lehrer, der Abbé Herivaux, ihn den Römer nannte. Typische Gymnasialbildung mit ihrer willkürlichen Auffassung der Antike bestimmte sein späteres intellektuelles Rüstzeug, das als reines Wissen immer bescheiden blieb. Auch sein unermüdliches Studium Rousseaus, mit dem er ebenfalls schon auf der Schule begann, wurde nie zum kritischen Eindringen in die widerspruchsvolle Gedankenwelt dieses ratlosen Philosophen, sondern blieb ein elementares Erlebnis, das in ihm eine verwandte Anlage freimachte.

Von den vier Jahren seiner Pariser Studentenzeit weiß man so gut wie nichts. Sicher ist nur, daß er seine Freistelle behielt, so daß er bis zum Abschlußexamen in der Anstalt wohnen und essen konnte, während er an der juristischen Fakultät auf der Place du Panthéon Vorlesungen hörte und in den freien Stunden bei einem Staatsanwalt im Temple-Viertel praktisch arbeitete.

Wie lebte er? Genoß er die glühenden Herbstfarben dieses absinkenden Jahrhunderts oder verschärften sie die Bitterkeit seiner einsamen und verwundeten Seele? Mit wem sprach er, mit wem durchwanderte er die vom fiebrigen Leben eines bankerotten Staates erfüllten Straßen von Paris, hatte er ein menschliches Wesen, das die Ruhe seiner Abende oder die Muße seiner Sonntage mit ihm teilte? Wir wissen nichts, wir finden in seinem verschlossenen Wesen keine Spur jener seltsam auflockernden Wirkung, die Paris mit seiner unzerstörbaren Natürlichkeit auf jeden Menschen ausübt. Vielleicht hat dieser zukünftige Mann der Kommune in den rauchigen Schenken und schmutzigen Speisehäusern der Vorstädte St. Antoine und St. Marceau gesessen, um den rauhen Widerhall jener Zeitstimmen zu vernehmen, die sich vorerst noch melodiös und zierlich in den ihm verschlossenen Salons der besseren Leute übten. Vielleicht, aber wenig wahrscheinlich.

Denn dieser Mann hat immer nur der Botschaft in seinem Innern gelauscht und sein Ohr geflissentlich den von außen kommenden Stimmen verschlossen, um »im Schweigen der Leidenschaften«, wie Jean-Jacques rät, mit sich selbst das zu erörtern, »was der Mensch von seinem Nächsten verlangen kann«.

Dies schweigende Studentenleben scheint nichts von jener Freiheitstrunkenheit enthalten zu haben, welche die ersten selbständigen Schritte eines Jünglings sonst kennzeichnet. Die Jahre sind in Arbeit und einsamer Lektüre vergangen und hätten sich wahrscheinlich ebensogut in einer entlegenen Klosterzelle wie in einem Pariser Studentenzimmer abspielen können. Rousseaus Werke bildeten nach wie vor seine Lieblingsbeschäftigung. Der Schöpfer des »Gesellschaftsvertrages« und der »Bekenntnisse« wohnte damals im Dachgeschoß eines Hauses der Rue Platrière, wo er in selbstquälerischer Offenheit seine Unordnung und Armut vor den eleganten Besuchern ausbreitete. Vielleicht ist es wahr, daß der junge Student sich manchmal vor das Haus des von ferne verehrten Meisters schlich und mit Neid im Herzen die vornehmen Herren und die hübschen

Damen, die mühsam ihre ungeheuren Haaraufbauten balancierten, die fünf Treppen zu dem Modephilosophen hinaufsteigen sah. Geheimnisvoll sprach ihn aus dem Werk dieses großen Zerstörers eine Verwandtschaft an, die weit über die sachliche Übereinstimmung hinausging und dem Jüngling Befreiung seiner eingesperrten Kräfte verhieß. Es genügte ihm nicht mehr, zu erkennen, er wollte auch sehen und fühlen. Er wollte aus dem Munde des Propheten jenes Zauberwort hören, das in sich selbst zu finden er noch nicht den Mut hatte.

Eines Tages faßt Maximilien sich ein Herz und beschließt, den Weisen aufzusuchen, um ihn zu fragen: »Meister, was soll ich tun?« Aber Rousseau ist inzwischen nach Ermenonville übergesiedelt, wo ihm ein gastfreier Marquis eine Zuflucht geboten hat. Der Student nimmt eine Postkutsche und steht gegen Abend am Ziel seiner Pilgerfahrt. Durch die alten Bäume des Parkes gewahrt er das erleuchtete Fenster, hinter dem Rousseau an einem kleinen Tisch sitzt. Um den Kopf trägt er ein buntfarbiges Tuch, eine Art von Turban, unter dem das weiße Haar unordentlich hervordringt. Ein fremdartig gemusterter Schlafrock mit abgeschabtem Pelzkragen steht halb offen und läßt die vernachlässigte Wäsche des Greises sehen. Alles atmet Verlassenheit und Einsamkeit, niemand scheint diesen Kamin zu schüren, diese Kerzen zu putzen. Wo ist Therese Levasseur? Hat sie ihn allein gelassen, um ihren derben Vergnügungen nachzugehen? Ist niemand da, der die Falten dieser traurigen Stirn glättet, der den verlorenen Blick dieser Augen auffängt und mit zutraulichem Blinken füllt?

Maximilien betrachtet sein Idol durch die Scheibe, als ob er sich selbst im Spiegel studiere. Und wahrlich, es ist eine Spiegelung. Zwei Geschicke berühren sich, die getrennt voneinander sinnlos geblieben wären. Was jener dachte, das wird dieser tun, und die Tat des einen empfängt durch das geschriebene Wort des anderen ihre Legitimierung. Nein, es ist nicht ein Spiegel, in den Robespierre blickt, es ist die stygische Flut, in die er schaut, um sein eigenes Bild zu finden, es ist das stehende Wasser des

Todes, in dem der eisige Lauf seines kurzen Lebens mit Notwendigkeit verrinnen muß. So steht er am Ufer und beugt sich hinab, um den schwankenden Widerschein seiner eigenen Züge wiederzuerkennen, die ihm aus dem Jenseits entgegenzuschimmern scheinen. Und wie er fast die Spiegelung berührt, da bemerkt ihn Rousseau und winkt ihn herein.

Erkennt der Denker den zukünftigen Täter, begrüßt er gerührt in ihm den einzigen wahren Jünger, oder fühlt er bei seinem Anblick mit Entsetzen, daß zwei oder drei Kapitel des »Gesellschaftsvertrages« eines Tages ein Meer von Blut zur Folge haben werden? Die schreckliche Verantwortung des denkenden und formulierenden Menschen, hier steht sie fleischgeworden auf der Schwelle. Dieser vor Schüchternheit fast sprachlose Jüngling, auf dessen magerem Gesicht die Röte der Scham liegt, dessen festgeschlossene, ganz unjugendliche Lippen vor Erregung beben, ist bereit, jedes Wort ernst zu nehmen und pünktlich zu erfüllen, das der alte Mann im Turban je auf Papier gesetzt hat. Sieht Rousseau den Gott des Todes, der nackt ist und einen Vogelkopf trägt, sich hinter der Schulter seines Besuchers erheben? Schmeckt er die eisige Nacht der Vernichtung, in die jener die Menschheit zu führen bereit ist, um sie zur vollkommenen Gesellschaft zu erheben? Schmeckt er das kalte Metall, zu dem dieser Unbekannte den Begriff der Tugend umschmieden wird, jener Tugend, die bisher die gescheiten Damen und ihre aufmerksamen Kavaliere bis zu Tränen gerührt hat? Das Wort und die Tat stehen sich an einem Frühlingsabend an der Schwelle eines Hauses in der Ile-de-France gegenüber und blicken sich ins Auge. Erkennen sie sich, werden sie sich der unentrinnbaren Verkettung bewußt, zu der sie von jeher verdammt sind? Das Wort spricht: »Ich sehe dich zum erstenmal, mein dunkler Bruder, aber verlaß mich nicht mehr, damit ich nicht irre.« Und die Tat erwidert: »Ich kann dir nicht helfen, du blasser Schatten, denn es ist zu spät.«

Mit dreiundzwanzig Jahren ist Robespierre Advokat und bricht, mit einem außerordentlichen Stipendium von sechshundert Livres versehen, nach seiner Vaterstadt auf, um sich dort eine Existenz zu gründen. Eine seiner Schwestern ist inzwischen gestorben. Mit seinen beiden übrigen Geschwistern richtet er sich einen Hauhalt ein, plädiert, so gut es eben geht, ohne Aufsehen oder Mißfallen zu erregen, tritt in eine schöngeistige Gesellschaft ein und dichtet Gelegenheitsverse, macht die Bekanntschaft eines Lehrers an der Oratorianerschule namens Fouché, trifft ab und zu mit einem Pionieroffizier namens Carnot zusammen und gewinnt im übrigen genaue Kenntnisse von der Verwaltung und den Zuständen seiner engeren Heimat. Nichts in seinem Leben und seiner Tätigkeit kündigt jedoch die Leidenschaft an, mit der er sich im Herbst 1788, also in dem Augenblick, wo von der Einberufung der Generalstände gesprochen wird, plötzlich auf die öffentlichen Angelegenheiten wirft. Wohl hatte auch er sein Wort hinzugefügt, wenn von der verzweifelten Finanzlage des Staates, von der schlechten Ernte, von der Not der Bauern und der Unzufriedenheit der kleinen Leute die Rede war, aber diese Unterhaltungen waren damals in allen Familien, an allen Kaminen und an allen Whisttischen Frankreichs guter Ton. Man sprach von den Nöten des Königreichs, weil es Mode geworden war, diese Nöte zu sehen und in einen von den mondänen Philosophen gelehrten Zusammenhang zu bringen. Robespierres plötzliche Tätigkeit ging jedoch tiefer, er trat mit einer wohldurchdachten Kritik der Steuern, der öffentlichen Ausgaben und aller Lasten hervor, die auf seinem Landesteil ruhten. In rascher Folge erschienen drei Flugschriften aus seiner Feder: »An die artesische Nation über die Notwendigkeit, die Stände des Artois zu reformieren«, dann eine »Mitteilung an die Landbevölkerung« und schließlich eine dritte, schon ganz robespierrisch im Titel, »Die entlarvten Feinde des Vaterlandes«. Es war klar, daß er die Entsendung nach Versailles erstrebte. Doch gleichzeitig schlugen die Schriften schon leise jenen Ton an, der seine ganze politische Tätigkeit bestimmen und gewaltig an Stärke wachsen, sich aber nie ändern sollte, den sozialen Ton, der den Besitzlosen Selbstbewußtsein zu geben und sie gegen die Besitzenden aufzurichten versucht.

Mit zehn Louis, die ihm eine Freundin seiner Schwester geliehen hat, mit einem Koffer voll von »drei stark abgenutzten schwarzen Beinkleidern, einem neu aufgefärbten Samtrock, sechs Hemden in gutem Zustand, drei Paar Seidenstrümpfen, davon eines fast neu, einem kleinen schwarzen Mantel, einer Advokatenrobe und einem Hute, unter dem Arm zu tragen«, reist er im Frühling 1789 nach Versailles ab, um in der Versammlung der Generalstände seinen Sitz einzunehmen, und zwar als Abgeordneter des dritten Standes, der bald darauf unter Mirabeaus Führung zur Nationalversammlung wird. Wie erdrückt sitzt der kleine Provinzadvokat im glänzenden Saal des Schlosses zwischen all diesen Herzögen, Bischöfen und sonstigen Gesellschaftslöwen, zwischen all diesen beweglichen und sicheren Rednern, den Brüdern Lameth, den Roederer und Mirabeau. Ihm ist das öffentliche Reden eine Lust und doch eine Qual, er muß, wenn er die Tribüne besteigt, seine ganze Kraft zusammennehmen, um nicht zu zittern, er hat die größte Mühe, mit seiner schwachen und unschönen Stimme, die sich nur langsam bessert, in dieser ewigen Unruhe durchzudringen.

Und man macht es ihm nicht leicht. Seine Anträge werden überhört, seine Zwischenrufe mit Gelächter erstickt, seine Reden mit Lärm übertäubt und nicht angehört. Was will dieser kleine blasse Mensch mit den harten Augen eigentlich, fühlt er nicht, daß er unter großzügigen, wohlerzogenen und bequemen Leuten sitzt? Denn nur wenige von ihnen sind sich klar darüber, daß ihre Beratungen und ihre endlosen Zänkereien mit der Krone der Anfang einer Revolution sind. Der junge Mann aus Arras aber weiß es. Man nimmt ihn für einen Kauz, einen Nörgler oder einen harmlosen Narren, man lacht über ihn, man schreit ihn nieder. Aber er klammert sich an das Rednerpult und schreit gegen den Sturm. Er weiß, daß sie ihn eines Tages hören werden, ob sie wollen oder nicht. Noch ist er allein, aber eines Tages wird er alles, wird er der »Wille des Volkes« sein.

Das weiß er, und darum sind alle diese Leute, die sich über ihn lustig machen, nur arme Schatten. Sie mögen die Stimme, den Einfluß, das Geld, die Beziehungen und Freunde haben, aber er hat den Glauben. Die Jahre vergehen schnell, und jener Condorcet, der seinen über Robespierre beunruhigten Freunden abrät, »die Keule des Herkules gegen einen Floh zu erheben, der mit dem Winter verschwinden wird«, wird schon sehr bald in Lumpen gekleidet umherirren und vergeblich den Schergen des »Unbestechlichen« zu entschlüpfen suchen. Wehe denen, die ihn in ihren Schmähschriften einen »armen Freischüler« nennen! Vorsicht mit diesem zierlichen Advokaten, diesem hartnäckigen Redner! Mirabeau allein fühlt es und sagt: »Der wird es weit bringen, denn er glaubt, was er sagt.«

Das große Weltenfieber hat begonnen, der Virus der Menschenrechte ist in die Blutbahn der Völker gelenkt. Mit gewaltigen Hammerschlägen, unter dem Jauchzen der Sterblichen zerschlägt Frankreich seine uralte Rüstung und versucht, sich eine neue zu schmieden. Aus allen vier Himmelsrichtungen schallt das Echo zurück:

»Der Mensch ist frei geschaffen, ist frei,
Und würd' er in Ketten geboren.«

Der Mensch will nach seinem Wert beurteilt werden. Der Gebildete, der Bürger drängt sich mit mächtigen Stößen an die Oberfläche des öffentlichen Lebens. Zu der wirtschaftlichen Bewegungsfreiheit, welche die Tüchtigsten seiner Schicht schon seit langem errungen haben, soll nun auch die politische und soziale Gleichberechtigung mit den übrigen Teilen der besitzenden Stände treten. Die bürgerliche Revolution hat begonnen. Vom Bauern, vom Arbeiter und von der Masse der kleinen Handwerker ist nicht viel die Rede. Obwohl sie zahlenmäßig den größeren Teil der Bevölkerung bilden, ist den Schriftgelehrten und Weltleuten doch noch nicht das Auge gegeben, sie zu erblicken oder gar sie als Mittelpunkt des sozialen Bildes zu sehen. Dies revolutionäre Frankreich blickt nach oben, nicht nach unten. Weiß Robespierre es besser? Ja, wenigstens ist ihm eine Witterung dafür gegeben, daß dieser Begriff des Volkes, der ihm einstweilen noch ein rein philosophisches Erlebnis ist, eine furchtbare Wirklichkeit enthält, für die das Denken dieser Weltenwende kaum schon die nötigen Kategorien bereithält. Zum mindesten im Gefühl versteht er unter Gleichheit nicht nur eine solche der Rechte, sondern auch eine der Vermögen. Kein Wunder, daß die bürgerliche Revolution ihn vom ersten bis zum letzten Augenblick als einen Störenfried empfindet. Dafür aber gewinnt er die Kleinbürger für sich, die gewissermaßen den Vortrab eines erst im Entstehen begriffenen Proletariats bilden. Sein beispielloser Erfolg bei diesen Massen ist also von Anfang an ein Mißverständnis. Er liegt vor dem Volk auf den Knien, aber er meint die Idee, und doch zieht er die Besitzlosen an. Er glüht für die Gleichheit, aber er fordert damit ein Stück Naturrecht zurück, während die kleinbürgerliche Masse glaubt, es sei von einer Umschichtung der Vermögen zu ihren Gunsten die Rede. Dieses Mißverständnis wird freilich durch seine reizbare Befangenheit gegenüber allen Zeichen einer Oberklassengesinnung entzogen. Er haßt die unbekümmerten Nutznießer der sozialen Unterschiede mit derselben Kraft – und mit derselben Nuance – mit der er die Lebensgenießer haßt.

Kein Wunder, daß er in dem soeben entstehenden Jakobinerklub seinen natürlichen Standort sieht. Die Verfassunggebende Versammlung ist auseinandergegangen, ihr letzter Beschluß war ein Antrag Robespierres, daß keines ihrer Mitglieder in die neue Volksvertretung gewählt werden dürfe. Während nun die Gesetzgebende Versammlung tagt, widmet er sich ganz den Jakobinern, lehnt alle Ämter ab oder gibt sie auf, erscheint Abend für Abend in dem ehemaligen Refektorium der Jakobinermönche, erläutert der Zuhörerschaft die Gesetze. Hatte er früher vor der »Constituante« über alle nur erdenklichen Gegenstände, über die Insel Korsika, über das Landstreichertum, über die Kolonien, über die Juden, über die bischöfliche Gerichtsbarkeit, über die Lotterie, über das Jagdrecht, über die Nonnenpensionen, über die Außenpolitik, über den Unterricht und über das Postwesen gesprochen, so beginnt er sich vor den Jakobinern bald zu vereinfachen. Er bemüht sich, das Eisen ständig an der gleichen Stelle hämmernd, dem Volke klarzumachen, daß alles, was außerhalb dieser ehemaligen Klosterhalle beschlossen wird, nur dazu dient, das Volk um die Revolution zu betrügen. Er steht auf der Leiter, die zur Macht führt, denn wer die Jakobiner hat, der hat die Vorstädte, wer die Vorstädte hat, der hat die Kommune, und wer Paris hat, der ist Herr der Revolution.

Der Herbstsalon des Jahres 1791, auf dem die »Horatier« und die Skizze zum »Ballhausschwur« von David und der »Pasiello« von Madame Vigée-Lebrun zu sehen sind, weist auch eine Reihe von Bildnissen aus der Nationalversammlung auf, die Madame Labille-Guyard angefertigt hat. Man sieht den Bischof Talleyrand, der einige Papiere in der Hand hält, auf denen man »Freiheit der Kulte, nationale Erziehung« lesen kann, man sieht den schönen Barnave, man sieht Beauharnais, die beiden Lameth. Vor allem aber sieht man Maximilien Robespierre in einem kleinen Mantel und mit einem Jabot aus blütenweißem Organdi. Statt des Namens steht darunter einfach die Bezeichnung »Der Unbestechliche«. Dieses Wort ist die Zusammenfassung alles dessen, was den Mann emporträgt, dieses Wort ist schon der halbe Sieg. Am 21. September 1792 zieht Robespierre als Abgeordneter von Paris unter dem brausenden Beifall der Tribünen in den Konvent ein. Im Januar schmiedet er diese Körperschaft durch das Todesurteil des Königs auf Gedeih und Verderb mit der Revolution zusammen, am 2. Juni wird die Gironde niedergeschlagen, am 27. Juli tritt Maximilien in den Wohlfahrtsausschuß ein, im August verhindert er die Inkraftsetzung der Verfassung, und während Europa unter den verzweifelten Schlägen der französischen Armee erzittert, setzt der Konvent den Terror – aber auch die Tugend – auf die Tagesordnung. Der Unbestechliche wandert auf dem schwindelnden Grat der Diktatur dahin. Schon hat das Jahr 1794 begonnen, in rasender Eile rollt das Schicksal Robespierres ab. Eben erst ist er mit seinem Köfferchen und einigen Flugschriften im Mantel aus Arras angekommen, um im Saal von Versailles Platz zu nehmen. Und nun ist schon das letzte Jahr seines Lebens angebrochen. Mit raschen Flügeln rauschen die schwarzen Vögel des Schicksals über die ewig im Schatten liegende Sonnenuhr seines Lebens hinweg. Der Herbst ist da, ohne daß Sommer war. Sechs Monate bleiben ihm noch, im März schlägt er Hébert und Genossen zu Boden, im April schickt er Danton und Camille aufs Schafott, und dann ist schon der Augenblick da, der das Fest des Höchsten Wesens bringt und den 9. Thermidor.

Das Leben eines traurigen Menschen

Doch diese kurzen Jahre gehen nicht dahin, ohne daß das Dasein Robespierres einen kleinen menschlichen Schimmer erhielte, so wie das bleiche Antlitz des Großinquisitors sich eines Abends freundlich rötet, weil es in die friedliche Flamme eines häuslichen Herdes geblickt hat. Seit zwei Jahren wohnt Robespierre in der Familie des Tischlers Maurice Duplay, und was sein ängstlich verschlossenes Herz an Behaglichkeit, häuslicher Intimität und Wärme aufzunehmen vermag, das findet er hier.

Der 17. Juli 1791 ist ein sehr unruhiger Sonntag. Auf dem Marsfelde hat es blutige Zusammenstöße zwischen Lafayettes Truppen und den Bürgern gegeben. Die sonntägliche Menge ist angegriffen und zusammengehauen worden. Es gibt viele Tote und Verwundete. Man hört Alarmglocken, Trommelwirbel und immer wieder Schüsse. Gegen Abend wird das Standrecht verkündet. Die Soldaten strömen in die innere Stadt und schwören, dem ganzen republikanischen Unfug ein Ende zu machen. Vor dem Gebäude des Jakobinerklubs, der gerade seine abendliche Sitzung beendet hat, herrscht ein schlimmes Gedränge. Wird man die Patrioten verhaften, die sich eben anschicken, den Saal zu verlassen? Robespierre erscheint auf den Treppenstufen, den Hochrufen der Bürger antworten die Flüche und Kolbenstöße der Soldaten. Robespierre ist jetzt in die Rue Honoré eingebogen, er ist bleich, aber sehr ruhig, die Menge folgt ihm und hindert ihn am Vorwärtskommen. Ratlos blickt er sich um, da faßt ihn ein Unbekannter am Arm und zieht ihn in ein Haustor.

Es ist der Tischlermeister Duplay, und gleich hier in der Rue Honoré ist seine Wohnung. Er selbst ist ein eifriger Jakobiner, er hat die Verlegenheit des bewunderten Redners gesehen und bittet ihn nun, in seinem Haus als Gast zu bleiben, bis die Gefahr vorüber ist. Robespierre nimmt einen späten Imbiß im Kreise der Handwerkerfamilie ein, fühlt die bewundernden Blicke der beiden Töchter und die mütterliche Betulichkeit von Mama Duplay und hat nun zum erstenmal seit seiner lang verschollenen Kindheit das Gefühl, zu Hause zu sein. In einem leerstehenden Zimmerchen neben der Schlafkammer des Sohnes wird ihm ein Bett für die Nacht bereitet. Die Hausfrau stellt ihm die Kerze und eine Orange bereit, entfernt sich auf den Zehenspitzen, und während das Haus langsam in nächtliches Schweigen fällt, streicht er mit der Hand träumend über das frisch riechende, weiße Kissen und fühlt sich geborgen.

Mit diesem höflichen jungen Mann, der so bescheiden, fast errötend die Fürsorge der Hausfrau entgegennimmt, ist der Tod ins Haus gekommen. Ehe drei Jahre um sind, ist der behäbige Wohlstand des Kleinbürgers zerschlagen, hat die Mutter sich im Gefängnis erhängt, hat die jüngere Tochter ihren jungen Gatten verloren, ist der Vater mit knapper Not dem Todesurteil entronnen, ist, was von der Familie noch übrig ist, in alle Winde zerstreut, verfolgt, verachtet und friedlos. Aber die Sterblichen sind zu ihrem Glück blind. Die Familie des Tischlers ist froh, den Unbestechlichen beherbergen zu dürfen. Er selbst kann sich nichts Besseres wünschen. Die Straße ist eine der besten von Paris, bis zum Konvent sind es nur einige Schritte, und der Jakobinerklub liegt ja auch gleich nebenan. Die Leute gefallen ihm, und als der Meister ihm vorschlägt, dauernd bei ihm Wohnung zu nehmen, da greift er zu. Das schmale Zimmer, in dem er die erste Nacht verbracht hat, und der Raum nebenan bleiben seine Wohnung, in der er schläft und arbeitet. Die Mahlzeiten nimmt er im Kreise der Familie ein, in deren Wohnzimmer er auch seine Freunde empfängt. Welchen Preis er für die ganze Regelung bezahlt, wissen wir nicht, aber Duplay wird auf jeden Fall nicht reich davon.

Die Hofwohnung der Tischlersfamilie ist recht weitläufig. Durch die große Einfahrt gelangt man in einen länglichen Hof, der bei gutem Wetter als Arbeitsplatz für Duplay und seine Gesellen dient. Rechts und links sind kleine Schuppen aufgeschlagen, die sich an die Mauer lehnen und in denen die Bretter, Werkzeuge und Leimtöpfe untergebracht sind. Der Hof ist den ganzen Tag vom Kreischen der Sägen, von fröhlichen Hammerschlägen und vom Schleifen der Hobel erfüllt. Obwohl alles mit Sägespänen und sonstigem Holzabfall bedeckt ist, haben die jungen Mädchen doch noch Platz gefunden, im Hof ein kleines Blumenbeet anzulegen. Über die Mauer ragen die Bäume des benachbarten Klostergartens. Trotz der Enge hat alles einen ländlichen Anstrich, man hört das Geräusch der großen Stadt nur verworren herüberschallen, unter einem Dachvorsprung haben Schwalben ihr Nest gebaut. An schönen Tagen sitzt Mutter Duplay gern im Hof und verrichtet eine häusliche Arbeit. Diese Gewohnheit wird ihr bald zur Pflicht, denn auf diese Weise kann sie besser das Kommen und Gehen im Auge behalten und die Besucher prüfen, die zum Unbestechlichen vordringen wollen. In dem Maße, wie dessen Macht wächst, wird diese Wachtätigkeit wichtig, bald übt sie dieses Amt nicht mehr allein aus, sondern hat immer einige Jakobiner an ihrer Seite, den Seifensieder Calandini, der bald General wird, den Schlosser Didiée, den Brenner Gravier oder den Buchdrucker Nicolas, die im Laufe der Zeit alle irgendwelche Staatsämter erhalten oder mindestens festbesoldete Geschworene beim Revolutionstribunal werden, wo man 6 500 Francs jährlich dafür bezieht, daß man sich als »moralisch hinlänglich überzeugt« erklärt.

Auch Duplay selbst übt jetzt dieses Amt aus, außerdem hat er bald alle Hände voll mit behördlichen Aufträgen zu tun, er zimmert Gerüste, Sitzanlagen, Tribünen oder was sonst im Konvent oder bei öffentlichen Veranstaltungen gebraucht wird.

Nicolas, ein besonders vertrauenswürdiger Mann, erhält zahlreiche staatliche Druckaufträge und besorgt alle Drucksachen für den Allgemeinen Sicherheitsausschuß. Da gibt es viel zu tun, schon allein die vielen Tausende von Vordrucken und Formularen für Haftbefehle, Listen von Verdächtigen, Überweisungen an das Tribunal, Fragebogen für die Getreidehändler und Lebensmittelgeschäfte, Brotkarten, alles das kann wohl einen tüchtigen Drucker ernähren. Der schnoddrige Camille Desmoulins schreibt denn auch in seiner Zeitung: »Letzten Januar habe ich Herrn Nicolas noch eine gekochte Kartoffel als Mittagessen verzehren sehen. Wird man es für möglich halten, daß dieser Sansculotte, der so frugal lebte, im Monat Nivôse vom Tribunal über 150 000 Francs für Drucksachen zu bekommen hat... Somit bin ich ein Aristokrat, der mit der Guillotine in Berührung kommt, und Nicolas ein Sansculotte, der mit dem Reichtum in Berührung kommt.« Armer Camille, du wirst dein keckes Mundwerk bald einbüßen und auf dem Richtkarren verzweifelte Tränen weinen, aber auch der geschäftstüchtige Nicolas wird sich seines Glückes nicht allzulange freuen.

Das Gebäude ist zweistöckig. Das Speisezimmer und der Salon sind zu ebener Erde. Im ersten Stock liegen die Schlafräume der Familie und – im linken Flügel gleich neben der Treppe – die zwei Zimmerchen, die Maximilien bewohnt. Das erste zunächst der Tür ist ein winziges Vorzimmer, das man mit einem Schritt durchquert, um in den eigentlichen Wohnraum zu gelangen. Dieser enthält ein Bett aus Nußbaum, dessen blauer Damastvorhang aus einem alten Kleid Frau Duplays geschneidert ist, ferner einen einfachen Tisch, den er zum Schreiben benutzt, und vier Rohrstühle. An den Wänden stehen zwei Gestelle aus gehobeltem Fichtenholz, die Duplays Werkstatt entstammen. In ihnen schichtet Robespierre seine zahllosen, mit seiner sauberen, kleinen Schrift bedeckten Manuskripte zu Reden, Ausschußberichten und Entwürfen auf. Dort liegen auch die Meldungen seiner Geheimagenten und Vertrauensleute in der Polizei, der Verwaltung, dem Konvent und dem Rathaus, da liegen die Briefe, die in täglich anschwellender Zahl bei ihm einlaufen. Und da steht auch jener Kasten, der sich nach seinem Tode als so inhaltsreich erweisen wird, daß der mit der Sicherung beauftragte Courtois ein gutes Teil seines Fundes verschwinden läßt.

Ja, es gibt sonderbare Dokumente in diesem engen Raum. Liegt nicht unter dem bleiernen Tintenfaß eine sauber geschriebene Liste von »Patrioten, die mehr oder weniger Talent haben«, die genau den kleinen Kreis derer abgrenzt, denen der große Mann vertraut? In einem blauen Aktendeckel liegen, auf besondere Zettel geschrieben, die dringendsten Aufgaben, die er abends aus seinem mit eiligen Notizen gefüllten Taschenbuch auszieht. »Hesse in Orléans ist abzusetzen«, damit meint er wohl jenen deutschen Prinzen Karl von Hessen, der ein ganz rabiater Revolutionär geworden ist und in Orléans unter dem Spitznamen »General Marat« militärische Dienste tut. Dieser Mann hat zwei Eigenschaften, die Robespierre haßt, er ist Ausländer und aristokratischer Überläufer, der sich nun doppelt wild gebärdet. Er wird bald verschwinden und seinen ehemaligen Standesgenossen »in das Paradies der Kopflosen« folgen.

»Vertagung der Verfügung über den Kalender auf unbestimmte Zeit«, ja, er findet diesen Dekaden-Kalender mit seiner antikisierenden Bauernverehrung ganz töricht wie alles, wodurch die Revolution auf Äußerlichkeiten ausgedehnt werden soll. Der geschickte Fabre d'Eglantine und Konsorten sollen lieber ihre Gesinnung statt den Kalender ändern. Aber Robespierre weiß wohl, daß all diese sklavischen Verbeugungen vor der Revolution nur mit einem ängstlichen Seitenblick auf ihn vorgenommen werden und daß er das Fehlen eines solchen Eifers grausam tadeln, ja mit versteckten Drohungen beantworten würde. Aber das erhöht nur noch seine Verachtung für die Byzantiner der Republik. Übrigens wird der Kalender doch eingeführt, und anstatt Juli wird man Thermidor sagen.

»Den republikanischen Bund revolutionärer Frauen auflösen«, der Konvent sollte überhaupt alle Frauenorganisationen grundsätzlich verbieten. Diese Damen sind entweder ehemalige Nonnen oder Marquisen, die heimlich die Messe hören und vor Louis Capets umflortem Bilde weinen wollen, oder sie sind Kommunistinnen, die unter der Führung des ehemaligen Priesters Jacques Roux Kundgebungen für Höchstpreise und Vermögensabgabe veranstalten und, Strümpfe strickend, den Hinrichtungen zusehen, was nicht einmal ein Mann tun sollte!

»Gute Schriften verbreiten«, leichter hingeschrieben als getan, jedoch höchst notwendig. Die Republik soll nicht etwa schmackhaft gemacht werden, aber es muß immer wieder der Beweis geführt werden, daß sie auf Gerechtigkeit aufgebaut ist und die völlige Gleichheit erstrebt. Sonderbar, daß die Leute das nicht verstehen wollen. Aber die Schriftsteller sind ja die Schlimmsten von allen, »man sollte sie ächten als die schlimmsten Feinde des Vaterlandes«, denn sie berufen sich immer auf die Menschenrechte, um Unordnung zu stiften.

In einem anderen Fach liegen die Huldigungsadressen der Klubs in den Provinzstädten, die ihn als Leuchte der Freiheit, als unbeirrbaren Führer und Weisen feiern. Ergebenheitsadressen, über deren zierlich geschriebenen Text er manchmal das Wort »Schmeichler!« als einzige Bemerkung quer darüber schreibt, oder auch Liebesbriefe von unbekannten Verehrerinnen. Da schreibt eine junge Witwe aus Nantes:

»Seit dem Beginn der Revolution bin ich verliebt in Dich, Du bist meine höchste Gottheit, und ich kenne auf dieser Erde keine andere außer Dir. Als Mitgift biete ich Dir die wahren Eigenschaften einer Republikanerin, 40 000 Francs Rente und meine zweiundzwanzig Jahre.«

Oder diese Litanei der Patrioten von Calais: »Robespierre, Säule der Republik, Flamme, Eckstein des Gebäudes der Freiheit, unbestechlicher Genius, der alles gewahrt, alles voraussieht und alles entwirrt, den man nicht täuschen noch verführen kann.«

Oder die Briefe der Eltern, die ihren Sohn nach ihm nennen wollen – »ich habe gewagt, ihn mit dem Gewicht Deines Namens zu belasten« –, oder das Bittgesuch der Schwester Mirabeaus, die hinzufügt: »Unveränderlicher und Starker, Du bist ein Adler, der am Himmel schwebt!« Und es ist bemerkenswert, daß viele dieser Briefe nicht unterzeichnet sind, also reine Kulthandlungen darstellen. Auch Polizeiberichte sind da, welche die Stimmung des Volkes bei der letzten Krankheit schildern:

»Beim Botanischen Garten unterhielt sich eine sehr zahlreiche Menge über Robespierres Krankheit. Das Volk scheint davon so berührt zu sein, daß es sagt, alles ist verloren, wenn Robespierre stirbt. Er allein, sagt eine Frau, enthüllt alle Pläne der Missetäter. Nur Gott kann das Leben dieses unbestechlichen Patrioten sichern (alle taten einen schweren Seufzer). Ich habe bemerkt, daß, während die Sansculotten von der Unpäßlichkeit Robespierres sprachen, die besser gekleideten Leute nichts sagten, aber man sah auf ihren Gesichtern einen Ausdruck der Genugtuung.«

Mancher würde ein Vermögen – in Assignaten natürlich – darum geben, wenn er alle diese interessanten Schriftstücke einmal nach Herzenslust durchstudieren könnte, um aus ihnen zu beweisen, daß der Unbestechliche nach der Diktatur strebe. Aber das Haus ist gut bewacht, und aus Unordnung geht nichts verloren, der große Mann räumt jedesmal vor dem Schlafengehen den Tisch sorgfältig ab, höchstens ein Band Rousseau oder Racine darf darauf liegen bleiben. Während der Nacht schläft sein treuer Hund »Brount« unter dem Tisch.

Wenn er arbeitet, so schweift sein kurzsichtiger, durch die ewige Brille ermüdeter Blick durchs Fenster über die benachbarten Bäume hinweg, in die blaue Luft hinein und den dahinsausenden Schwalben nach. Unten im engen Hof ertönt die fröhliche Stimme der ältesten Tochter Duplays, er hört den Lärm der Werkzeuge, und wenn er das Fenster öffnet, was oft geschieht, denn er liebt die Natur, dringt der Duft der Gärten herauf und mischt sich mit dem bitterlichen Geruch des frischen

Holzes, der tannenen Bretter, durch die Duplays Gesellen die blitzende Säge ziehen. Nur wenige Besucher werden in sein kleines Zimmer gelassen, die meisten werden in einem kleinen Seitenraum des gemeinsamen Wohnzimmers empfangen, einer Art von Salon, den die Familie zu einer kleinen Robespierre-Galerie umgewandelt hat, denn die Wände sind mit seinen Porträts geschmückt, auf dem Kamin stehen seine Büsten und auf dem Tischchen ein Dutzend Robespierres in Kupfer gestochen.

Die Abgeordneten des Konvents, Barras und Fréron, die soeben aus Südfrankreich zurückgekommen sind, wo sie ihre amtliche Mission zu schmutzigen Geschäften und zur Entfaltung unnützer Grausamkeit benutzt haben, eilen zu Robespierre, um das Gewitter abzuwenden, das sich über ihren Köpfen zusammenzieht. Im Hofe des Hauses treffen sie auf Elisabeth, die gerade Wäsche aufhängt. »In der Hand hielt sie ein Paar gestreifte Baumwollstrümpfe nach der damaligen Mode, die sicher dieselben waren, die wir täglich an den Beinen Robespierres sahen, wenn er im Konvent erschien. Auf der anderen Seite saß Mutter Duplay zwischen einem Kübel und einer Salatschüssel und schälte Gemüse. Zwei uniformierte Männer in achtungsvoller Haltung schienen an der Küchenarbeit teilzunehmen und dienstbereit Gemüse mitzuschälen, um dank dieser Vertraulichkeit freier plaudern zu können.«

Fréron, der die Örtlichkeiten kennt, geht auf die Treppe zu, die nach oben führt, aber die Frauen erklären, daß der Unbestechliche nicht zu Hause sei, und versperren den Besuchern den Weg. Schließlich gibt Mama nach und ruft die Treppe hinauf: »Fréron und ein Freund von ihm sind unten!« Die Besucher treten endlich bei ihm ein, Robespierre hat sich gerade frisieren lassen, wie er dies jeden Morgen tut, und steht in einem Frisiermantel da. Seine Haare und sein Gesicht sind mit einer dicken Schicht weißen Puders bedeckt. Die Besucher wünschen guten Tag, er antwortet nicht, sie erklären den Zweck ihres Besuches, er erwidert kein Wort, als ob er ihre Anwesenheit überhaupt nicht bemerke. Er wendet sich dem am Fensterkreuz aufgehängten kleinen Spiegel zu, schabt den Puder ab, rasiert sich, wäscht sich in einem kleinen Waschbecken, das er in der linken Hand hält, putzt sich die Zähne und spuckt ein paarmal kräftig ins Zimmer, gerade da, wo die beiden verlegenen Besucher stehen. Diese beginnen zu erzählen, berichten von ihrer Mission, versuchen die gegen sie umlaufenden Beschuldigungen zurückzuweisen und geraten langsam in bestürztes Stottern, denn Robespierre antwortet immer noch nicht, blickt durch sie hindurch, als wenn sie aus Glas wären, und nimmt von ihrer Gegenwart nicht die geringste Notiz. In seinem Gesicht bewegt sich kein Muskel, spiegelt sich keine Gemütsbewegung. »Niemals«, wird Barras später schreiben, »habe ich im erstarrten Marmor der Statuen oder auf dem Gesicht der schon begrabenen Toten etwas so Unbewegliches gesehen...« Die beiden Helden müssen unverrichteter Sache wieder abziehen, aber sie werden es ihm schon heimzahlen.

Der friedliche Haushalt Duplay ist nicht wiederzuerkennen. Es kommen so viele Besucher, es gibt unaufhörlich Gäste, Robespierres jüngerer Bruder Augustin, auch Bonbon genannt, sitzt ebenfalls im Konvent, wo er, seiner offenen und soldatischen Natur gemäß, eine anständige, aber – wie es sich gehört – zweite Rolle spielt. Er wohnt zunächst ebenfalls bei den Duplays, und zwar hat er mit seiner Schwester Charlotte zusammen die beiden Zimmer im Vorderhaus über der Toreinfahrt. Bonbon ist recht verträglich, doch die Schwester, die anfängt, nicht mehr ganz jung zu sein, will den großen Bruder ganz für sich haben. Aber was sagt Mama Duplay dazu, die sich schon seit langem begründete Hoffnungen macht, ihre Tochter Eleonore mit Maximilien zu verheiraten? Das kann nicht gutgehen, es kommt bald zu heftigen Szenen zwischen den beiden Frauen – »ein Krieg, wie er zwischen der Haushälterin und der Schwester des Pfarrers vorkommt«. Die Schwester muß das Feld räumen und folgt ihrem jüngeren Bruder, der sich in der Nachbarschaft, auf der Rue Florentin, eine kleine Wohnung einrichtet. Mit ihr verschwindet Fouché aus der kleinen Zahl der Hausfreunde. Hat er ernstlich die Absicht gehabt, Robespierres Schwester zu heiraten, oder benutzt er den Augenblick nur, um sich von diesem Manne, der ihm seine Schurkereien doch nicht verzeihen wird, zurückzuziehen und aus der Ferne das tödliche Geschoß gegen ihn zu richten?

Die ältliche Marquise Chalabre, ein erhitztes politisches Frauenzimmer, Camille Desmoulins und seine junge Frau, die schöne Lucile, das düstere Wunderkind Saint-Just kommen oft, ebenso der wackere Lebas, der bald die jüngere Tochter Duplays, Elisabeth, zu einem kurzen Glück heimführen wird, der Maler David, der sanfte und strenge Couthon, der an beiden Beinen gelähmt ist und daher von einem Gendarmen hereingetragen und auf einen Sessel gesetzt wird, und schließlich der getreue Buonarroti, ein Nachfahr des großen Michelangelo.

Da sitzen sie nun friedlich in Frau Duplays guter Stube und beschließen einen langen, arbeitsreichen Tag. Die Frauen haben eine Handarbeit vorgenommen, Mutter sorgt für Erfrischungen, Elisabeth ist recht nahe an Lebas herangerückt, und Eleonore kann den Blick nicht von Robespierre lassen, der ihr manchmal freundlich und gemessen zunickt. Die Männer plaudern ruhig und gedämpft miteinander. Der Tag ist zu Ende, ein Tag wie alle anderen. Ein jeder hat seine Arbeit getan, seine Pflicht erfüllt und ruht nun aus in dieser traulichen Luft. Der eine hat als Geschworener im Laufe des Nachmittags zwölfmal für den Tod gestimmt und sich redlich Mühe gegeben, die einzelnen Angeklagten auseinanderzuhalten, der andere hat eine Guillotine nach Nantes verfrachten lassen oder hat Denunziationen gesichtet oder hat Vermögen von Hingerichteten beschlagnahmt oder hat Listen von Verdächtigen gemacht. Sie alle haben in der schrecklichen Werkstatt des Todes gearbeitet, die Terror heißt. Sie haben die entsetzten, ganz und gar fassungslosen Blicke von Menschen, die sterben sollen, auf sich gespürt, sie haben das Jammern der Schwachen, den Aufschrei der Verzweifelten gehört und das Schweigen der Starken gesehen, sie haben vor dem Verlassen des Amtsgebäudes noch einen flüchtigen Seitenblick in jenen halbdunklen, vom ewigen Weinen erfüllten Raum geworfen, in dem der Gehilfe des Henkers den verurteilten Frauen die Haare abschneidet – aber sie haben auch Gesetze gemacht, sie haben die staatliche Besoldung der Lehrer verfügt, sie haben Ansprachen an die ausrückenden Truppen gehalten, sie haben einen Betrag für vereinfachte Salpetergewinnung bewilligt, sie haben die Besteuerung der Reichen zur Verbilligung des Brotpreises beschlossen, sie sind von der belgischen oder der Rheinfront nach Hause gekommen und haben sogleich ihren Bericht geschrieben, sie haben im Louvre ein Museum eingerichtet, sie haben Siedlungsland verteilt, mit einem Wort: Sie haben gearbeitet. Und darum tut die Ruhe dieses beschaulichen Abends doppelt wohl.

Wenn das Gespräch innehält, öffnet Buonarroti das Clavecin und beginnt leise, sauber und fein ein Stück von Méhul zu spielen. Und dann singt Lebas, der eine hübsche Stimme hat, eine Romanze »Tandis que tout sommeille«, während Elisabeth ihm mit versunkenen Augen, halbgeöffneten Lippen und geröteten Wangen zusieht. Frau Duplay hat die Handarbeit sinken lassen, der treue Hund »Brount« liegt im Winkel und grollt im Schlaf, die Zeit verrinnt mit jener leisen Hörbarkeit, die versunkene Menschen umgibt, und als es später wird, tritt Robespierre selbst vor, lehnt sich an den Kamin und liest ein Stück aus Montesquieus »Dialog des Sulla und des Eukrates« vor. Er kann die Worte auswendig und bedarf kaum des Buches, das er eigentlich nur vorhält, um seine Schüchternheit zu verbergen, die Brille hat er auf die Stirn geschoben, die Augen sind halb geschlossen, sein breites und doch feines Gesicht hält er geneigt, mit dem Ausdruck ungeheurer Versunkenheit. So steht er da, die eleganten Beine in gelbseidenen Kniehosen leicht gekreuzt, den gelb und braun gestreiften Frack über dem kunstvoll geknoteten Halstuch sorgfältig geschlossen. Das Licht des hinter ihm auf dem Kamin stehenden Leuchters durchstrahlt silbrig sein gepudertes Haar. Seine Stimme klingt zögernd, fast werbend:

»Herr, Ihr ändert durch die Art Eures Handelns meine ganze Meinung. Ich glaubte, daß Ihr zwar Ehrgeiz hättet, aber keine Liebe für den Ruhm. Ich sah wohl, daß Eure Seele bedeutend war, aber ich ahnte nicht, daß sie groß sei. Alles in Eurem Leben schien mir einen Mann zu zeigen, der vom Wunsch, zu befehlen, verzehrt wird und der, voll der verderblichsten Leidenschaften, mit Vergnügen die Schande, die Reue und selbst die Niedrigkeit auf sich nimmt, die mit der Tyrannei verbunden sind. Denn schließlich habt Ihr alles Eurer Macht geopfert. Ihr habt dafür gesorgt, daß alle Römer Euch fürchten. Erbarmungslos habt Ihr die Obliegenheiten des fürchterlichsten Richteramtes ausgeübt, das jemals da war. Der Senat sieht einen so unerbittlichen Verteidiger nur noch mit Zittern. Jemand sagte Euch: ›Sulla, wie lange noch willst du das Blut der Römer vergießen?‹ Damals war es, daß Ihr die Tafeln veröffentlichtet, welche über Leben und Tod eines jeden Bürgers entschieden.«

Und dann Sullas Gegenrede:

»Gerade all dies Blut, das ich vergossen habe, hat es mir möglich gemacht, die größte aller meiner Taten zu vollbringen. Hätte ich die Römer mit Milde regiert, dann wäre es kein Wunder gewesen, wenn der Verdruß, der Ekel oder eine Laune mich dazu getrieben hätte, die Regierung aufzugeben. Aber ich habe die Diktatur zu einer Zeit niedergelegt, wo es keinen Menschen in der Welt gab, der nicht geglaubt hätte, daß die Diktatur meine einzige Zuflucht sei. Ich bin, ein Bürger unter Mitbürgern, vor den Römern erschienen, ich habe gewagt, ihnen zu sagen: ›Ich bin bereit, über alles Blut, das ich für die Republik vergossen habe, Rechenschaft abzulegen. Ich werde allen denen Rede stehen, die ihren Vater, ihren Sohn oder ihren Bruder von mir verlangen werden.‹ Alle Römer haben vor mir geschwiegen.«

Nun hat Robespierre geendet, und alles schweigt noch eine Weile. Lebas' Hand liegt in der Elisabeths, Eleonore blickt blaß wie eine Heilige ins Kerzenlicht, Saint-Just hält sein engelreines Profil geneigt, eine Locke ist ihm in die Stirn gefallen, in seinem

Auge schimmert die Träne. Welche Stille! Kein Laut, kaum ein Atmen. Fern, von der Straße dringt das Geräusch der Stadt verworren ins Zimmer. Eine rufende Stimme kommt näher und wird deutlich, sie gehört einem Knaben, der die Liste der heute hingerichteten Personen ausruft. Schnell verklingt die Stimme, aber ihr folgt bald eine zweite, die heulend und wie betrunken die Zeitung Héberts, den »Père Duchesne«, feilbietet. Man kann seine Worte deutlich hören in dem stillen Zimmer:

»Der ›Père Duchesne‹ ist verdammt wütend heute abend!«

Und somit kehrt der Unbestechliche in seine dunklen Gedanken zurück. Die Traurigkeit verläßt ihn nie, man würde sagen, daß sie ihm wie ein Schatten folgt, wenn er nicht selbst ihr Schatten wäre. Es ist die Traurigkeit eines Menschen, der niemals um des Lebens willen gelebt hat, der noch nie hat vergessen können, daß er auf der Welt ist, um eine bestimmte Aufgabe zu erfüllen, und darum kein Recht hat, der flüchtigen Verführung eines Augenblicks zu lauschen. Eigentlich ist das Leben auch da, wo es schön sein könnte, unheimlich und furchterregend, es ist und bleibt eine Dunkelheit, aus der Gefahren aufsteigen. Solange man ein Kind ist, sieht man diese Gefahren als schleichende Ratten, die ins Schlafzimmer kommen, oder als einen schwarzen Riesen, der beide Arme ausstreckt, oder als das bewußtlose Getümmel einer großen Stadt, in das man hilflos hineingeraten ist, weil man die Hand der Mutter verloren hat. Aber später, wenn man erwachsen ist, genügt es nicht mehr, die Bettdecke über den Kopf zu ziehen und leise zu weinen, da gibt es wirkliche Gefahren, da gibt es die furchtbar drückende Last dessen, was man tun muß, ob man will oder nicht, da gibt es die Qual der täglichen Entscheidung und des Handelns im Angesicht fremder Menschen. Man schreibt etwas auf ein Stück Papier und gibt es fort. Das hat oft eine furchtbare Wirkung, Menschen sterben daran, Soldaten marschieren danach, Wagen rollen, Schiffe segeln, Steine bewegen sich. Darum ist es auch besser, sich das Leben erst gar nicht näher anzusehen. Von der Rue Honoré bis zum Konvent schräg gegenüber und bis zum Jakobinerklub nebenan, das ist Welt genug, das ist mehr, als ein angstvolles Herz umfassen kann, das ist mehr als man mit der Feder umschreiben und auf ein Stück Aktenpapier einzeichnen kann. Vielleicht wäre es gut, zu trinken oder sich mit fröhlichen Frauen einzulassen oder auch nur eine Pfeife zu rauchen, aber wer weiß, ob all diese Laster nicht neue Tore sind, durch die Gefahren auf ein ängstliches Herz eindringen können. Denn man muß sich ja krampfhaft mit beiden Händen an der täglichen Ordnung festhalten, weil man sonst von der unheimlichen Woge des Lebens erfaßt und hinabgeschleudert wird in unbekannte Abgründe. Unbegreiflich, daß Menschen in den Armen einer Frau ruhen können, unbegreiflich, daß Menschen sich eine Hinrichtung ansehen können, unbegreiflich, daß Menschen nachts als Soldaten auf dem Felde schlafen und dann ein Pferd besteigen können, um den pfeifenden Kugeln entgegenzureiten. Vielleicht ist alles nur halb so schlimm, vielleicht betrinken sich die Menschen vorher, vielleicht ist auch alles nur Prahlerei. Das wäre diesem Danton schon zuzutrauen gewesen, der ja immer von den Herrlichkeiten des Weibes sprach, oder diesem Dubois-Crancé, der so gern an die Front geht und mit den Soldaten reitet. Traurig ist es auf jeden Fall, daß es so viele Menschen gibt, die nie, wenn sie allein sind und gerade einmal nicht arbeiten, aus ihrem Herzen diese eisige Dunkelheit aufsteigen fühlen, diese Trauer, die nur eine Mutter verscheuchen könnte. Wer sorgt für Erwachsene, und warum wird man überhaupt erwachsen? Die Werkstätten lärmen, die Schüsseln klappern, die Wagen rasseln dahin, die Gerüche von Essen steigen auf, alle Menschen haben ihren Platz, wissen, wohin sie gehören, kennen die Nächsten, für die sie arbeiten. Ja, man muß, wenn man arbeitet, die Gesichter derjenigen vor sich sehen, für die man sich plagt, oder man muß sich eine Hand vorstellen können, die man ergreifen möchte, wenn man müde ist. Wenn aber nichts von all dem sich einstellen will, wenn statt des Trostes nur die ungeheure Müdigkeit lauert, die kein Gesicht hat, wenn man immer derjenige ist, der einsam auf der Straße steht, während alle Menschen sich eilen, nach Hause zu kommen, wo eine freundliche Lampe und freundliche Gesichter auf sie warten, wenn das Leben zwischen Papier und großen, rohen, lauten Menschen vergeht, die feindlich sind und voll Kraft und einen hassen und einen auslachen, ja quälen, ja töten würden, wenn sie entdeckten, wie jung und hilflos und ängstlich und zärtlich man ist, und daß man am Morgen, anstatt in den Wohlfahrtsausschuß zu gehen, am liebsten im Bett bleiben und »Mutter, ich habe Zahnweh« sagen und nie wieder aufstehen möchte, ja, dann gibt es eben keine andere Rettung als zu schweigen, die Lippen zusammenzupressen, die Fäuste zu ballen, den Rücken steif zu halten und starr geradeaus zu blicken. Aber die Traurigkeit geht davon doch nicht weg, sie bleibt und liegt wie unsichtbare Asche auf allen Dingen.

Der Unbestechliche

Die Traurigkeit ist ein dunkler Wasserspiegel, durch den das Wesen dieses Mannes niemals nach oben steigt. Was an ihm sichtbar wird, ist Starrheit, Mißtrauen und ein fast maßloses Schamgefühl. Er zuckt zusammen, wenn ein Mitbürger ihm, den künstlich biederen Gewohnheiten der Zeit entsprechend, freundschaftlich auf den Rücken klopft, wozu übrigens schon eine tüchtige Portion Mut gehört. Die Neigung, Bruderküsse auszutauschen, die ebenfalls ein Tribut an die erst literarisch, dann philosophisch und schließlich politisch gewollte Schlichtheit ist, bereitet ihm manche Qual. Bei den Sitzungen des Jakobinerklubs geschieht es einige Male, daß er sich mit einem Gegner auf Wunsch der Versammlung zu versöhnen hat, was dann mit einer Umarmung besiegelt wird. Mit verzweifeltem Gesicht, »mit dem Gesicht einer Katze, die Essig getrunken hat«, wie Danton sagt, und tief errötend hält er seine Wange hin und ist dann für den Rest des Abends ungenießbar. Das patriotische »Du«, das bis in die Amtssprache vorgedrungen ist, wird ihm nie richtig geläufig, allenfalls gelingt es ihm noch, die Menge mit dem neutralen »Ihr« anzureden.

Seine Höflichkeit ist so ausgesucht, daß eine Frau von ihm sagt, er benehme sich wie ein Tanzmeister des alten Regimes. Jede spontane Durchbrechung der Förmlichkeiten scheint ihm Angst einzuflößen, wie man denn überhaupt zu glauben versucht ist, seine ganze durchdachte Steifheit sei nichts als der Drang, sich an feste Regeln und Gewohnheiten anzuklammern, um nicht auf das Meer der Überraschungen, ja der jähen Erfahrungen überhaupt hinausgeschleudert zu werden. Mit einem Wort, er ist so schüchtern, daß er gar nicht wagt, ungezwungen zu sein. In seiner revolutionären Haltung ist vieles und vor allem das, was man in der Welt seine Unmenschlichkeit nennt, durch Mangel an innerer und äußerer Sicherheit zu erklären. Ihm fehlt die Unbefangenheit dem Leben gegenüber, das ihm infolgedessen voll von Gefahren und feindseligen Drohungen erscheint. Seine Lebensangst lockert sich zum ersten Male, als er sich in der Familie Duplay niederläßt. In dieser Luft von scheuer Anbetung und lautloser Fürsorge verliert das Leben manchmal sein Grauen. Alle Erniedrigungen und Störungen, welche die Wirklichkeit verbreitet, werden ihm hier aus dem Wege geräumt, ehe er sie gewahren kann. Er lebt wie in einer Anstalt: die Messer und Glasscheiben, an denen seine Ideen sich schneiden könnten, sind gesichert, die Klinken und Riegel, an denen sie sich aufhängen könnten, sind sorgfältig entfernt, und nirgendwo ist eine Öffnung gelassen, durch welche die rauhe Wirklichkeit eindringen könnte.

Seine Eleganz ist weltberühmt, er liebt kühne Farbenzusammenstellungen, besonders die Westen sind in ihrer abwechslungsreichen Musterung recht gewagt. Seine Halsbinde ist immer blütenweiß, und sobald sie auch nur ein bißchen zerknittert ist, wird sie gewechselt. Obwohl die Spitzenmanschetten mehr und mehr aus der Mode kommen, trägt er sie fast täglich, und die Bewegung, mit der er die Spitzen, die ihm über die Hände fallen, zurückwirft, ist oft die einzige Unterbrechung seiner Starrheit beim Reden. Den Hut trägt er nach alter Sitte am liebsten unter dem Arm, schon um die Frisur nicht zu zerstören, die jeden Morgen in zwei Seitenrollen gelegt und schneeweiß gepudert wird, während der kurze Zopf fest in schwarzes Seidenband eingerollt wird. An seine Brille scheint er sich geradezu zu klammern, manchmal trägt er zwei, eine grüne, die seine Augen schützen soll, und eine, die er zum Lesen braucht. Wenn er den Blick vom Manuskript abwendet, schiebt er die Brille gern auf die Stirn bis ans Haar zurück. Noch lieber verbirgt er seinen Blick hinter den grünen Gläsern. Tut er dies aus Schüchternheit oder um seine Umgebung über seinen Gesichtsausdruck im unklaren zu lassen? Tatsache ist, daß er empfindliche Augen hat, die sich leicht entzünden und manchmal sogar blutunterlaufen sind. Aber Tatsache ist auch, daß sein Blick Furcht einflößt, verberge er sich nun hinter den unergründlichen Gläsern oder ruhe er starr und hart auf dem anderen. Besonders im Konvent weichen die Leute seinem Blick gern aus, wobei allerdings zu berücksichtigen ist, daß dort die meisten Leute ein schlechtes Gewissen haben.

Die gesuchte Schäbigkeit vieler Revolutionäre, die sich als echte Sansculotten verkleiden, ist ihm nicht nur verdächtig, sie ist ihm auch instinktiv unangenehm. Viele Leute, die Wagen und Pferd im Stall und schönes Silber zu Hause in den wohlgefüllten Schränken haben, gehen wie Vagabunden umher, tragen Taschentücher um den Kopf, lange Hosen, die blauweißrot gestreift sind, und fuchteln mit ungeheuren Knotenstöcken, in der Hoffnung, dadurch für gesinnungstüchtige Jünger der Gleichheit gehalten zu werden. Andere schneuzen sich mit der Hand oder schlagen an den Kirchentüren ihr Wasser ab, um vergessen zu machen, daß sie früher durch Lieferungen an den Hof ein Vermögen verdient haben oder Beichtvater eines Herzogs waren. Alle diese Gewohnheiten flößen Robespierre Widerwillen ein, doch nicht nur, weil sie unecht sind, sondern mindestens ebensosehr, weil er Schmutz und Unordnung und Pöbelhaftigkeit haßt. Es hilft nichts, er kann sich nun einmal an vernachlässigte Kleidung, grobe Sitten und schlechten Geruch nicht gewöhnen.

Die Abstraktion Volk, vor der er im Geiste auf den Knien liegt, schmeckt und riecht ebensowenig wie die Hostie und wohnt im Tabernakel seines Glaubens. Im übrigen sind die Stammgäste des Jakobinerklubs sehr ordentliche Leute, wer betrunken ist, wer sich grob beträgt oder sonst Anstoß erregt, wird hinausgeworfen. Der Pöbel treibt sich in den Vorstädten herum und grölt den Hinrichtungen auf dem Platz der Revolution zu, beides Örtlichkeiten, wohin Robespierre nie kommt. Seine Fäden zur Unterwelt von Paris laufen auf sorgfältig organisierten Umwegen durch die ihm und Saint-Just blind ergebene Kommune. Auch mit der roten Mütze hat er sich nie befreunden können. Ihr Ursprung stört ihn, sie wurde als nationales Abzeichen angenommen, als die Meuterer von Nancy, aus den Galeeren Brests befreit, in ihrer Sträflingstracht, zu der die rote Mütze damals gehörte, vor dem Konvent erschienen, um dessen Glückwünsche entgegenzunehmen. Robespierre hat nie aufgehört, die Mütze offen zu bekämpfen. Als Pétion in seiner Eigenschaft als Bürgermeister von Paris den Jakobinerklub auffordert, das Anlegen von äußeren Zeichen nicht zu unterstützen, da dies der revolutionären Sache ein parteipolitisches Gepräge gebe, da springt Robespierre ihm bei, rät vom Tragen der roten Mütze ab und sagt: »Man setzt das Volk herab, wenn man es den äußeren Abzeichen zugänglich glaubt. Diese könnten es nur von der Aufmerksamkeit ablenken, die es der Freiheit zuwendet.«

Es ist freilich schwer, es dem Unbestechlichen recht zu machen. Trägt man revolutionäre Gewohnheiten zur Schau, so ist man ein verkappter Aristokrat; bleibt man, wie man ist, so ist man gleichgültig und somit ein heimlicher Feind der großen Sache. Fordert man Blut, so hat man sich mit den Freunden Lafayettes heimlich verabredet, um den Konvent und seine Organe durch Ausschreitungen unpopulär zu machen; rät man zur Milde, so hat man selbst irgendeinen Grund, die Strenge des Gerichtes zu fürchten; schlägt man die Belohnung der Soldaten vor, so will man die Aufmerksamkeit von den inneren Schäden ablenken; wendet man sich gegen die anspruchsvolle Petition eines Truppenteils, so ist man von den Engländern bezahlt, um die Armee unzufrieden zu machen. Sagt man gestern, ist man ein Royalist, sagt man morgen, ein Verführer. Lobt man Robespierre, ist man ein Schmeichler, tadelt man ihn, so ist man ein Verschwörer gegen das Vaterland. Auf der ganzen Welt gibt es kein Mittel, ihn zufriedenzustellen und sein immer waches Mißtrauen zu entwaffnen, außer dem einen und letzten, sich hinrichten zu lassen.

Robespierres politische Lehre stimmt genau mit seinem höchst unpolitischen Charakter überein, es ist eine Politik der Gesinnung, und die Gesinnung anderer ist seine Hauptsorge. In der unaufhörlichen Überwachung und Ausforschung fremder Gesinnungen erschöpft er seine besten Kräfte. Alles an seiner Politik ist richtig, lückenlos und nicht zu widerlegen, nur eine Schwierigkeit gibt es in ihr: die Menschen. Die Menschen mit ihren Leidenschaften, Trieben und Gewohnheiten, kurz, die Menschen mit ihrem Leben stören seine Lehre. So wird er ein Feind des Lebens. Er hat den Ablauf seiner in Politik übersetzten Doktrin genau berechnet; nichts kann mehr fehlgehen, die Rechnung muß sich auflösen, und wenn nun die Fäden sich doch verwirren, so kann nur der böse Wille der Menschen daran schuld sein. Darum sind seine Lieblingsworte »Verschwörung«, »Deckmantel«, »Maske«, »Entlarvung«, »Verrat« und »Schurkerei«. Er macht von diesen Worten einen so übermäßigen Gebrauch, daß die Polizei und die Gerichte kaum noch imstande sind, andere Bezeichnungen anzuwenden, und daß das auf ein Aktenstück geschriebene Wort »Verschwörung« überhaupt nichts anderes mehr besagt, als daß der Mann aus der Welt geschafft werden soll. Pétion sagt von ihm, daß er »überall Verschwörung, Verrat und Anschläge erblickt, niemals eine Kränkung seiner Eigenliebe verzeiht, sich über den flüchtigsten Verdacht aufregt und immer glaubt, daß man sich mit ihm beschäftigt und ihn verfolgen will«. Die versteckte Drohung ist seine Lieblingswaffe: »Wer zittert, ist schuldig!« Die Andeutung ist in seinem Munde eine so schreckliche Schneide, daß sie ihn eines Tages selber treffen wird. Er nennt keine Namen, spielt aber so lange an, bis der Gemeinte sich vor Verzweiflung zur Wehr setzt, und schleudert ihm dann entgegen: »Ich habe Bourdon nicht genannt. Wehe dem, der sich selbst nennt.«

In der Sprache der Kirche könnte man sagen, daß Hoffart und Neid seine schlimmsten Sünden sind, und zwar mischen sie sich in seinem rätselhaften Wesen oft zur Einheit. Ja, vielleicht liegt in dieser Verbindung überhaupt der Schlüssel zum Geheimnis seines Lebens: Er verachtet die Sünde wegen ihrer Schande, aber er beneidet sie wegen ihrer Lust. Niemand sitzt selbstgerechter als er über die Schwächen der Menschen zu Gericht, aber er würde vielleicht weniger hart sein, wenn er in diesen Schwächen nicht auch das Vergnügen sähe, das die Menschen von ihnen haben. Da er neidisch auf das Glück der anderen ist, so bricht er den Stab über das Menschliche an ihm. Unfähig, sich gehenzulassen, richtet er jene, die dazu aufgelegt sind. Das Laster nicht nur fliehend, sondern auch fürchtend, versucht er, sich über jene zu erheben, die nicht bloß die sträfliche Neigung, sondern auch den Mut zum Laster haben.

Die kalte Geringschätzung, die er den Lebenskünstlern des Konvents, den Danton, Fabre, Hérault oder den Girondisten zuteil werden läßt, ist zu gleichen Teilen aus Hoffart und Neid gemischt. Ach, dieser Danton, wie hat ihn die heitere Sicherheit dieses Mannes, selbst als er noch sein Freund war, geärgert. Und Danton durchschaute ihn, er sah dieser Keuschheit, dieser freiwilligen Armut auf den Grund: »Dieser Robespierre kann ja nicht einmal –! Der hat ja Angst vor dem Geld!« Grausam unbekümmerte Triumphschreie eines Athleten, der sich bei den Frauen wie ein Herkules fühlt und sich nicht geniert, ordentlich und überall seine Taschen zu füllen. Und dieser Fabre, der so flink zu antworten versteht, der so schlagfertig ist wie ein Fechter, während Robespierre überhaupt nicht aus dem Stegreif erwidern kann! Und dieser Hérault de Sechelles, den die Damen einen schönen Mann nennen, der sich so wundervoll und doch so selbstverständlich zu kleiden weiß und sich mit solcher eleganten Ungezwungenheit bewegt, während er, Robespierre, nicht wagt, einen Knopf aufzulassen, viel zuviel an seinen Anzug denkt und nicht wissen würde, wo er die Hände lassen soll, wenn er nicht die Brille oder das Lorgnon hätte. Alle diese

Leute sind verächtliche Stutzer und Wollüstlinge, aber was gäbe man nicht darum, wenn man ihre Sicherheit und ihren Mut hätte!

Und mit den Girondisten war es nicht anders. Sie waren gleichsam der Überrest der Salons, eine Gesellschaft glänzender junger Leute, die das aufgeklärte und skeptische Bürgertum im Konvent repräsentierten und genau den Geist darstellten, der die Revolution leichtfertig, ja selbstmörderisch vorbereitet hatte und der nun von ihr verschlungen wurde. Dieser Brissot, dieser Vergniaud, dieser Buzot, dieser Barbaroux, dieser Louvet, sie alle waren Salonrevolutionäre, deren Lust an geistreichen Bemerkungen stärker als ihr Charakter war. Natürlich fanden diese eleganten und gepflegten Herren einen düsteren Asketen aus der finsteren Provinz wie Robespierre nur komisch und ließen ihn spüren, daß er für ihren gewählten Kreis nicht in Frage komme. Schließlich sind die Menschenrechte und die Freiheit nicht dazu da, die Welt in ein Kloster und das Leben in eine Bußübung zu verwandeln, dachten sie. Oh, wie Robespierre sie haßte! Sie ließen ihn die Traurigkeit und Glücklosigkeit seines Wesens fühlen, und darum durften auch sie nicht glücklich sein.

Es gibt noch eine andere Form der Unbefangenheit gegenüber dem Leben, die ihn mit den zwiespältigsten Gefühlen erfüllt, das ist die Art des Soldaten. So wie er vor der Waffe eine fast körperliche Furcht empfindet, so ist ihm auch die Natur des Kriegers fremd. Er verachtet in ihr den Leichtsinn und die Primitivität, aber gleichzeitig erregt die körperliche Beherrschung aller Schwierigkeiten, der Mut und die Männlichkeit seine Mißgunst. Niemals wird er müde, im Ausschuß, im Konvent und bei den Jakobinern Mißtrauen gegen den Krieg, aber noch mehr Mißtrauen gegen den Offizier zu predigen: »Der Geist der Unterdrückung und Herrschsucht ist den Militärs aller Länder gemeinsam.« Oder von der Offiziersehre: »Ich bin stolz darauf, eine solche Ehre nicht zu kennen.« Immer wieder bittet er Barère, der gewöhnlich die Siegesnachrichten dem Konvent vorliest, den Sieg nicht zu sehr aufzublasen: »Man beurteilt das Gedeihen eines Staates weniger nach den außenpolitischen Erfolgen als nach der glücklichen Lage im Inneren.« Vor den jungen militärischen Führern, welche der Außenwelt – und der Nachwelt – als die schönste Blüte der Revolution erscheinen, kann er gar nicht genug warnen: »Es ist sicher, daß überall da, wo die Macht eines bedeutenden Truppenführers ohne Gegengewicht besteht, das Volk nicht frei ist.« Und als Carnot ihm frohlockend das Bewerbungsschreiben eines unbekannten Jünglings namens Lazare Hoche vorzeigt und in ihm einen künftigen Armeeführer wittert, da sagt er: »Das scheint ein höchst gefährlicher Mensch zu sein.«

Und Carnot selbst! Wie verfolgt er nicht diesen großen Arbeiter, diesen schweigsamen und unerschütterlichen Organisator mit seinem Mißtrauen! Es ist schwer, diesem ernsten Mann eine heftige Gegenrede zu entreißen. Aber einmal hat er ihm doch Tränen der Wut entlocken können. Er hat ihm heimliches Einverständnis mit den Feinden vorgeworfen, in der Hoffnung, daß dieser Mann nun endlich einmal seine verachtungsvolle Ruhe verlieren werde, aber Carnot hat kein Wort gesagt, er hat nur sein Gesicht mit beiden Händen zugedeckt, und die wütenden Tränen sind ihm zwischen den Fingern heruntergelaufen. Köstliche Tränen für Robespierre, aber doch Tränen eines Soldaten, der sich nicht ducken läßt. Ein anderes Mal hat er ihm sogar zugerufen: »Bei der nächsten Niederlage werden wir uns wieder sprechen!« Aber statt dessen kam Wattignies. Freilich hat er sich gerade Carnot gegenüber einmal so weit vergessen, von dem wahren Grund seines Ressentiments den Schleier wegzuziehen: »Du bist wirklich glücklich! Was gäbe ich nicht darum, ein Militär zu sein!« Welch ein Sehnsuchtsschrei nach unbefangenem Leben! Aber die beiden Welten sind unversöhnlich.

Wie sein Zimmerchen bei der Familie Duplay, so ist auch sein Leben. Seine Gewohnheiten sind streng, seine Bedürfnisse – außer denen der Kleidung und der Körperpflege – gering. Auf eine Einladung Camilles zum festlichen Abendessen antwortet er: »Ich bleibe zu Hause. Der Champagner ist Gift für die Freiheit!« Er ist mit allem, was man ihm gibt, zufrieden. Nur Süßigkeiten sind ihm nicht gleichgültig, und seine einzige Schwäche sind Apfelsinen, die er mit einer Hand zu schälen versteht und deren er so viele verzehrt, daß man seinen Teller immer an dem Haufen Schalen erkennen kann. Er geht spät schlafen und steht früh auf, niemals legt er sich bei Tage zur Ruhe hin, niemals genehmigt er sich eine Erfrischung in einem der zahlreichen Kaffeehäuser, die jetzt so in Mode sind. Nicht einmal Schnupftabak nimmt er, was doch sogar bei den Quäkern erlaubt ist. Sein Dasein ist Arbeit und nichts als Arbeit, den Tag verbringt er im Konvent und im Wohlfahrtsausschuß, am Abend ist er bei den Jakobinern – in zweieinhalb Jahren hält er über hundertfünfzig Ansprachen – und nachts schreibt er, der freien Rede nicht mächtig, sauber und geläufig seine zahllosen Berichte und die Manuskripte für seine Reden, die ja niemals improvisiert werden. Oft, wenn die Gesellen des Tischlers am frühen Morgen zur Arbeit kommen, ist in der blassen Frühe das kleine Fenster des Unbestechlichen noch erleuchtet. Wenn die Herren Barras, Jullien, Hérault oder Tallien durch die leeren Straßen des nächtlichen Paris von den Spielhäusern, Restaurants und Bordellen nach Hause fahren, dann machen sie sich gähnend über ihren Kollegen lustig, der zu dieser Stunde nichts Besseres zu tun hat, als »über die Freiheit zu wachen«. Robespierre weiß es und vergilt es ihnen mit Verachtung. Das Laster dieser gierigen und geräuschvollen Kerle erbittert ihn. Er hetzt die Polizei auf die Spielklubs, er wütet gegen die Trunkenheit, und die armen Freudenmädchen – aber auch die glänzenden Hetären – haben in Paris nur noch einen Verfolger, der grimmiger ist als Robespierre, das ist der paralytische Couthon.

So, im Spiegel dieses Wesens, scheint sich die ganze Welt in Danton-Menschen und in Robespierre-Menschen zu teilen, die sich gegenseitig ausschließen und bekämpfen. Dem breitschultrigen Typ mit kräftigem Bauch, runden Bewegungen und dröhnender Stimme steht der schmale, ja magere Mensch gegenüber, dessen Stimme scharf ist und der sich knapp bewegt, ohne viel Luft zu verdrängen. Der Weintrinker, der fröhliche Esser, der Verliebte schüttelt seine Locken unordentlich durcheinander, trägt das Hemd offen und macht sich Flecken auf die Weste, während der Nüchterne, der Asket sich wohlfrisiert trägt und besorgt ist, keinen Knopf offenstehen zu haben. Jener macht Schulden und nimmt das Geld, wo er es findet, dieser führt ein Ausgabenbuch und behält immer etwas übrig, um Schulden aus der Jugend zurückzuzahlen. Und während der eine keine Freunde findet und auch da, wo er Gutes tut, nicht geliebt wird, ist der andere von wohlwollenden Menschen umgeben, die vor seinen Missetaten lachend ein Auge zudrücken. Aber dafür ist dieser auch voll von Mitleid mit der Kreatur und voller Duldsamkeit gegenüber dem Allzuirdischen, während jener den Sünder verwirft, ohne ihn anzuhören.

Arme Robespierre-Menschen, die ihr alles um einer Lehre willen tut, euch keine Lust gönnt und nicht einmal, wenn ihr allein seid, zu seufzen wagt! Indem ihr auf Nachsicht verzichtet, die ihr nicht wünscht, geht ihr auch der Verehrung verlustig, die euer reines Streben verdienen würde. Glückliche Danton-Menschen, die ihr selbst noch euer Werk um der Lust willen bewältigt und sogar die Idee mit fleischlicher Leidenschaft umfangt, euch stehen Tränen und wilde Umarmungen zu Gebote, und der kleinste Sieg, den ihr über euch selbst feiert, rechtfertigt in den Augen der Welt alle eure Schwächen. Die Revolution bedarf beider Arten von Menschen: die Dantons machen sie tönend, elementar, sinnlich erfaßbar und geben ihren Maßlosigkeiten die Entsühnung durch die menschliche Leidenschaft mit, aber ohne die Robespierres wäre sie ein Raubzug, ein blindes Umstülpen der Rangordnung, eine Entfesselung im Dienste des Rohen und Gefräßigen. Dem Rufe nach Kühnheit antwortet der Ruf nach Tugend, und der feurige Dienst am Leben wird erst groß durch den strengen Dienst an der Idee.

Ist es nötig, daß eine solche Natur, um sich selbst treu zu

bleiben, auf die Liebe verzichtet, oder ist das Unglück, nie eine wirkliche Leidenschaft empfunden zu haben, die Voraussetzung für eine solche Natur? Wenn es wahr ist, daß es keine herrlichere Form gibt, das Leben zu verehren, als die Liebe, ja, wenn die Frau jenes von den Göttern geschenkte Element ist, in welchem auch die geheimsten Reichtümer des Daseins sichtbar und erfaßbar werden, so ist die Melancholie und strenge Entsagung Robespierres kein Wunder. Wie bitter ist es, von einem Menschen sagen zu müssen, daß er nie geliebt hat und nie lieben wird. Niemand wird ihn mit Überzeugung beklagen können, weil er mit den niedrigen Freuden des Lebens nichts anzufangen wußte und niemals nach einem Vergnügen strebte. Aber ein Teil der Traurigkeit, in die er ständig gehüllt war, legt sich auch auf uns, wenn wir berichten, daß ihm der süße Schmerz, die verzehrende Leidenschaft und der tiefgestillte Friede, die nur die Frau dem Manne bereiten kann, versagt waren. Alle seine Beziehungen zu Frauen atmeten entweder Furcht oder noch häufiger eine zeremonielle Gemessenheit, die ältlich, um nicht zu sagen altjüngferlich wirkte. Seine Briefe an Frauen waren umständlich und äußerst galant, aber diese Höflichkeit war nicht werbend, sondern distanzierend. Wenn er mit Frauen sprach, so glaubte man einen Abbé aus der alten Zeit vor sich zu sehen, aber eines fehlte dieser Zierlichkeit vollständig, das war die Verehrung. Die von Gefahren und Möglichkeiten vibrierende Luft zwischen Mann und Frau war hier spannungslos und kühl. Eine wirkliche Intimität verbindet ihn nur mit zwei Frauen, und diese sind überreif, ja mütterlich. Das ist Madame Duplay, die ihn voll wacher Eifersucht ganz für sich allein haben will und sogar seine Schwester aus dem Felde schlägt, und dann die grauhaarige Marquise de Chalabre, die zu den Freunden seiner bescheidenen Tafelrunde gehört. Diese Dame ist eine jener zahlreichen Aristokratinnen, die sich den neuen Prinzipien in die Arme geworfen haben und der Sache der Freiheit wie einer neuen Mode anhängen. Der Unbestechliche übt auf diese Schwärmerinnen, die sich der Politik ergeben, weil es für die Liebe zu spät ist, eine besondere Anziehung aus. Wenn es auch unmöglich ist, ihn in einen Salon zu ziehen, was für jede aufgeklärte Frau der Gipfel des gesellschaftlichen Ehrgeizes ist, so kann man ihn doch von der Ferne aus anschwärmen und seinen unerbittlichen Schlußfolgerungen begeisterten Beifall spenden. Im Jakobinerklub sitzen die Damen immer in der ersten Reihe und halten mit vergehenden Gesichtern die Lorgnons auf ihn gezückt. Die alte Chalabre – allerdings ist sie noch gar nicht so alt, aber sie wirkt so – hat mehr Glück, sie darf ihn besuchen, ja sie darf ihm nach einer langen Rede sogar die vor Anstrengung feucht gewordenen Stirn mit ihrem Taschentüchlein abtupfen. Man sagt sogar, daß er ihr manchmal gestattet, ihm den Handspiegel vorzuhalten, wenn er sich die Krawatte bindet. Allerdings hat sie ihm zu einer Zeit, wo sie ihn nur brieflich kannte, ihr Vermögen angeboten, damit er seine Ideen besser verbreiten und der neuen Sache wirkungsvoller dienen könne. Es fragt sich, ob alle diese reiferen Damen, die ihn wie einen Modearzt oder wie einen berühmten Prediger verehren, so weit gehen würden. Die meisten begnügen sich damit, ihm zu Füßen zu sitzen und die Strenge zu begrüßen, welche er gegen alle Freuden zeigt, die auch ihnen versagt sind.

Aber Eleonore, des Tischlermeisters älteste Tochter, ist sie nicht dem Unbestechlichen versprochen? Es ist wahr, daß sie als seine Braut gilt und daß sie von den Freunden des Hauses als solche betrachtet wird. Auch im Konvent ist man dieser Ansicht und gibt ihr in vorsichtigen, aber bösartigen Witzeleien Ausdruck. Es läge ja nahe, sie als seine Geliebte auszuposaunen, aber das wäre in den Augen der Pariser fast eine Empfehlung, und so macht man denn Scherze darüber, daß gerade dies nicht der Fall sei. Arme Eleonore, bleiche Erscheinung, wortkarge Ophelia dieses ewig in das Schwarz seiner Gedanken gekleideten Hamlet, viel ist von dir wahrlich nicht zu sagen. Die Eltern freilich sind stolz darauf, daß ihre Töchter so einflußreiche Männer haben sollen. Die jüngere, Elisabeth, hat soeben den jungen Abgeordneten Lebas geheiratet und wird bald einen

Sohn von ihm haben, der eines Tages der Erzieher Napoleons III. werden wird. »Frau Robespierre« – das klingt seltsam, ja es liegt etwas Anstößiges darin, sich den Unbestechlichen als zärtlichen Gatten und idyllischen Familienvater vorzustellen. Vater und Mutter Duplay ist denn auch bei diesem Gedanken nicht geheuer, und obwohl ihr Mieter damit einverstanden ist, daß Eleonore als seine zukünftige Frau betrachtet wird, so ist es doch nicht das gewöhnliche Familienglück, das man freudig den Nachbarn erzählt und das man voll elterlicher Genugtuung zur Schau trägt. Mutter Duplay ist mehr als einmal versucht gewesen, ihrem Herzen Luft zu machen und die große Nachricht so öffentlich wie nur möglich zu machen, aber sie zögert immer wieder.

Der zukünftige Schwiegersohn ist allerdings auch nicht sehr ermutigend, niemand würde es wagen, mit ihm die üblichen Späße zu machen, mit denen man sonst wohl auf die geheime Vertraulichkeit zwischen Brautleuten anspielt; seine gemessene Haltung, seine ernste Miene fordern zu solchen gutmütigen Scherzen wahrlich nicht heraus. Vielleicht fühlt die Mutter auch in dumpfer Ahnung, daß es noch zu früh ist, die Erwartung eines irdischen Glückes mit diesem Gaste zu verknüpfen, der auch nach langer Gewöhnung noch rätselhaft bleibt und im Schatten eines großen, aber unbekannten Schicksals zu stehen scheint. Nein, das ist kein Schwiegersohn, mit dem man über die zukünftige Wohnungseinrichtung plaudert. Für ihn ist die Zukunft entweder die Erfüllung eines Menschheitstraumes oder das Nichts – das fühlen auch die Tischlersleute. Ein Mann, vor dem Europa zittert und auf dem das Leben wie ein Berg zu lasten scheint, gereicht zwar dem Hinterhaus auf der Rue Honoré zur Ehre, aber er rückt es gleichzeitig auch in den bleichen Schein des Weltgerichts, in dem die Träume von einfachen Familienfreuden nicht gedeihen wollen.

Daß der große Mann entschlossen ist, Eleonore eines Tages zu heiraten, unterliegt indessen keinem Zweifel. Eines Tages – wann wird das sein? Das Böse in den Menschen scheint eher zuzunehmen als zu verschwinden. Überall gewinnen die Verschwörer und Verräter die Oberhand. Die Lasterhaften und Genießer haben die Lacher auf ihrer Seite, und die vollkommene Gesellschaft scheint ferner als je, denn auch der Tod ist bestechlich und verschmäht es nicht, den Schurken zu dienen, welche die Republik mit Blut überschwemmen, um den Höllenbrand ihrer Grausamkeit zu kühlen und die Kadaver auszuplündern. Je enger man das Sieb des Gesetzes macht, um so größer wird die Fähigkeit der Schlechten, durch seine Maschen zu schlüpfen. Wenn nicht schon der bloße Gedanke halber Verrat wäre, so hätte man manchmal Lust, das Wort Charlotte Cordays zu wiederholen: »Was für ein trauriges Volk, um eine Republik zu gründen!« Aber man darf den Mut nicht aufgeben, das Volk ist gut, aber es weiß es noch nicht. Die Unmöglichkeit feststellen, das Gute zu tun, heißt sterben. Der Tod steht hinter dem, der es unternimmt, über die Menschen hinweg immer nur *den* Menschen zu sehen.

Kann ein Mann, der so denkt, eine Familie gründen? Robespierre ist von seiner politischen Tätigkeit so vollständig aufgesogen, daß er ein Privatleben, selbst wenn er es wünschte, gar nicht führen könnte. »Dem öffentlichen Wohle gehöre ich ganz und gar« oder »Mein ganzes Lieben gehört der Republik und dem Volke«, sagt er immer wieder. Und das ist die genaue Wahrheit, die auch für sein äußeres Leben zutrifft. Die freien Abende sind selten und kurz, die Mahlzeiten werden eilig eingenommen. Nur ein Vergnügen gestattet sich der Vielbeschäftigte, das sind lange Spaziergänge in den Wäldern von Boulogne oder Montmorency. Die Natur ist ihm nicht nur ein Gegenstand philosophischer Überzeugung, sie hat auch eine unmittelbare Wirkung auf sein ängstlich verschlossenes Ich. Die Natur ist gütig, sie beschämt nicht den Ängstlichen, sie verhöhnt nicht den Schwachen, sie ist verschwiegen und geduldig. Der Bach, in dessen Spiegel er sein Gesicht entspannt, verrät ihn nicht, die Wiese, in die er seinen hemmungslos gelösten Körper wirft, gibt ihn nicht preis, und der Baum, an den er zärtlich und schutzsuchend seine Wange lehnt, liefert ihn nicht aus. Aber selbst im versöhnlichen Schutz der Natur will die wahre Entspannung sich selten einstellen. Meist legt der Schüler Jean-Jacques' diese Spaziergänge im schnellen Schritt, fast im Laufen zurück. Manchmal sieht man ihn einen einsamen Waldweg entlangstürzen, den Kopf geneigt, einen Blumenstrauß in der Hand, während der brave Hund hinter ihm hertrabt und wenig Zeit findet, zu verweilen und seine Spiele zu treiben.

Hie und da bittet er Eleonore, ihn auf einem Spaziergang zu begleiten. Aber das geschieht selten; wenn er schon Gesellschaft sucht, nimmt er lieber gleich die ganze Familie mit. Fast sieht es so aus, als ob er dem Alleinsein mit der Tischlerstochter auswiche. Sie selbst nimmt seine Verschlossenheit geduldig hin, sie drängt nicht, sie fordert nicht und erwartet nichts. Von den wenigen Gesprächen, die sie mit ihm allein führt, berichtet sie ihrer Schwester. Nein, sie hat nichts zu verbergen, leider nicht. Maximilien ist mit ihr in den Seitenalleen der Champs-Élysées auf und ab gegangen und hat ihr »von den Segnungen der Freiheit« und »von der Bedeutung des Höchsten Wesens« gesprochen. Das ist eine dürftige Nahrung für ein liebendes Herz. Aber wir wissen nicht und werden nie wissen, ob dies junge Mädchen den verschlossenen Mann an ihrer Seite wirklich geliebt hat. Auch sie hat ihr Herz nicht auf der Zunge, schweigend trägt sie den lastenden Ruhm, die Braut Robespierres zu sein, schweigend wächst ihre an sich bescheidene Gestalt in das Schicksal hinein, an das sie blind gekettet worden ist, und sie wird ihn überleben, ohne sich einem anderen Manne zuzuwenden, ohne die düstere Welt ihrer Erinnerungen je zu verlassen. Als altes Mädchen wird sie sterben und ihre freiwillige Unfruchtbarkeit als ein Opfer an den Schatten jenes Mannes tragen, der stets von der Melancholie der Unfruchtbarkeit umgeben war. Die Frauen, die Robespierre anzieht, scheinen alle gealterte Eleonoren zu sein. Noch ist ihr Wesen mädchenhaft und hoffend, aber wird sie nicht eines Tages jenen Frauen ähnlich sehen, denen die Liebe versagt ist und die sich darum in die Welt der Wunder retten? Der Unbestechliche erscheint ihnen als ein Prophet, ja ein Wundertäter, der bald das Paradies nach Rousseaus Träumen auf dieser Erde errichten wird. Die Schwärmerinnen halten die besten Plätze bei den Jakobinern besetzt, wenn er auf der Tribüne steht, und rasen vor Verehrung, wenn er geendet hat, so daß ein Abgeordneter eines Tages sagt: »Was für ein Mensch ist doch dieser Robespierre mit all seinen Frauen! Er ist ein Priester, der Gott werden will!«

Vielleicht ist es sein Ordnungssinn, der ihn veranlaßt, eine Ehe mit Eleonore für möglich zu halten, »sobald die Freiheit über ihre Mörder triumphiert hat«. Obwohl er weiß, daß seine Einsamkeit und Sittenstrenge die wichtigsten Helfer seines Ruhmes und von der Legende, mit der er umgeben ist, untrennbar sind, so glaubt er doch, daß eines Tages der Augenblick kommen wird, wo auch er sein Leben in die üblichen Bahnen lenken muß, um der Republik weiter Vertrauen einzuflößen. Noch ist der Kampf nicht beendet, aber wird Frankreich, wenn einmal die Revolution völlig gesiegt hat, noch einen Heiligen an der Spitze seines Gemeinwesens ertragen können? Eleonore soll gleichsam der häusliche Genius eines mit sich selbst versöhnten Frankreich werden – aber es ist vielleicht sinnlos, so weit zu denken, denn der Weg der nächsten Zukunft führt durch lauter Schatten. Liebe? Gewiß ist sie eine häusliche Tugend, aber ist sie nicht viel öfter eine Verkleidung des Lasters, ist es wirklich Liebe, was der feige und bestechliche Tallien für die runden Schultern und den sommerlich reifen Mund der Bürgerin Cabarrus empfindet, was die tolle Méricourt, die ihre zarte Gestalt in eine bunte Uniform zu schnüren liebte, bei dem allzu großen Kreis ihrer Verehrer, um nicht zu sagen Kunden, erregte? Ja, wenn Liebe immer in das übersichtliche Land der Tugend führte! Aber ist sie nicht auch ein Abenteuer, sind die Freuden, die hinter den Büschen der Insel Cythere lauern, nicht erschreckend wie das Lachen Pans?

Nein, Robespierre liebt nicht. Seine äußere Erscheinung, so ebenmäßig und gepflegt sie ist, verbreitet keine Atmosphäre und spricht weder von Kraft noch von Schwäche. Sie hat die unfertige Anmut des Knaben und die welke Zierlichkeit des Greises. Ist er alt geboren, ist er nicht ausgereift? Sein Gesicht ist nicht ohne Feinheit, die Nase ist zierlich aufgeworfen, die Stirn fliehend und an den Schläfen ausgebuchtet, und in den Winkeln des festgeschlossenen, schmalen Mundes, der den Empfang der irdischen Güter zu verweigern scheint, wohnt gleichsam versteckt ein unerklärliches, fast eigensinniges Lächeln, welches bedeuten kann: »Ich weiß alles besser«, aber auch: »Ich sehe tiefer.« Die Augen stehen auf der kleinen, sich zur Stirn hin jäh verbreiternden Gesichtsfläche ungewöhnlich weit auseinander, was den vielen boshaften Betrachtern immer wieder Veranlassung gibt, von seinem Katzengesicht oder gar von seinem Tigerkopf zu sprechen. Sicher ist, daß in dem Äußeren dieses Menschen nichts plump oder roh ist. Aber trotzdem wirkt es unbehaglich. Das Gesicht ist nicht das eines Mannes, die Abwesenheit des Männlichen gibt diesen Zügen ihren zugleich holden und schrecklichen Ausdruck, der manchmal an einen Engel und manchmal an ein Tier denken läßt. Das Unmännliche grenzt hart ans Unmenschliche. Es ist die eisige Gelassenheit eines Gesichtes, das von der Polarluft des Absoluten bestrichen wird und nur eine wirklich echte Beziehung zum Leben kennt: den Tod.

So sieht der Mann aus, von dem Roederer sagt, daß »er allein das Gewicht der Sendung der beiden Nationalversammlungen zu tragen scheint«. So steht er vor der Menge seiner Gläubigen und spricht zu ihnen. Seine Bewegungen sind sparsam, nur selten fährt der Zeigefinger wie eine elegante, aber furchtbare Waffe hoch. Seine Gemessenheit läßt zunächst an einen Schulmeister denken, aber man spürt bald in seinen Argumenten die stählerne Feder einer bis zur Vernichtung gehenden Konsequenz. Sein Wort, so kalt und künstlich es auch klingt, ist fast schon die Tat, und diese enge Nachbarschaft zwischen Formulierung und Ausführung gibt ihm als Redner eine geradezu lähmende Autorität. In solchen Augenblicken wird sein unerklärliches, ungeschlechtliches Gesicht zur Maske des Totenrichters. Die starre Traurigkeit dieser Züge wird nur durch ein nervöses Zucken belebt, das manchmal in den Augenwinkeln, manchmal in den Mundwinkeln blitzt und sich in den Fingern, die jäh auf das Pult trommeln, wiederholt. Er spricht langsam und mit einer zuweilen durchdringenden, aber niemals verführerischen Stimme. Was er zu sagen hat, ist sorgfältig aufgeschrieben und mit einem zähen Fleiß aufgebaut. Oft ist es einer Predigt ähnlich, gebildete Vergleiche und Floskeln klassischer Bildung beschweren die Sätze, was Duport zu der Bemerkung veranlaßt, Robespierre sehe die Tribüne für einen Lehrstuhl des Naturrechtes an. Seine Beredsamkeit hat nichts mit den Ausbrüchen eines Danton und Vergniaud gemein, welche die große Reihe der republikanischen Redner eröffnen und noch nach einem Jahrhundert deren Stil bestimmen werden. Diese lieben es, »ihre Seele zu öffnen« und sich von der Aufnahmefreudigkeit des Volkes wie von einer zärtlichen Woge tragen zu lassen, ihre Begeisterung wächst mit der ihrer Zuhörer, der männliche, fast erotische Klang ihrer eigenen Stimme erschüttert sie so, daß sie sich ihr wie einer Führerin anvertrauen und sich in den nächsten Satz wie in ein Abenteuer stürzen. Es ist die stürmische Gebärde, die danach verlangt, in Erz gegossen zu werden, die Hand weist in die Zukunft, der Mantel ist ein Flügelpaar, das Haar steht wie eine Fahne im Wind.

Das ist nicht der Stil Robespierres, der das Bedenkliche dieser Beredsamkeit überscharf sieht und sie sogar ein wenig verachtet. Wer so redet wie jene, muß ein lasterhafter oder mindestens kein sehr schamhafter Mensch sein. Doch geben die langen Nächte, die er über seine Manuskripte gebeugt verbringt, auch ihm großartige Formeln und Wendungen. Seine Rede gegen den Krieg vom 11. Januar 1792 und seine Rede während des Prozesses gegen Ludwig XVI. sind große Leistungen und von unvergleichlicher Ausdruckskraft. Aber auch sie genügen nicht, um die unerhörte Wirkung dieses Mannes auf seine Zeit zu erklären. Wie kann dieser strenge und unnachgiebige Redner, der nicht einen Finger rührt, um zu gefallen und zu verführen, der viele Stunden hintereinander mit sachlicher und oft eintöniger Stimme aus dem Manuskript vorliest, ausführlich die Griechen und Römer oder die zeitgenössischen Philosophen zitiert und in langen, verschlungenen Sätzen die Schlußfolgerung immer wieder hinausschiebt, wie kann dieser Mann eine solche Wirkung tun?

Fiévée, der den Unbestechlichen von ganzem Herzen haßt, beschreibt den Eindruck eines Abends bei den Jakobinern folgendermaßen: »Langsam trat er vor. Er war in dieser Zeit fast der einzige, der die Kleidung und Haartracht aus der Zeit vor der Revolution bewahrt hatte, und glich so ziemlich einem Schneider des alten Regimes. Er trug Brillen, sei es nun, daß er sie wirklich brauchte, sei es, daß sie ihm dazu dienten, die Bewegungen seiner Physiognomie, die steif und ohne Würde war, zu verbergen. Sein Vortrag war langsam. Seine Sätze waren so lang, daß man jedesmal, wenn er innehielt, um seine Brille hochzuschieben, annehmen konnte, er habe nichts mehr zu sagen. Aber nachdem er seine Blicke über alle Punkte des Saales hatte wandern lassen, schob er die Brille wieder vor die Augen und fügte den an sich schon langen Perioden noch einige Sätze hinzu... Mir dröhnten die Ohren. Das war nicht mehr Beifall wie für den Père Duchesne, sondern Schluchzer der Rührung, Schreie, Erschütterungen, daß der Saal erbebte.«

Dies mit Abneigung gezeichnete Bild wird durch tausend andere Zeugnisse bestätigt. Er, der niemals verführen, sondern immer nur überzeugen will, besitzt trotz der akademischen Steifheit seiner Rede das Geheimnis der unmittelbaren Wirkung. Die Männer, die am 9. Thermidor seiner tatsächlichen Diktatur ein Ende bereiten und ihn niederschlagen, sind um Erklärungen, warum es ihm möglich war, eine solche Herrschaft über die Menschen zu gewinnen, nicht verlegen. Hören wir, was einer der Sieger des Tages, Billaud-Varenne, sagt: »Man vergesse nicht, daß Robespierre im Konvent bald der einzige war, der alle Blicke auf seine Person zog und sich ein solches Vertrauen erwarb, daß er das Übergewicht gewann und bei seinem Eintritt in den Wohlfahrtsausschuß bereits die wichtigste Persönlichkeit Frankreichs war. Wenn man mich fragt, wie er es fertiggebracht hat, einen solchen Einfluß auf die öffentliche Meinung zu gewinnen, so sage ich: dadurch, daß er die strengsten Tugenden, die unbeschränkteste Hingabe und die reinsten Grundsätze zur Schau trug.« Dies Urteil über einen geschlagenen Feind trifft die Wahrheit, Robespierre überzeugt durch seine Reinheit. Frankreich fühlt, daß dieser Mann nichts für sich verlangt, daß sein Fanatismus vollständig uneigennützig ist, kurzum, daß er der »Unbestechliche« ist. Männern dieser Art folgt Frankreich für die kurze Stunde der Not, aber es versagt ihnen die Liebe und schüttelt sie ab, wenn der Notstand vorüber ist.

Robespierre genießt vielleicht sogar eine Art von Liebe, wenigstens bei jenem Teil der Bevölkerung, dessen politischer Wille erst in der Bildung begriffen ist. Sein Ruf nach Gleichheit entfesselt im Kleinbürger den Trieb zum Aufstieg, aber in der Forderung nach Gleichheit der Rechte steckt schon die Forderung nach Gleichheit der Vermögen. Die soziale Forderung Robespierres ist noch unklar, doch hinter dem bisher unfaßbar gewesenen Mittelstand, dem er nun das Selbstbewußtsein und den Umriß gibt, erhebt sich gestaltlos und drohend die Masse der Besitzlosen, um den Propheten der Gleichheit auf den Weg des Kommunismus zu drängen. »Ich betrachte Sie, Bürger«, schreibt ihm wenige Wochen vor seinem Untergang ein alter Soldat, »als den Messias, den das Höchste Wesen uns verheißen hat, um jegliches Ding neu zu machen.« In der Tat, sein rasender Glaube rührt die Massen, an denen die Revolution, die ja eine bürgerliche ist, bisher vorbeigegangen ist, mächtig auf. Tugend und Gleichheit – mit diesen Begriffen ist ein Hebel gegeben, um das Gebäude der irdischen Glücksgüter zu bewegen. Will Robespierre dies Gebäude umstürzen? Gewiß nicht, er bekennt sich zur Unantastbarkeit des Eigentums als einer Einrichtung. Aber indem er dessen gerechtere Verteilung fordert, legt er die Spitzhacke ans Fundament der auf Klassenunterschieden aufgebauten damaligen Gesellschaft.

Mit dem Ruf nach Gleichheit entfesselt er in einer sich kräftig mit Selbstgefühl füllenden Schicht von Besitzlosen den Dämon des Neides: niemand soll herrschen, niemand soll oben sein. Die Jakobiner, welche verlangen, daß die Kirchtürme abgetragen werden sollen, weil sie »durch ihr Hervorragen über alle anderen Gebäude den Grundsatz der Gleichheit verletzen«, gehorchen nur seinem Ruf, wenn sie ihn auch mißverstehen. Was sie verführt, ist die Möglichkeit, alles, was durch Talent und Persönlichkeit über den Durchschnitt hinausragt, als politisch verdächtig bezeichnen zu können. Dem Neid auf einen beweglicheren Geist, auf eine edlere Kopfform, auf überlegene Manieren und auf ein unerfaßbares Innenleben folgt der Neid auf die gute Kleidung, auf die behaglicheren Lebensgewohnheiten und schließlich auf den größeren Besitz. Robespierre glaubt, daß man seinem Programm der Tugend zujubelt – er weiß nicht, daß der Beifall der von ihm eröffneten Möglichkeit gilt, den Reichen zu plündern, den Hervorragenden zu knechten und den Edlen zu demütigen.

Aber auch das Gute im Volk antwortet seinem Ruf. Seine fanatische Verehrung für das, was er das Volk nennt, ruft in der Masse viele Kräfte wach, die bisher geschlafen haben. Nur gibt er ihnen kein Ziel. Er huldigt dem Volke als einer Idee, aber er macht sich nicht klar, daß sich in der Politik jede Idee einen Körper sucht. Während er noch eine Gottheit zu verehren glaubt, huldigt er bereits einer Klasse. Wie sollte seine Überzeugung, daß das Volk gar nicht unrecht tun könne, dem Schicksal entgehen, von einer Menschenmasse aufgegriffen zu werden, die einige Veranlassung hat, sich für das Volk zu halten! Man muß seine Rede vom 11. August 1791 über die Aufhebung des Wahlzensus lesen (»Rede über die Notwendigkeit, die Verfügung über die Mark Silber rückgängig zu machen«), um zu verstehen, daß die Masse die Vergötzung des Volkes auf sich beziehen mußte. Das Geheimnis der öffentlichen Wirkung

Robespierres liegt hier – er ist der Schriftgelehrte, der mit dem Evangelium Rousseaus vor die Masse tritt und ihr zu sagen scheint: »Du bist der Herr.« Wahrlich, dieser Mensch ist unergründlich trotz seiner Geradlinigkeit. In ihm lebt ein geheimer Rachedurst gegenüber denen, die glücklich sind und das Leben genießen. Das gibt seiner demokratischen Mystik die unreine Glut, bei deren Anblick das Volk Hosianna ruft.

Hat Gott sein Senkblei in diese dunkle Seele geworfen? Wir werden sehen, welche verhängnisvolle Rolle die Religion im Drama seines Sturzes spielt. Seine Staatsidee erhebt sich mühsam aus dem Dickicht einer mystischen Inbrunst, die nicht dem Schöpfer, sondern dem vergöttlichten Volke zugewandt ist. Er ist ein Heiliger ohne religiösen Glauben, aber er ist fromm. In der Tiefe seines Wesens wohnt der Trieb zur Verehrung des Göttlichen, aber da ihm die Gabe des Gebetes nicht geschenkt ist, so bleibt das Göttliche ihm verschlossen, und statt dessen offenbart sich ihm das Idol »Allgemeiner Wille«, dem er nun die ganze Inbrunst seiner glaubenssüchtigen Seele zuwendet. Doch seine unsterbliche Seele bleibt durstig, und so verkündet er, schon vom Frost des Untergangs berührt, das Höchste Wesen, dessen fast rührende Erfindung ihn zum wahren Glauben zu schwach und zum politischen Götzendienst zu tief zeigt. Immer wieder verhindert er Ausschreitungen gegen die Priester und Kirchen, und die Bilderstürmerei der Hébert, Chaumette und Fouché hat keinen entschlosseneren Feind als ihn. Niemals ist seine Beredsamkeit reiner und echter, als wenn es gilt, die Achtung vor dem Göttlichen zu verteidigen. Der Wortwechsel bei den Jakobinern am 26. März 1792 zeigt Robespierre in voller Menschlichkeit. Jedes Wort ist ein ergreifender Versuch, seine Seele freizumachen von den Verstrickungen seiner politischen Utopie und sie zu Gott zu erheben. Man fühlt, daß er ohne Gott nicht leben kann. Aber man fühlt auch die schreckliche Not eines, der nicht beten kann und dem angesichts des Schöpfers die Lippen versiegelt sind. Er steht am Tor, aber er findet das Wort nicht. Seine Ratlosigkeit ist schlimmer als der

Tod. Ein Märtyrer ohne Gott, fühlt er, daß er mit einem Fingerstrich befreit und glücklich werden, daß der Grabstein im Nu von seiner Seele gewälzt werden könnte, wenn es ihm gelänge, auf die Knie zu fallen und zu sagen: »Herr, ich bin allein, ganz allein, hilf mir! Ich bin schwach, ganz schwach, ich bin blind, ganz blind, ich bin müde, sehr müde, hilf mir und gib mir dein Gesetz!«

Aber der, den er als höchsten Gesetzgeber nicht erkennen kann, soll ihm in den vielen Stunden seiner Dunkelheit als bescheidenes Licht dienen. Die Macht, die er ihm in der menschlichen Gemeinschaft nicht zuerkennen will, billigt er ihm reichlich zu, wenn er Trost braucht. Der Himmel soll nicht sprechen, sondern nur wärmen, der Schöpfer soll nicht raten, sondern nur streicheln, Gott soll nicht herrschen, sondern nur dienen. »Wie hätte ich die Arbeit, die über die menschliche Kraft geht, aushalten können, wenn ich nicht meine Seele erhoben hätte! Dies göttliche Empfinden hat mich für alle Vorteile entschädigt, die den Verrätern am Volke geboten werden...« Und zur jungen Elisabeth Duplay, die nicht mit derselben Inbrunst an Gott zu glauben scheint wie er, sagt er mit dem guten Ernst eines Priesters: »Du hast unrecht, du wirst unglücklich sein... Du bist noch sehr jung, Elisabeth, denke daran, daß es der einzige Trost auf der Erde ist.« Ach, wie spärlich muß dieser Trost fließen, daß diese ratlose und angstvolle Seele stets in einer so undurchdringlichen Traurigkeit lebt und, unermüdlich das Gute wollend, nur Bosheit verbreitet, um schließlich mit weitgeöffneten Augen in jenen Tod zu gehen, welcher der einzige Ausweg aus der Enge dieser Irrtümer ist.

Fünf kurze Jahre

Das Jahr 1794, in dem sich der Sturz Robespierres vollzieht, ist das fünfte Jahr der Revolution. Die Ereignisse des ersten Jahres dieser ungeheuren Umwälzung sind bei seinem Beginn schon halb vergessen. Wer erinnert sich daran, daß eine Versammlung von bürgerlichen Weltverbesserern, unterstützt von patriarchalischen Adligen und aufgeklärten Priestern, aufhörte, die Vertretung des dritten Standes zu sein, und sich zur Nationalversammlung aufschwang! Halb verschollen sind die Kämpfe mit den hartnäckigen Besitzern der Privilegien, die nicht weniger mühsamen Streitigkeiten mit dem langsamen und beeinflußbaren König, verklungen der Freudenrausch des Ballhausschwurs, verhallt die Wutschreie der hungernden Bauern und Armen, überwachsen die Ruinen der verbrannten Schlösser, vergessen die Tränen der Freude am Tag der Verkündigung der Menschenrechte, vergessen die Heldinnen des Weiberzuges nach Versailles, auf ewig vergessen die gerührten Begrüßungsreden für den König, der, von Lafayette geleitet, im Troß der Weiber, noch halb Idol und schon halb Geisel, nach Paris zurückgebracht wird. Nur an den glorreichen Julitag der Bastille kann man sich noch genau erinnern, denn er ist inzwischen zum Nationalfeiertag der Republik geworden.

Vier Jahre ist es her, daß der Klerus, dessen Besitz bereits vorher beschlagnahmt und zur Deckung der Assignaten verwandt worden war, in die Beamtenschaft eingereiht und dem Eid auf die Verfassung unterworfen worden ist. Drei Jahre sind vergangen, seitdem Mirabeau starb, seitdem der König mit der Königin Marie-Antoinette und dem kleinen Dauphin zu seinen Truppen nach Lothringen zu fliehen versuchte und in Varennes, unweit vom Argonnerwald, angehalten wurde. Dann kommt der blutige Versuch Lafayettes, auf dem Marsfeld den Republikanern, die bisher kaum mehr als eine Partei waren, einen Schlag zu versetzen. Dann kommt die Gesetzgebende Versammlung, die nur von den steuerzahlenden Bürgern gewählt ist und sich mit dem Vetorecht des Königs herumschlägt – denn der König ist immer noch der Inhaber der Exekutivgewalt. Aber schon zeichnet sich Frankreichs neue Gestalt ab, doch nicht nur im Herzen des Volkes, sondern auch auf der Landkarte. Die alten Landschaften fallen und werden durch eine Einteilung in 83 Departements ersetzt. Und das Jahr 1791 geht nicht ohne einiges Wetterleuchten zu Ende. Die strengen Gesetze gegen die ausgewanderten Aristokraten und die Priester, die sich weigern, sich der Verfassung zu unterwerfen, verkünden den kommenden Schrecken.

Zwei Jahre ist es her, daß die Republikaner das Staatssteuer ergriffen. Während Robespierre vor den Jakobinern tagaus, tagein erscheint, um den revolutionären Willen des Volkes zu schmieden, predigen die Girondisten in der Gesetzgebenden Versammlung den Krieg gegen die Könige Europas. König Ludwig wird beiseite gedrängt, die Fäden, die er nach den ausländischen Höfen spinnt, werden durch die Kriegserklärung Frankreichs an den Kaiser zu Wien jäh durchschnitten. Die erste Koalition der Kronen schließt sich zusammen. Der Einmarsch fremder Heere droht. Paris fiebert und sieht ungeduldig dem Konflikt zwischen König und Volksvertretung zu. Ludwig, der spät aus seiner gutmütigen Trägheit erwacht ist, gibt keinen Zoll nach. Zwar läßt er sich von der Menge, die am 20. Juni in das Schloß dringt, die rote Mütze aufsetzen und trinkt auf ihr Wohl, aber auf sein Vetorecht verzichtet er darum doch nicht. Der Feind erscheint an den Grenzen, das Vaterland wird in Gefahr erklärt. Der Herzog von Braunschweig erläßt sein hochmütiges Manifest, das die Revolution wie einen Schulbubenstreich behandelt. Die Klubs fordern die Absetzung des Königs, die Sturmglocke läutet jede Nacht, die 48 Sektionen, in welche die Pariser Stadtbezirke erst zu Wahlzwecken, dann zur Gliederung der Nationalgarde aufgeteilt worden sind, gewinnen ein kräftiges Leben, erfüllen die Kommune mit dem Geiste des Aufruhrs, besetzen schließlich das Rathaus und erstürmen am 10. August die Tuilerien. Das Ende der Monarchie ist da.

Ludwig und seine Familie werden in den Temple gesperrt. Lafayette flieht über die Grenze, die Exekutivgewalt geht in die Hände der Volksvertretung über, die sie an eine von ihr gewählte Regierung weitergibt. Danton wird Justizminister und dekretiert am 25. September, daß »die Französische Republik eins und unteilbar ist«. Aber der wahre Herr des neuen Staates ist nicht die Versammlung, sondern die Kommune von Paris, in der die dunklen und gestaltlosen Kräfte des Volkes sich zusammenballen. Marat, der »Freund des Volkes«, ermahnt sie zur Gewalt, und während der Feind vor Verdun rückt, erschlägt der Pöbel die politischen Gefangenen in den Kerkern von Paris. Das Blut wird Schmutz, aber vielleicht ist das wahre Frankreich draußen an der Front, denn am 20. September hält die Armee der jungen Freiwilligen unter dem Rufe »Es lebe die Nation!« die Preußen bei Valmy auf. Goethe ist im Feldlager und sagt am Lagerfeuer den Besiegten: »Von hier und heute geht eine neue Epoche der Weltgeschichte aus, und ihr könnt sagen, ihr seid dabeigewesen.« In Paris tritt am gleichen Tage der Konvent zusammen, der diesmal nach dem allgemeinen und gleichen Wahlrecht gewählt worden ist. Robespierre steht jetzt im vollen Licht der Revolution. An der Spitze einer radikalen Minderheit, die auf den oberen Bänken sitzt und sich daher den »Berg« nennt, treibt er den Kampf gegen die Gironde der Entscheidung entgegen.

Es klingt fast unglaublich, daß der Prozeß gegen den König erst ein Jahr her ist. Erst ein Jahr. Aber dieses Jahr 1793, das mit der Hinrichtung Ludwigs beginnt, ist mehr als ein gewöhnliches Jahr, es ist das klassische Revolutionsjahr, es zerrt den Genius Frankreichs durch die schwärzesten Tiefen und hebt ihn auf die lichtesten Höhen. Es ist das beste und das schlimmste Jahr der Revolution. Die Bauern der Vendée erheben sich gegen die gottlosen Königsmörder, Dumouriez, der Sieger von Jemappes, verrät sein Land und flieht zu den Österreichern, Mainz geht wieder verloren, Valenciennes wird vom Feind besetzt, das Brot beginnt knapp zu werden, Schuhe und Pulver für die Soldaten gehen aus. Die Revolution verschlingt wie Saturn ihre eigenen Kinder. Das Revolutionstribunal wird geschaffen. Die Kommune greift am 2. Juni den Konvent an und zwingt ihn zum Ausschluß der Girondisten. In Toulon, Marseille, Lyon und der Normandie brechen Revolten aus, Marat wird von der Jungfrau Charlotte Corday erdolcht, die Häupter der Girondisten fallen, die Königin wird hingerichtet. Der Wohlfahrtsausschuß wird zur tatsächlichen Regierung, Robespierre, der im Juli hineinberufen wird, der eigentliche Führer. Überall dringen die Jakobiner, also die Leute Robespierres, ein. Die Teuerung und der äußere Feind erfordern eine übermenschliche Kraftanstrengung. Im September wird der Terror auf die Tagesordnung gesetzt.

Robespierre hat die Inkraftsetzung der Verfassung verhindert. Die Regierung soll revolutionär bleiben »bis zum Friedensschluß«. Carnot führt die allgemeine Wehrpflicht ein und schafft eine neue Armee. Die Schulpflicht wird erklärt, die Lehrer werden zu Beamten gemacht, die ganze Nation wird vom Staate requiriert. Aber die Not in den Städten greift auf das Land über und von dort mit doppelter Wucht auf die Städte zurück. In Paris beginnt Jacques Roux sein kommunistisches Evangelium zu predigen, der Zeitungsherausgeber Hébert, der zugleich mit Chaumette die Gottlosenbewegung führt und die Göttin der Vernunft anbeten läßt, folgt ihm, weil er den Massen folgt. Die Revolution gerät auf die schiefe Ebene der Verelendung und der wirtschaftlichen Demagogie. Robespierres Gleichheit findet ihr Echo in dem Ruf des Haufens nach Enteignung. Im Mai wird der Höchstpreis für Getreide festgesetzt, am 26. Juni wird die Börse geschlossen, am 27. Juni kommt die Todesstrafe auf Ankaufswucher und Vorratshäufung. Allenthalben tauchen die beständig wachsenden Schwärme von Arbeitslosen auf und vermehren die öffentliche Unsicherheit.

Im August ist der Druck der Massen auf den Konvent zugunsten der autoritären Wirtschaftsführung durch den Staat so groß geworden, daß einige Kundgebungen der Straße genügen, um die letzten Reste des Liberalismus in den Ausschüssen und in der Volksvertretung zu beseitigen. Cambon reformiert die Staatsschuld, am 28. August werden die Aktiengesellschaften abgeschafft, am 8. September werden die Banken und die Kontore der Wechselmakler geschlossen. Gleichzeitig wird die Anmeldepflicht für Goldschmuck und Edelsteine eingeführt, und alle privaten Auslandsforderungen in Gold werden vom Staat gegen Assignaten zum Nominalkurs übernommen. Am 29. September kommt das berühmte »Maximum«, also Höchstpreise für alle Bedarfsartikel, die um ein Drittel höher als die Preise von 1790 angesetzt werden. Ebenso werden Maximallöhne eingeführt, die im Vergleich zu 1790 um fünfzig Prozent erhöht werden. Das durch das Gesetz Le Chapellier geschaffene Streikverbot bleibt in Kraft. Weiterhin wird die Deklarierung der Ernte zum Gesetz. Die Bauern lassen mehr und mehr Felder brachliegen, die landwirtschaftliche Erzeugung geht zurück. Im Oktober wird in Paris die Brotkarte geschaffen, im November wird die Beschlagnahmung von Gold und Wertsachen gegen Entschädigung in Assignaten zum Nominalpreis vollzogen, im Dezember ist der Wert der Assignate nur noch fünfzig Prozent vom amtlichen Kurs. Diese ganze Gesetzgebung ruft einen rasenden Widerstand hervor, alle Waren des täglichen Gebrauchs verschwinden vom Markt und sind nur noch im Schleichhandel zu haben. Die Kommissare und die eigens zur Durchführung der Wirtschaftsdekrete geschaffene Truppe unter Führung Ronsins senden Tausende von Bauern und Händlern ins Gefängnis oder aufs Schafott, aber die Not steigt, die Wirtschaft verfällt immer mehr, in den Städten stockt die Bautätigkeit, die brotlosen Bauernknechte erscheinen in Schwärmen auf den Straßen und Märkten und tragen mit drohenden Gesichtern ihr Elend zur Schau. In Lyon, in Marseille, in Nantes üben die Fouché, die Barras, die Carrier blutige Vergeltung an den Föderalisten und erschießen, enthaupten, ertränken. Die Einführung des neuen Kalenders mit seinen poetischen Monatsnamen zum Preise der Natur unterstreicht, daß hier eine neue Welt mit einem neuen Gesetz am Werke ist.

Zu Beginn des Jahres 1794 weiß nur ein einziger Mensch, daß Frankreich dem Paradiese auf Erden um ein gutes Stück näher gekommen ist, nämlich Robespierre. Vielleicht auch noch Saint-Just, der siebenundzwanzigjährige Spartaner, der soeben ein Gesetz ausarbeitet, das den Senat ermächtigt, alle kleinen Kinder zu beschlagnahmen und sie staatlich zu erziehen. Gleichzeitig entwirft der Maler David inmitten seiner Kartons zu römischen Republikanerszenen eine Einheitsuniform für den französischen Bürger. Keine Milde, keine Nachgiebigkeit. Danton hört es und fühlt sich verloren. Am 26. Februar, der nun der 8. Ventôse heißt, fordert Saint-Just die Enteignung aller »Feinde der Republik« und die Vergebung ihres Besitzes an erprobte Sansculotten. Die Sektionen und Überwachungsausschüsse werden beauftragt, die Listen der zu Enteignenden anzulegen. Die Revolution streift hier den Klassenkampf und nimmt die Diktatur des Proletariats vorweg. Aber jetzt ist es der Wohlfahrtsausschuß, der diese Politik führt, und nicht mehr die Straßenredner und Aufwiegler wie Roux, Chaumette und Hébert.

Mit der Autorität der Regierenden wächst ihre Verantwortung. Robespierre schlägt alle seine Gegner nieder, am 24. März enden Hébert und Genossen, am 5. April Danton, Camille, Fabre, Hérault unter dem Fallbeil. Die Assignate ist inzwischen auf dreiunddreißig Prozent des Nominalwertes gefallen. Die Wirtschaftsdekrete müssen Stück für Stück gemildert werden.

Die Gottlosenbewegung ist niedergeschlagen, der Rechtsschutz wird abgeschafft, das Revolutionsgericht neu organisiert, Robespierre hat jetzt die ganze Maschine der Polizei, der Gerichtsbarkeit und der öffentlichen Sicherheit in der Hand. Er ist Diktator. Er dekretiert das Dasein Gottes. Der Kaiser wird bei Fleurus von der Republik entscheidend geschlagen. Es ist Sommer geworden. Die Guillotine wird an den südöstlichen Stadtrand verlegt, da die Menschen den unaufhörlichen Anblick des Todes in ihrer Mitte nicht mehr ertragen. Die Miniaturenmaler haben gute Zeiten, jeder läßt sich gern noch einmal malen, damit er nicht zu schnell vergessen werde, falls das Schicksal ihn wählen sollte. In den Häusern stecken die Kinder abends den Kopf unter die Decke, wenn sie den Schritt der Patrouille auf der Straße hören. Die Erwachsenen, die bei Tisch sitzen, halten wie erstarrt den Löffel in die Luft: »Wer wird jetzt abgeholt?« und essen erst weiter, wenn der Türklopfer gegen die Pforte des Nachbarhauses schlägt. Aber das Leben muß trotzdem gelebt werden, es gilt, Salat im Garten zu schneiden, sich leichte Schuhe für die warme Zeit zu bestellen, ein hübsches Kleid zu haben und am Sonntag, der freilich abgeschafft ist, vergnügt zu sein. Unerschöpflich ist der Blick in das Auge des Kindes, in das Herz der geliebten Frau, in die Unendlichkeit des gestirnten Sommerhimmels. Unerschöpflich ist der Friede des Abends und das Geschenk des Schlafes. Der Mohn blüht am Straßenrand, der Weizen wogt im warmen Anhauch des Mittags, und die Schmetterlinge, Zitronenfalter und Totenkopf, tanzen in der Sonne. So kommt der Monat Thermidor.

Der Himmel schließt sich

Der gefährlichste Mensch ist derjenige, der nur eine einzige Idee hat. Robespierre ist ein solcher Mensch. Die Einfachheit seines Weltbildes, die Ausschließlichkeit seines Wollens und die Abwesenheit störender Leidenschaften geben ihm jene unwiderstehliche Stoßkraft, die ihn zum ersten Manne der Französischen Revolution macht. Er tötet seine Mitmenschen um dieser Lehre willen, aber er stirbt auch selbst für sie. Er versucht diese Philosophie in Politik zu übersetzen und macht sie dadurch tödlich. Seine Erscheinung ist darum so einzigartig, weil nie jemand vor und nach ihm so konsequent versucht hat, eine Utopie religiösen Ursprungs vollständig in praktische Politik zu verwandeln. Seine öffentliche Tätigkeit ist die fast mechanische Ersetzung einer religiösen Vorstellung durch politische Begriffe. Er will eine vollkommene Gesellschaft gründen, deren Souverän das Volk (le peuple) ist. Er will ein Reich Gottes auf Erden schaffen, dessen Gott dieses Volk ist. Dieses Unternehmen wird von ihm ohne Berücksichtigung des Unterschiedes zwischen dem wahren Charakter Gottes und dem nur gedachten Charakter des Volkes durchgeführt. Die Wirklichkeit wird ihm somit zu einer verbrecherischen Einrichtung, da sie seiner Unternehmung widersteht. Ohne sich darüber klarzuwerden, nimmt er den Kampf gegen alles Lebendige, ja gegen das Leben selbst auf. Seine Erfindung ist die Überführung der religiösen Intoleranz auf das politische Leben, ist die Gesinnungspolitik, die nicht mehr den Bruch der Gesetze, sondern die abweichende Gesinnung bestraft.

Hätte sich dieses Dasein in einer Gelehrtenstube abgespielt, so hätte es zu einem verehrungswürdigen und von Weisheit erleuchteten Alter geführt. Robespierre besaß das Zeug zu einem großen Moralphilosophen und Staatstheoretiker. Das Schweigen der Nacht, die Einsamkeit trugen ihm Rat und Erleuchtung zu. Über sein Papier gebeugt, war er fast glücklich. Warum hat das Schicksal ihm statt dessen befohlen, ein Land zu regieren, Blut zu vergießen und jung zu sterben? Niemand weiß, ob er vom Machttrieb besessen war. Auf keinen Fall erstrebte er die Macht nur um der Macht willen. Wenn es ihm gleichgültig gewesen wäre, mit wem, mit welchen Mitteln und in welchen Formen er regierte, so wäre seine Laufbahn nicht mit sechsunddreißig Jahren zu Ende gegangen, dann hätte er Saint-Just enthaupten lassen, hätte sich mit Pichegru und Buonaparte verbunden und wäre hochbetagt kurz nach Eröffnung irgendeiner Pariser Weltausstellung als Kaiser der Franzosen oder doch mindestens als Präsident der Republik gestorben. Nein, er hungerte nicht nach Macht schlechthin, aber er brauchte die Macht, um seine philosophische Lehre zu verwirklichen. Wahrscheinlich war er ein gänzlich unpolitischer Mensch, der Frankreich nicht als ein zu verwaltendes Gemeinwesen, sondern als den Rohstoff zur Verlebendigung seiner Wahrheit ansah. Sein Wirken war genau da zu Ende, wo die Revolution aufhörte und sich wieder in Politik verwandelte – in jene Politik, die gut oder schlecht sein mag, aber immer dem Leben dient. Selten hat jemand mit einem solchen Gestaltungstrieb in die Politik eingegriffen, und selten hat jemand eine solche Zerstörung verbreitet. Die Zerstörung, die Rousseau im Geistigen vorgenommen hatte, wurde durch ihn wiederholt, aber diesmal auf Kosten des menschlichen Lebens.

Robespierre hat sich immer als einen Jünger Jean-Jacques' bezeichnet und sein Andenken unaufhörlich beschworen, um dadurch seine politischen Handlungen zu legitimieren: »Warum lebt er nicht mehr, dieser fühlende und beredte Philosoph, dessen Schriften unter uns diese Grundsätze der öffentlichen Sittlichkeit entwickelt haben, welche uns würdig gemacht haben, den Vorsatz zur Erneuerung unseres Vaterlandes zu fassen?« Tatsächlich ist der Anteil Rousseaus an der Entwicklung, die zur Schreckensherrschaft geführt hat, ungeheuer und übertrifft um vieles den Beitrag, den das 18. Jahrhundert sonst zur Zerstörung seiner eigenen Gesellschaft geleistet hat. Es war die letzte Gesellschaft, die durch ihr eigenes Gesetz zusammengehalten wurde, über eine ungewollte und umfassende Form verfügte und einen selbstverständlichen Stil aufwies, der sich auf alle Umrisse, Gedanken, Gewohnheiten und Formen erstreckte, im künstlerischen Streben ebenso waltete wie im Bereich des Denkens, wie in der Sitte, wie schließlich im Häuserbau und sonstigen Handwerk. Innerhalb dieser Gesellschaft gab es noch eine formale Sicherheit, die des Regellosen kaum oder doch jedenfalls nur durch Willensanstrengung fähig war, während umgekehrt das Vollendete und Harmonische der Bemühung des einzelnen nicht bedurfte, sondern gleichsam von selbst zustande kam. Das gilt für den Baustil ebenso wie für die Umgangsformen. Doch da man schon seit langem weltlich zu leben gelernt hatte, so wurde die lebendige Verbindung mit diesem gestaltenden Gesetz immer lockerer, und im Menschen wuchs die Lust, an ihr zu zerren, sie gar zu zerreißen und sich nun ganz bindungslos auf den Ozean des Ich zu begeben.

Die frömmsten Meister hatten noch eine blasse Kenntnis von den schöpferischen Geheimnissen, die einst als göttliche Rezepte in den Schulen, den Bauhütten und Werkstätten weitergelehrt worden waren. Aber es bedurfte einer unermeßlichen Demut, um dieser Bindung durch die geweihte Regel froh zu bleiben, und nur wenige hatten noch Lust dazu. In der Sprache der Gläubigen dürfte man vielleicht sagen, daß die Verbindung zwischen Himmel und Erde zwar noch bestand, aber so fadenscheinig wurde, daß nur diejenigen, die sie sehen wollten und ihrer bedurften, sie noch sehen konnten. Eine dünne Rauchsäule war alles, was von den unzähligen Opferfeuern, die einst zum Himmel aufgestiegen waren, übriggeblieben war. Die Eingeweihten starben aus oder versuchten, ihr Wissen zu verkaufen, wodurch es wertlos wurde. Zahl, Maß und Gesetz waren noch da und gültig, aber ihre Herkunft wurde nicht mehr verstanden. Die Ordnung hielt noch, aber sie war nicht mehr heilig. Der König trug noch die Krone, aber er konnte sich nicht erinnern, von wem er sie erhalten hatte. Gott begann seinen Himmel über der Welt zu schließen, von nun an würde nur noch echtes Gebet ihn erreichen, die tägliche Zwiesprache war vorbei.

Und die Menschen freuten sich dessen, ja sie waren stolz darauf. Sie wurden sich ihrer eigenen Kräfte bewußt und begannen sich zu überzeugen, daß jeder von ihnen nicht nur eine eigene Welt, sondern ein eigener Kosmos sei, der des himmlischen Gesetzes nicht mehr bedürfe, sondern imstande sei, sich selbst zu regieren. Die Naturwissenschaft des Menschen begann, und ihre Folge war die große Revolution, welche den Menschen sein eigenes Gesetz darlebend zeigt und den ersten, darum ungeheuersten Ausbruch eines bewußt gewordenen und gemeinsamen Individualismus darstellt. Dieser vulkanische Ausbruch von Talent, Kühnheit, Gedankenreichtum, Verbrechen, Dummheit und Gemeinheit war deshalb so gewaltig, weil er den ersten Versuch der christlichen Menschheit bildete, die universale Ordnung der Massen und Werte von heute auf morgen durch eine eigene zu ersetzen, die gewissenmaßen über Nacht aus dem Inneren der menschlichen Natur geschöpft worden war.

Die Menschen des 18. Jahrhunderts hatten diesen Ausbruch, der sie selbst verschlingen sollte, sorgfältig vorbereitet. Die Versuchung, die eigenen Kräfte zu erproben, sich göttlich zu fühlen und mit den Stoffen der Vernichtung zu experimentieren, war zu groß. Niemand konnte ihr widerstehen, am wenigsten diejenigen, die mit dem Versagen der öffentlichen Autorität die geistige Führung übernahmen, die Philosophen. Sie waren kein Stand, der sich den Wissenschaften widmete, sondern Teile der herrschenden Schicht, deren persönliches Selbstgefühl sie auf

Kosten des kollektiven steigerten. Sie gehörten zur guten Gesellschaft und wurden erst durch diese instand gesetzt, ihre Ideen in Umlauf zu bringen und ihnen Gültigkeit zu verschaffen. Was man heute eine Mode nennen würde, hatte damals eine größere Verbindlichkeit. Die revolutionäre Lehre kam nicht nur in Mode, sie wurde auch verpflichtend. An sie zu glauben war Kennzeichen des guten Tons, aber auch Gesetz. Die neue Wahrheit wurde im Gespräch und in den Salons verbreitet, sie wurde durch die Konversation getragen, und da man gelernt hatte, daß diese niemals Folgen habe und immer da ausweiche, wo die Weiterführung des Gesprächs den Gegensatz bis zur Zerstörung des Zusammenlebens verschärfen würde, so hatte man nicht das Gefühl, daß man die Grundlagen seines eigenen Lebens gefährde.

Die menschliche Freiheit kann unmöglich weiter als bis zur Selbstzerstörung getrieben werden. Wie einen köstlichen Triumph ihrer autochthonen Intelligenz genoß diese Gesellschaft das Gift, an dem sie zugrunde ging. Ja, es wurde ein Zeichen der Hochherzigkeit, das Denken beliebig weit zu treiben und es nicht da aufhören zu lassen, wo es das Ende des Denkenden und seiner Schicht bedeutet. Hatte Fénelon nicht diese Art des Denkens auf die Krone selbst angewandt? Ermahnte dieser Erzieher des Dauphin seinen Schüler nicht unaufhörlich, an der inneren Wahrheit seines zukünftigen Berufes zu zweifeln und sich als ein »gewöhnlicher Mensch« zu fühlen, ein Zustand, »in welchem die Tugend weniger schwierig« sei? Begierig nahm das vornehme Frankreich die ersten Kundgebungen der jungen Demokratie Nordamerikas in sich auf, und als Benjamin Franklin nach Paris kam, konnte er sich vor Bewunderern nicht retten. Die Schöngeister drängten sich um ihn, um von ihm Ratschläge zur Änderung der Welt zu empfangen, die elegante Gesellschaft gab ihm rauschende Feste und ließ sich unter dankbaren Schauern von ihm wegen ihrer Sittenlosigkeit und Verschwendung tadeln. Besonders der Kardinal Rohan machte ihm den Hof, ohne freilich zu wissen, daß auch einige Individuen des dritten Standes seinen Geschmack teilten und daß ein junger Provinzadvokat namens Robespierre dem Erfinder des Blitzableiters sein erstes Plädoyer widmete.

Die Erstaufführung von »Figaros Hochzeit« kam nur mit Hilfe der Hofgesellschaft zustande und war das Hauptvergnügen der mondänen Saison, die nie strahlender, lebendiger und selbstbewußter gewesen war. Man riß sich den Giftbecher geradezu aus den Händen, jauchzte jedem Pfeil zu, wenn er nur recht ins eigene Leben traf, und genoß das einzigartige Vergnügen, gleichzeitig auf der Szene zu sterben und als Zuschauer in der Loge zu sitzen. Einen größeren gesellschaftlichen Triumph, als Voltaire oder Rousseau in seinem Salon vorzeigen zu können, gab es nicht. Verachtungsvoll und schlecht gelaunt nahmen diese großen Männer die Huldigungen einer Klasse entgegen, der sie die Daseinsberechtigung oder doch jedenfalls den Daseinssinn absprachen. In fieberhafter Betriebsamkeit und unter überstürztem Gelächter schichtete die Welt des 18. Jahrhunderts das Brennmaterial unter ihrem eigenen Hause auf. Das Schädliche wurde geradezu zum Kennzeichen des guten Tones, wobei die Natur und das Natürliche die Rolle des Schädlichen zu spielen hatten. Staat und Klerus verzichteten bald auf jeden Widerstand und gingen dazu über, ebenfalls die »Philosophie« zu fördern. Nachdem Malesherbes Leiter des Buchwesens geworden ist, hört jede Überwachung des gedruckten Wortes auf, und statt dessen beginnt eine systematische Förderung des aufklärerischen Schrifttums, das der Autorität der Krone und der Kirche zu Leibe geht. Die Waffen gegen die Monarchie werden in den Gemächern des Königspaares zu Versailles geschmiedet. Eines Tages wird der öffentliche Ankläger des Revolutionsgerichtes im Prozeß gegen Marie-Antoinette sich damit begnügen können, jene Verleumdungen aufzugreifen, welche die Hofgesellschaft vor zehn Jahren gegen die Königin verbreitet hat. Mit einem Wort, man wird sich der Freiheit des Menschen bewußt, und diese Freiheit dient zur Förderung des Schädlichen und zum kollektiven Selbstmord.

Der berückende geistige Reichtum dieses Jahrhunderts, seine farbige Anmut und unvergleichliche Kühnheit des Denkens war also eher eine moralische als philosophische Erscheinung. Die Epoche wäre weniger glänzend, wenn sie einen stärkeren Lebenswillen gehabt hätte. Ihre Eleganz wäre weniger erregend, wenn sie nicht eine systematische Vorbereitung zum Untergang gewesen wäre. Ziehen wir unser Wissen von den Folgen dieses Festes der Anmut und des Esprits ab, so gewahren wir eine rationalistische Selbstzufriedenheit, deren Naivität überrascht. Viele Artikel der Enzyklopädie, heute gelesen, wirken flüchtig und geradezu gleichgültig. Die Universalität dieser Geister ging vielfach nicht über einen billigen Stolz auf die Fortschritte der Naturwissenschaften hinaus. Die Demokratie, die sich vorbereitete, kündigte sich in der leichteren Zugänglichkeit der wissenschaftlichen Erkenntnisse und in der freudigen Genugtuung über die »Maschine« an. Tatsächlich waren die wissenschaftlichen Kenntnisse eines Diderot, eines Voltaire und selbst eines Montesquieu recht dürftig. Man braucht die wissenschaftlichen Bemühungen dieser Männer nur mit denen eines Pascal zu vergleichen, um sogleich zu sehen, daß der echte Universalismus, der mit dem Schlüssel zur religiösen Erkenntnis auch den zur Wissenschaft in der Hand hat, jenem Bildungsstolz Platz gemacht hatte, der den Auftakt eines jeden Vorstoßes zugunsten der bürgerlichen Emanzipation bildet.

Es ist bezeichnend, daß besonders die Methoden der abstraktesten Wissenschaften, der Astronomie oder der höheren Mathematik, als Vorschule der »Philosophie« galten und mit der Zeit auf die Politik und das öffentliche Leben übertragen wurden. Auf diese Weise konnte sich die revolutionäre Lehre, die später auf die trotz aller Not und allem sozialen Verfall immer noch blühende Realität Frankreich angewandt wurde, nach Herzenslust im luftleeren Raum entwickeln und ihre eingeborene Lebensfremdheit steigern. Die Pseudowissenschaft der Enzyklopädisten wurde in den gelehrten Gesellschaften und schöngeistigen Zirkeln, die das geistige Frankreich nach und nach zu einer wahren République des lettres zusammenschlossen, zu sozialen Forderungen verarbeitet, die als um so »wissenschaftlicher« galten, je geschlossener, logischer und lückenloser sie sich in der Diskussion ausnahmen. Selbstverständlich war dies nur auf Kosten der Wirklichkeit möglich. Der Irrtum Robespierres, nicht den Menschen, sondern die Doktrin zum Ziele der Politik zu machen, wurde hier also vorweggenommen. Je glatter die Lösungen, um so ferner das Leben. Robespierres Lösungen wurden schließlich so glatt, daß sie den stärksten Hals durchschnitten. Die letzten Jahrzehnte vor der Revolution stellen den radikalsten Mißbrauch dar, den der Mensch mit seiner Freiheit und der göttlichen Kraft seines Denkens je getrieben hat.

Voltaire übte diesen Mißbrauch mit einem geradezu königlichen Selbstbewußtsein. Rousseau trieb ihn mit schlechtem Gewissen. Der Weise von Fernay war ein großartiger Egoist, der sich kräftig genug fühlte, auf eigenen Beinen zu stehen, und den die Neugestaltung der menschlichen Gesellschaft darum nur mäßig interessierte. Der Philosoph aus Genf hingegen litt unter der Wurzellosigkeit, die er sich selbst zugefügt hatte, sein Zerstörungswerk machte ihm keine Freude, und schwach, wie er war, suchte er die Ordnung, die er aufgelöst hatte, auf einer anderen Ebene neu zu schaffen, schon um sich selbst zu stützen. Dieser ideologische Gegensatz zieht sich durch die ganze Revolution. Der treueste Verehrer Robespierres, Buonarroti, hat lange nach der großen Umwälzung die Männer dieser stürmischen Epoche rückblickend in zwei Gruppen geteilt. Die einen wollen selbst an die Stelle der gestürzten Privilegierten treten und die Klassenunterschiede nicht beseitigen, sondern sie nur zu ihren Gunsten und zur Erhöhung ihres Lebensgenusses verändern. Diese Anhänger »einer Ordnung des Egoismus«, die Girondisten und die Dantonisten, sind beinahe alle »Schüler Voltaires und der Enzyklopädisten«. Die anderen wollen die Klassenunterschiede durch Gründung einer »Ordnung der Gleichheit« aus der Welt schaffen und eine tugendhafte und brüderliche Gesellschaft begründen, wie Rousseau sie gewollt hat. Diese etwas grobe Unterscheidung enthält einige Wahrheit, sie gilt auch heute noch. Das heutige Frankreich ist dantonistisch und auch voltairianisch. Die III. Republik ist ungläubig und tolerant wie Voltaire, Robespierre war gläubig und intolerant wie Rousseau.

Voltaire hatte kein Bedürfnis mehr, mit Gott zu sprechen. Alles an ihm war Harmonie, es war freilich die Harmonie des kalten Kristalls. Rosseau hingegen war ratlos, er konnte nicht auf eigenen Füßen stehen. Eine ungeheure Lebensangst erpreßte dieser trüben Seele edle und rührende Laute. Stumm schrie er nach Erleuchtung. Er war gläubig ohne die Kraft zum Glauben. Er hätte Gott geliebt, wenn er im Besitz der Gnade gewesen wäre und eine Anschauung von Gott hätte gewinnen können. Seine Verzweiflung am Rande der Religion, die für ihn ein furchterregender Abgrund ist, seine erstickten Versuche, zum Gebet zu gelangen, ohne Gott anreden zu müssen, bieten ein herzzerreißendes Schauspiel, das zugleich die Erklärung für seine soziale Lehre enthält. Die von ihm gewollte Gesellschaft ist nicht eine elementare, durch Not, Rasse, gemeinsame Götter oder Tradition zusammengewachsene Gemeinschaft, sondern ein Willensakt der Individuen, die bewußt einen Vertrag, eben den Contrat social, miteinander schließen, um sich gegenseitig die Ausübung ihrer »natürlichen Rechte« zu sichern. Alles, was das Beiwort »natürlich« verdient, ist entweder von der Zivilisation und dem Egoismus noch nicht zerstört oder schon wieder von dieser Verderbnis gereinigt. Der Mensch ist an sich gut, aber er hat es häufig vergessen oder will sich nicht mehr daran erinnern, weil er sich von der Natur abgewandt und der entartenden Wirkung der Zivilisation hingegeben hat. Rousseau wiederholt also für sich die Wirkung der Erbsünde, von der man durch die Taufe gereinigt wird, während bei ihm die Zustimmung zum Gesellschaftsvertrag, also der Beitritt zu der von ihm geforderten Gemeinschaft notwendig ist. Dieser Beitritt ist jedoch an Bedingungen geknüpft, nämlich an die völlige Gleichheit aller Mitglieder, an den Verzicht jedes Partners auf seine Rechte und Freiheiten und deren Übertragung auf die Gesellschaft und schließlich an die Unterwerfung unter den »Allgemeinen Willen«, die volonté générale.

Wir sehen, daß diese Staatstheorie zwar demokratische Elemente enthält, aber auf jeden Liberalismus so stark verzichtet, daß die Französische Revolution, um liberal zu bleiben, auf das Evangelium Rousseaus verzichten und seinen Jünger Robespierre ausmerzen muß. Denn die Entäußerung, die von dem seiner »natürlichen Freiheit« bewußt gewordenen Menschen verlangt wird, führt zu einer Gleichsetzung von Individuum und Staat, was praktisch auf die Totalität des Staates hinausläuft, zumal da es ja dieser Theorie nicht entspräche, wenn zwischen Mensch und Staat sich noch die Volksvertretung oder sonst eine Kontrollinstanz einschaltete. Der Mensch oder, genauer gesagt, das Volk ist selber die Verkörperung der Souveränität; da es das Volk als tatsächlich greifbare, zählbare und zur Äußerung fähige Einrichtung nicht gibt, so muß der Treuhänder dieser Souveränität, nämlich der Staat, als einziger Herr und einzige, auch die menschliche Freiheit umschließende Instanz übrigbleiben. So wird die Rousseausche Gesellschaft zur vollständigsten und unliberalsten Demokratie.

Entscheidend für diese Lehre und für den politischen Gebrauch, den Robespierre von ihr gemacht hat, ist der Rousseausche Begriff des Allgemeinen Willens. Er ist das winzige Samenkorn, aus dem das gewaltige Gebäude der Schreckensherrschaft und der jakobinischen Diktatur geboren ist, aus dem das revolutionäre Frankreich die Kraft gezogen hat, den äußeren und inneren Feind zu besiegen und für einige Monate eine blutige Utopie auf dem Vaterlandsboden zu errichten, die zwar zur Vernichtung des Lebens führt, aber doch einen großen Akt menschlicher Schöpfung darstellt. Der Allgemeine Wille ist nicht etwa der Wille der Mehrheit, sondern der Wille derjenigen, die tugendhaft und im Besitz der Wahrheit sind. Es ist der Wille, den alle Menschen haben würden, wenn sie nicht durch

»die Mode und den Despotismus«, also durch die Zivilisation, irregeleitet worden wären. Es ist gleichsam das apriorische Wollen des Menschen, das immer gut und immer uneigennützig ist, solange die aposteriorische Erfahrung sich nicht verderblich eingemischt hat. Das »Volk« ist nicht etwa die größtmögliche Ansammlung von Individuen, sondern der zunächst nur kleine Kreis derjenigen, die den Allgemeinen Willen erkannt und sich ihm unterworfen haben. Wer diese Unterwerfung verweigert, gehört nicht zum Volk. Er ist also entweder ein Verbrecher oder ein Aristokrat, mit anderen Worten, ein Schädling. Politisch gesprochen ist das Individuum also erst dann sozial zulässig, wenn es sich zum Dogma bekannt hat, so daß die Beachtung der Gesetze nicht mehr genügt, sondern der richtige Glaube erforderlich ist, damit man als guter Bürger gilt und geduldet wird. Robespierre hat nur eine einzige Idee. Es war die aus Rousseaus Gesellschaftsvertrag bezogene Idee vom Allgemeinen Willen, die jede seiner Handlungen, Gesetze, Maßnahmen und Ausschreitungen leitete. Aus ihr baute er jenes Gemeinwesen auf, das er so beschreibt: »Die Demokratie ist nicht ein Staat, in welchem das dauernd versammelte Volk selbst alle seine öffentlichen Angelegenheiten regelt, noch einer, in welchem hunderttausend Bruchteile des Volkes durch isolierte, überstürzte und widerspruchsvolle Maßnahmen über das Schicksal der gesamten Gemeinschaft entscheiden; eine solche Regierung hat es niemals gegeben und könnte es nur geben, um das Volk zum Despotismus zurückzuführen. Die Demokratie ist ein Staat, in welchem das souveräne Volk, geleitet durch Gesetze, die sein Werk sind, durch sich selbst alles tut, was es gut tun kann, und durch Beauftragte, was es nicht selbst tun kann.«

Jean-Jacques, der gequälte und irrende Mensch, schuf dieses System nicht aus einer naiven Erkenntnisfreude heraus, die seine gelehrten und schöngeistigen Zeitgenossen beseelte. Er teilte nicht ihre Selbstzufriedenheit und ihre Genugtuung über den Einblick, den sie in den Mechanismus der Schöpfung getan zu haben glaubten. Nein, er schuf seine soziale Lehre, weil er zur einfachen Hingabe an den religiösen Glauben zu schwach war. Aber alles, was er für die ideale Gemeinschaft erdachte, war nichts weiter als die sündige Spiegelung der wahren Gemeinschaft der Gläubigen. Er war wie ein gefallener Engel, der in seinem lichtlosen Abgrund das Werk Gottes zu wiederholen sucht. Mit einem Wort, Rousseaus politisches Dogma ist die Wiederholung, ja Nachäffung des katholischen Dogmas. Wie die Zivilisation in seinem System die Rolle der Erbsünde übernimmt, so tritt das Volk an die Stelle Gottes. Die Politik wird zur Religion. »Niemand wird bestreiten wollen, daß der Allgemeine Wille ein reiner Akt des Erkenntnisvermögens in jedem Individuum ist, das sich im Schweigen der Leidenschaften klar wird über das, was der Mensch von seinem Nächsten fordern kann, und über das, was sein Nächster rechtens von ihm fordern kann.«

Im Schweigen der Leidenschaften! Ist es nicht, als ob von der Bemühung einer gläubigen Seele die Rede sei, zur Anschauung des göttlichen Willens zu gelangen! In einem fast pascalischen Ton wird jener reine, von irdischen Wallungen unverwirrte Zustand der Gnade gefordert, ohne den keine religiöse Erkenntnis möglich ist. Der Allgemeine Wille – Rousseau schreibt ihn mit großen Buchstaben, wie den Namen Gottes – erhebt sich also aus der durch Versenkung und Andacht geläuterten Tiefe des menschlichen Gewissens an die Oberfläche des täglichen Lebens, und nur derjenige kann ihn erkennen, der mit Hilfe des wahren Glaubens in den Besitz der Gnade gelangt ist. Die Findung des Allgemeinen Willens – oder die Anschauung des wahren »Volkes« – ist somit ein religiöser Vorgang, welcher der katholischen Glaubensidee entlehnt ist und auf die Vergöttlichung des Volkes hinausläuft. Die Folgerungen, die Robespierre aus dieser Lehre gezogen hat, zeigen mit ergreifender Deutlichkeit, daß die Anwendung eines rein mystischen Verfahrens auf irdische Einrichtungen zur Vernichtung des menschlichen Lebens oder, mit anderen Worten, daß die auf ein religiöses Dogma aufgebaute Politik zum Tode führt.

So wird die Gesellschaftstheorie Jean-Jacques', die vielleicht nichts weiter als der Verzweiflungsausbruch einer ungläubigen und doch nach Gott dürstenden Seele ist, zum Programm der Schreckensherrschaft. Robespierre – und in einem gewissen Grade auch Saint-Just – glaubt sich in der Kenntnis des Allgemeinen Willens, er ist überzeugt, mit Hilfe des mystischen Erlebens erfahren zu haben, was das Volk ist. Um dieses Heiligtum bildet er seine Kirche, die Gesellschaft der Jakobiner. Er selbst ist das Oberhaupt dieser Kirche, er ist der Papst der Rousseauschen Gemeinschaft der Gläubigen, er hat Macht, die Ungläubigen auszuschließen und zu verwerfen, also alle diejenigen zu richten, die nicht vor dem einzig wahren Gott ihr Knie beugen. Jeder Mensch ist dazu geschaffen, die revolutionäre Wahrheit zu erkennen: wenn er sich nicht dazu aufschwingt, »wird er ausgerissen und ins Feuer geworfen«. Jedes Wesen und jede Einrichtung müssen daraufhin geprüft werden, ob sie der volonté générale entsprechen. Daraus folgt die Notwendigkeit, nicht nur den Menschen auf seine Existenzberechtigung hin zu untersuchen, sondern auch alle diejenigen Einrichtungen abzuschaffen, die sich zwischen den »natürlichen« Menschen und die ideale Gesellschaft, die Theokratie des Volkes, stellen können. Die Kasten und Klassen, die Stände und Körperschaften, die Kirchen und die Obrigkeiten, ja die Familie und der Besitz werden fragwürdig und verhindern die unmittelbare Wechselwirkung zwischen Mensch und Staat. Der Staat Robespierres verschlingt erst alles Leben, dann den Menschen selbst. Mit dem religiösen Ursprung der erträumten Gesellschaft ist eine politische Neuschöpfung verbunden, die eine ungeheure Bedeutung erhält, nämlich die Politik der Gesinnung. Robespierre ist der Schöpfer der praktisch geübten Gesinnungspolitik, die sich etwa als die Übertragung der religiösen Intoleranz auf das politische Gebiet umschreiben läßt, mit dem Unterschied freilich, daß die Religion auch die Buße in sich einschließen und somit duldsam sein *kann*, während Robespierres Politik eine solche Möglichkeit nicht hat und also nur die Unterwerfung oder den Tod kennt.

Terror und Tugend

Die von Robespierre vertretene Politik gibt sich nicht mit der Erfüllung der staatsbürgerlichen Pflichten und der Achtung der Gesetze zufrieden, sondern fordert auch die Überzeugung, daß das Gesetz ein Willensausdruck des neuen Gottes »Volk« sei. Das sittliche Leben des Menschen erfährt dadurch eine wesentliche Beeinträchtigung, es kann sich nicht mehr nach den ewigen Sternen der allgemeinen moralischen Werte richten, sondern muß jene Tugend üben, die Robespierre in den Mittelpunkt seiner Politik stellt. An diesem Punkt wird es verständlich, wieso die Tugend in seinem Munde fast immer als Zwillingsschwester des Terrors auftritt und wieso der berühmte Konventsbeschluß nicht nur den Schrecken, sondern gleichzeitig auch die Tugend auf die Tagesordnung setzte. Seine Politik ist ebenso mit dem Terror verbunden, wie sie mit dem Tode verbunden ist: »Die Triebfeder der Volksregierung im Revolutionszustand ist zugleich die Tugend und der Schrecken!« sagt er in seinem Bericht vom 18. Pluviôse des Jahres II. Ja, die Ausschließlichkeit der jakobinischen Kirche ist so streng, daß es in den Augen ihrer Mitglieder gar nicht möglich ist, außerhalb ihrer Grenzen tugendhaft zu sein. Die Begriffe von Gut und Böse erfahren eine wesentliche Einschränkung: Die Verwalter des Allgemeinen Willens bestimmen, was gut und böse ist.

In dem erwähnten Bericht drückt Robespierre dies folgendermaßen aus: »Nicht nur ist die Tugend die Seele der Demokratie, sondern sie kann auch nur innerhalb dieser Regierungsform existieren. In der Monarchie kenne ich nur ein Individuum, welches das Vaterland lieben kann und darum der Tugend nicht einmal bedarf, das ist der Monarch. Der Grund dafür ist, daß von allen Einwohnern seiner Staaten der Monarch der einzige ist, der ein Vaterland hat. Ist er nicht mindestens praktisch der Souverän, ist er nicht am Platze des Volkes?« Nur in einer Gemeinschaft, in der das Volk gleichzeitig Souverän und Idol ist, kann es die richtige Gesinnung, also Tugend, geben. »Im System der Französischen Revolution«, sagt Robespierre, »ist das, was unmoralisch ist, auch unpolitisch. Das, was verderbt ist, ist gegenrevolutionär.« Und anderswo: »Die republikanische Tugend ist in Beziehung auf das Volk und in Beziehung auf die Regierung zu betrachten: in der einen wie in der anderen ist sie notwendig.«

In der überwältigenden Fülle der politischen Erscheinungsformen reicht die Person des Führenden schon rein technisch nicht mehr aus, um zu prüfen, was tugendhaft (also revolutionär) ist oder nicht. Robespierre stützt sich denn auch hauptsächlich auf jene Einrichtungen, die imstande sind, die Gesinnungspolizei wirkungsvoll zu betätigen. Die Partei der Jakobiner, die Überwachungsausschüsse bei den Gemeinden und – in Paris – bei den Sektionen, die Revolutionstribunale, der Allgemeine Sicherheitsausschuß und, als dieser in politischen Gegensatz zu ihm tritt, die von ihm selbst geschaffene Verwaltungspolizei, der Saint-Just vorsteht, werden dadurch zu mehr als bloßen Sicherheitsorganen, sie übernehmen auch die Hütung der revolutionären Lehre. In dem Maße, wie Individuum und Staat zusammenfallen, hört die Erforschung der Gesinnung auf, einen Eingriff in das Privatleben des Menschen darzustellen. Wer den Charakter und die Lebensführung eines Mitbürgers ausspäht, begeht damit keine unehrenhafte Handlung, sondern genügt einer patriotischen Pflicht. Unmerklich wächst der ideale Bürger in die Rolle des Polizeiagenten hinüber. Der natürliche Widerwillen gegen die Denunziation hat zu verschwinden, da er auf dem Mißverständnis beruht, daß es immer noch einen dem Privatleben vorbehaltenen Bezirk gäbe. Robespierre – und das ist ein wichtiges Merkmal des Terrors – macht der Fiktion ein Ende, daß »korrektes« Verhalten genüge. Es kommt nicht mehr darauf an, dem Staate gehorsam zu sein, entscheidend ist vielmehr die Förderung. Denn entsprechend dem von Robespierre verkündeten Begriff der Tugend ist jedes Verhalten des einzelnen Menschen unter allen Umständen eine politische Angelegenheit, ob es sich nun auf politische oder auf rein persönliche Dinge erstreckt. Das berühmte Gesetz über die Verdächtigen vom 17. September 1793 richtet sich denn auch nicht nur gegen jene, welche die Revolution gestört oder aufgehalten, sondern auch gegen jene, welche sie nicht gefördert haben.

Auf dem Höhepunkt der Schreckensherrschaft gibt es in Frankreich ungefähr 21 000 Überwachungsausschüsse, die in jeder Gemeinde und Sektion aus solchen Bürgern gebildet werden, welche sich durch Eifer und Hingabe an die Sache der Revolution hervorgetan haben. Um die Tätigkeit dieser Ausschüsse zu unterstützen, sind alle Hausbesitzer, Pförtner, Gastwirte, Hofbesitzer und sonstigen Inhaber von Wohnstätten gehalten, an der Haustür oder an einer anderen sichtbaren Stelle und in deutlicher Schrift eine Liste aller Hausbewohner mit Angabe ihres Alters und ihrer Beschäftigung anzubringen. Außerdem muß jeder Bürger ständig den sogenannten Bürgerausweis (certificat de civisme) bei sich tragen, der dem Inhaber seine republikanische Gesinnung bescheinigt und der nur nach einem Gutachten der örtlichen Jakobinergesellschaft und nach bestandenem Examen vor dem Generalrat der Kommune ausgestellt wird. Nicht nur die Polizei oder sonstige Vertreter der Obrigkeit, nein, jeder Bürger hat das Recht, einen verdächtig erscheinenden Menschen nach dieser Bescheinigung zu fragen und ihn festnehmen zu lassen, falls er sie nicht vorweisen kann. Ehemalige Aristokraten erhalten den Ausweis grundsätzlich nicht, andere Personen nur, wenn sie republikanische Betätigung nachweisen oder eine einflußreiche Empfehlung vorbringen können. Der Ausweis schützt zunächst gegen das Mißtrauen der Mitbürger und die Neugier der Polizei, später wird er für zahlreiche Erfordernisse des täglichen Lebens unerläßlich und muß stellenweise beim Einkauf von Brot und anderen staatlich rationierten und kontrollierten Lebensmitteln vorgewiesen werden. Auch gibt es eine Reihe von Berufen, die nur vom Inhaber des Ausweises ausgeübt werden können, und zwar nicht nur öffentliche Ämter, sondern auch die Anwaltspraxis und ähnliche Tätigkeiten, die zwischen der Obrigkeit und dem Bürger vermitteln. Schließlich wird er das einzige Mittel, die persönliche Sicherheit zu verteidigen, denn das berühmte Verdächtigen-Gesetz ermächtigt die Behörden, alle diejenigen Personen in Haft zu nehmen und der Staatsanwaltschaft zuzuführen, die den Ausweis nicht besitzen. Mit einem Wort, wer den Bürgerausweis nicht hat, ist vollkommen rechtlos, und um ihn zu haben, muß man von den Jakobinern empfohlen und den einzelnen Mitgliedern des Überwachungsausschusses genehm sein. Die Eifrigen sind freilich zum Verdruß Robespierres nicht immer die besten Elemente, sondern häufig Leute, die bisher schlecht in die Gesellschaft der ordentlichen Leute gepaßt haben und nun ihre politische Macht gern dazu benutzen, persönliche Rache zu üben, Gläubiger und lästige Zeugen aus der Welt zu schaffen und geschäftliche Konkurrenten loszuwerden. Die politische Verdächtigung wird zur tödlichen Waffe. Robespierre ist zwar der Erfinder der Gesinnungspolitik, aber er kämpft einen Titanenkampf gegen die menschliche Natur, die seiner Theorie, daß der Mensch gut sei, hartnäckig widerspricht.

Niemals in der Weltgeschichte ist die Angeberei so systematisch, so massenhaft und wirkungsvoll betrieben worden wie in der Zeit der Schreckensherrschaft von 1794. Während der Polizist sonst nur mit der Nachtseite des öffentlichen Lebens zu tun hat, ist er hier mit dessen schönstem und reinstem Teile, nämlich der Idee, beschäftigt. Seine Aufgabe ist es nicht mehr, Einbrecherwerkzeuge zu beschlagnahmen und Zuhälter zu überführen, sondern im Herzen der Menschen zu lesen, ob dort die heilige Flamme rein und stark genug brennt. Er nimmt an der allgemeinen Bürgerpflicht teil und dient dadurch der Bestätigung des Rousseauschen Grundsatzes, daß es einen Unterschied zwischen Volk und Staat nicht geben dürfe, daß vielmehr das Volk selbst die Obrigkeit sei, vorausgesetzt, daß es zum rechten Bewußtsein seiner selbst gekommen sei. Der Denunziant ist also ebenso wie der Polizist dem Heiligtum am nächsten und nicht etwa ein notwendiges Übel des Ordnungsdienstes, wie dies in anderen, nichtrevolutionären Staaten der Fall ist.

So sehr der Konvent sich über den Mißbrauch der Angeberei zu beklagen weiß, so rückhaltlos erkennt er das Amt selbst an. Immer wieder werden Belohnungen für Angeber ausgeworfen, immer wieder werden sie in Ehren genannt, ja oft werden sie im Tagesbefehl der Nation erwähnt, oder es wird ihnen gar die Auszeichnung bewilligt, an der Sitzung teilnehmen zu dürfen. Und da der Konvent für Römertugenden schwärmt, ist der Beifall für den Angeber doppelt groß, wenn angenommen werden kann, daß ihn seine patriotische Tat einige Selbstüberwindung gekostet hat, also wenn der Angezeigte ein Freund oder Verwandter oder Wohltäter ist. Überhaupt verliert die Angeberei ihren willkürlichen Charakter, weil sie durch die verschiedenen Gesetze, besonders durch die vom 17. September und 22. Prairial, dem einzelnen zur Pflicht gemacht wird. Erzeugt diese Bestimmung einen sittlichen Konflikt? Vielleicht in denen, die im Sinne alter Überlieferung aus Königszeiten bestrebt sind, der Obrigkeit zu gehorchen und den Geboten Gottes treu zu sein. Nicht aber in den echten Revolutionären, die ein dem Staate übergeordnetes und für alle sterblichen Wesen geltendes Sittengesetz überhaupt nicht anerkennen und statt dessen in der Republik die einzige sittliche Ordnung erblicken. Und haben sie nicht recht, da der Unbestechliche doch erklärt hat, daß außerhalb der Republik überhaupt keine Tugend möglich sei? Der Angeber dient grundsätzlich der Gemeinschaft, was natürlich nicht ausschließt, daß er seine patriotische Pflicht zur Befriedigung persönlicher Leidenschaften und Interessen mißbraucht.

Das bedeutet für den gesprächigen und umgänglichen Franzosen, der ein Schwätzchen über alles liebt, eine schwere Belastung. Sie erstreckt sich auch auf das Familienleben, denn es kommt immer wieder vor, daß ein Vater von seiner Autorität Gebrauch zu machen versucht, um gegen die neumodischen Ansichten des Sohnes oder gegen die Gewohnheit der Tochter, sich Hinrichtungen anzusehen, Einspruch zu erheben. Daraus ergeben sich Spannungen und Streitigkeiten, welche das der Revolution ergebene Familienmitglied mehr als einmal veranlassen, den Vater, die Schwester, den Bruder beim Überwachungsausschuß anzuzeigen. »Ich erkenne«, sagte der Abgeordnete Javogues, »nur diejenigen als Patrioten an, die wie ich nötigenfalls ihren Vater, ihre Mutter, ihre Schwester anzeigen und auf dem Schafott ein Glas von ihrem Blute trinken würden.« Daß ehemalige Angestellte und Diener einer Familie oft zu Verrätern werden, versteht sich von selbst. Wer kennt nicht die Geschichte des Negers Zamor, welcher der du Barry lange Jahre gedient hatte und von ihr mit Wohltaten überhäuft worden war, bis er sie schließlich erbarmungslos dem Revolutionstribunal auslieferte. Da ist der alte Pater Queudeville, der sich jahrelang versteckt hält und sich schließlich um einen Rat an seinen ehemaligen Lieblingsschüler, den Abgeordneten Levasseur, wendet, der ihm Hilfe verspricht und sich sein Versteck nennen läßt, um ihn dann in der Nacht verhaften zu lassen. Der berühmte Fleischermeister Legendre, Dantons Freund, handelt nicht anders, er empfängt die hilfesuchende Gattin des Schriftstellers Marcandier, die ihm die bedrängte Lage ihres Mannes und im Laufe der herzlichen Unterhaltung auch den Ort seines Unterschlupfes anvertraut. Schon am anderen Tage sind beide verhaftet, um unverzüglich unter dem Fallbeil zu sterben.

Jeder Tag bringt einen solchen Vorgang, ohne daß man immer auf die bodenlose Gemeinheit des Angebers schließen dürfte. Denn er selbst fühlt sich ja in seiner Haut nicht sicher, vielleicht ist der Besucher nur ein Lockspitzel, der ihn zum Mitwisser einer Ungesetzlichkeit machen will, vielleicht wird der Hilfesuchende bald gefaßt und plaudert die Hoffnungen aus, die er auf den anderen gesetzt hat, und schließlich ist doch das Anzeigen ausdrücklich zur patriotischen Pflicht erhoben worden. Erst Robespierre hat diese Einrichtung durchdacht und sie in sein System der Tugend eingefügt, aber schon seit dem ersten Tag der Revolution wurde sie benutzt und als Zeichen des Eifers verteidigt. Mirabeau verkündete bereits: »Die Angeberei ist die bedeutsamste unserer neuen Tugenden!« Er meinte dies völlig ernst, wie schon aus der begeisterten Zustimmung des jungen Desmoulins hervorgeht, der in seinem Blatte schrieb: »Derjenige, der gesagt hat, daß die Angeberei eine unserer wichtigsten politischen Tugenden geworden ist, hat Gold geredet. Lange genug ist es der Staatsanwaltschaft vorbehalten gewesen, die öffentliche Vergeltung zu veranlassen. Das Verbrechen möge nunmehr ebenso viele Ankläger fürchten, als es gute Bürger gibt. Es wird unmöglich sein, der Vergeltung der Obrigkeit zu entgehen, wenn nicht mehr eine einzelne Person sie ausübt, sondern die Nation, die niemals in ihrer Gesamtheit schläft. Bürger, wenn ihr Tatsachen anzuzeigen habt, wendet euch an mich.« Und der gallige Volksfreund Marat verlangte: »Jede begründete Denunziation soll ihrem Urheber ein Anrecht auf die öffentliche Wertschätzung geben. Jede grundlose, aber aus Vaterlandsliebe gemachte Denunziation darf den Urheber keiner Strafe aussetzen.« Auch die Girondisten hatten die gleiche Auffassung, sie priesen das Anzeigen als »das Palladium der Freiheit und das Heil des Volkes« und setzten wiederholt – unter dem 14. Februar und dem 4. Mai 1793 – amtliche Belohnungen für Anzeigen fest. Sie waren es auch, welche die ersten Schritte taten, um die Denunziation im großen Stil zu organisieren und zu einem Zweig der Regierungstätigkeit zu machen. Die Einordnung ins revolutionäre Sittengesetz wurde jedoch erst durch Robespierre vorgenommen.

Die Erhebung der Überwachung und Denunziation zur

öffentlichen Tugend erfüllt insofern den Begriff des Terrors, als dieser »die Diktatur der Zentralgewalt und die Abschaffung der Freiheiten« bedeutet. Eine Berufung auf die Menschenrechte wird dadurch selbst denjenigen unmöglich gemacht, die noch nicht begriffen haben, daß der liberalistische Abschnitt der Revolution mit seiner bürgerlich-kosmopolitischen Färbung vorbei ist und daß ein straffes, auf Gleichheitsideen beruhendes Denken eingesetzt hat, welches Robespierre als den »Despotismus der Freiheit« bezeichnet. Unter der Herrschaft dieses Gedankens werden die sich aus der Republik ergebenden Sittengesetze so verbindlich gemacht, daß sich niemand mehr darauf hinausreden kann, ein anständiger Mensch zu sein. Jeder Tadel nimmt dadurch einen politischen Charakter an, jemand wird als ausschweifend bezeichnet, wenn man ihn für einen heimlichen Aristokraten hält, und wer durch Laster mißfällt, der wird nicht auf seine Lebensführung, sondern auf seine republikanische Gesinnung hin geprüft. An die Stelle des Begriffes »Sünde« tritt der Begriff »Verschwörung«, und ein schlechter Mensch heißt kurzerhand ein »Verräter«. Am umfassendsten ist natürlich die Bezeichnung »Aristokrat«. Sie trifft nicht nur die früher privilegierte und längst unsichtbar gewordene Schicht ehemaliger Herren, sondern auch alle jene Personen, die nicht zum »Volk« gehören wollen oder dürfen. Das klingt zunächst sehr einleuchtend, ist aber in Wirklichkeit ein sehr verwickelter Einwand. Denn das Volk ist nicht nur eine bestimmte Volksschicht von rauhen Sitten und kleinem Einkommen, sondern auch ein Dogma, ja eine Glaubensinstanz mit einem eigenen Sittenkodex. Wer also daran festhält, nach alter Weise gut oder böse zu sein und nur sein Gewissen um Rat zu fragen, der ist ein Aristokrat, denn er fordert nicht nur ein eigenes sittliches Leben, sondern entzieht sich überhaupt der Gemeinschaft der Patrioten, um sich einer persönlichen Daseinsform zu ergeben. Im Reiche der Tugend, wie Robespierre sie versteht, ist also von jenem Individualismus, der den Beginn der Revolution beflügelte, nicht mehr die Rede. Aus der

Abneigung gegen gewählte Umgangsformen, persönlichen Geschmack, hochmütige Eigenbrötelei und schweigsame Absonderung wird bald eine ideologische Haltung, nämlich eine Feindseligkeit gegen »Anstand« in vorrevolutionärem Sinn. Der Aristokrat braucht also nicht adlig geboren zu sein, es genügt, daß er Neigung zeigt, ein ehrenhafter Mensch alten Stils zu bleiben.

Die Übertragung des religiösen Denkens auf das Politische, worin die Einmaligkeit der von Robespierre bestimmten Epoche zu erblicken ist, macht aus dem politisch Zweckmäßigen das philosophisch Wahre, aber auch das sittlich Richtige. Robespierres Beredsamkeit ist auf dieser Gleichsetzung verschiedener Kategorien aufgebaut. Dadurch entsteht eine gefährliche Vermischung, die zum Mißbrauch geradezu auffordert und bei schwächeren Naturen eine Heuchelei hervorruft, welche den Sprechstil der Schreckensherrschaft unerträglich macht. Die Menschen haben eine solche Furcht, für politisch unzuverlässig gehalten zu werden, daß sie sich bemühen, sowohl mit ihrer Ausdrucksweise als auch mit ihrem Aussehen in der Menge der übrigen Patrioten unterzutauchen. Man bedient sich in Paris einer besonders derben Sprache, welche durch den schmutzigen Ton der verbreitetsten Zeitung, des »Père Duchesne« geregelt wird. Wenn man recht häufig die Worte »Sch--!« und »Hol's der Teufel!« einstreut und – auch im amtlichen Verkehr – jedermann mit »Du« anredet, so hat man Hoffnung, nicht aufzufallen. Vor allem vermeidet man Anreden wie »Mein Herr« oder »Guten Tag«, sondern sagt statt dessen »Bürger« und »Heil« (salut). Wenn ein Bezug auf die Zeit der Monarchie notwendig ist, so spricht man von Louis Capet oder vom Tyrannen oder vom Zeitalter der Sklaverei. Die Kokarde in den drei Farben, die sich natürlich jeder strebsame oder vorsichtige Bürger ansteckt, kann gar nicht groß genug sein, und am besten trägt man eine dreifarbige Weste mit eingewebten Liktorenbündeln und auf dem Kopf die rote Mütze.

Robespierre freilich kann alle diese äußeren Zeichen nicht leiden, und beim »Du« zuckt er zusammen. Aber er hat gut reden, denn er hat dergleichen eben nicht nötig. Ja, er kann es sich sogar leisten, das Haar nach altmodischer Weise kunstvoll frisiert zu tragen, während andere Leute es sich in die Stirn wachsen und lange Zotteln, die sogenannten Hundsohren, über die Wangen fallen lassen. Der zukünftige Graf Thibaudeau, ein ordentlicher, aber keineswegs auf dramatische Rollen erpichter Abgeordneter, tut seinem Ordnungssinn Gewalt an und geht in einer mühsam ausgedachten Sansculottentracht mit schlottrigen Hosen und offenem Hemd umher. Auch der reiche Granet, der ebenfalls bessere Zeiten sehen wird, kleidet sich in schmutzige Lumpen und trägt ein zerrissenes Sacktuch um den unfrisierten Kopf gewickelt, damit jeder sehe, daß er zum Volke gehört. Die Kokarde am Hut genügt nicht, es empfiehlt sich, auch noch eine dreifache Rosette auf dem Rockaufschlag zu tragen. Sie kann ruhig groß wie ein Teller sein und den Ausgangspunkt eines zwei Hände breiten Bandes in drei Farben bilden, das stolz herabhängt oder im Winde flattert. Die reichliche Verwendung von Fahnen ist selbstverständlich; des öfteren müssen die Behörden wegen Verschwendung von Tuch eingreifen. Billiger ist ein buntes Plakat, das man sich gern an die Haustür heftet: Die von einem Pioniersoldaten und einem mit der Pike bewaffneten Sansculotten eingerahmte und mit der phrygischen Mütze gekrönte Inschrift lautet »Einigkeit, Unteilbarkeit der Republik, Freiheit, Gleichheit, Brüderlichkeit oder der Tod«.

Das Gesetz bedroht den mit Strafe, »der nicht beständig seine Anhänglichkeit kundgetan hat«. Dem einzelnen Bürger erwächst daraus eine nahezu unmögliche Aufgabe, er quält sich damit ab, seine republikanische Gesinnung »kundzutun«, aber wer sagt ihm, daß diese Kundgebungen genügen! Er geht als Sansculotte gekleidet, er spricht die derbe Sprache des echten Volksfreundes, er ändert den Namen seines Sohnes Louis in Brutus um, er bedient sich eines neuen Kartenspiels, in dem es keine Könige und Buben mehr gibt und statt dessen Genien der Freiheit und Gleichheit, er beantragt bei der Gemeinde, daß der alte Kirchplatz in Freiheitsplatz umgetauft werde, er beklatscht jede Hinrichtung und nennt die Opfer nachträglich Schurken und Verräter, er erklärt jedem, daß es keine schönere Farbe gebe als das Rot des Tyrannenblutes, er führt einen Haufen an, welcher den alten Pfarrer, der fünfzig Jahre die Gemeinde betreut hat, mit Steinen bewirft, er schreibt Briefe an den Konvent, in denen er schärfere Maßnahmen gegen die Lauen fordert, er sorgt dafür, daß die Kirche in ein Gefängnis verwandelt wird, er organisiert an jedem Dekadentag ein »brüderliches Gemeinschaftsmahl der Patrioten« im Freien und fordert schriftliches Entschuldigen von denen, die nicht teilnehmen, er stiftet den ersten Betrag zur Anschaffung einer eigenen Guillotine für das Departement, kurz, er tut alles, was in Menschenkräften steht, um sein republikanisches Herz aktiv zu beweisen – aber er ist niemals sicher, daß er genug getan hat und nicht von jemand angezeigt wird, der noch tüchtiger ist und sich bereit erklärt, »das warme Blut der Verschwörer zu trinken«.

Die große Bedeutung, die den äußeren Zeichen beigelegt wird, erklärt sich aus der Unmöglichkeit, ein wirklich zuverlässiges Merkmal der republikanischen Gesinnung zu finden. Die Standbilder der Könige und ihrer Helfer werden umgestürzt, die Kronen und Lilien verschwinden von den Schildern, Gittern, Geräten, Bucheinbänden, statt dessen taucht überall das Liktorenbündel mit der Freiheitsmütze auf. Aus den Straßennamen und Ortsbezeichnungen wird jede Erinnerung an die Zeit der Könige entfernt. Die unzähligen Straßenbezeichnungen nach Heiligen werden so geändert, daß die Rue Saint-Honoré von nun an nur noch Rue Honoré heißt, wenn sie ihren Namen nicht ganz verliert, wie die Rue Saint-Roch, die zu Ehren der Robespierre nahestehenden Berg-Partei in Rue de la Montagne umgetauft wird. Als lebendiger Hinweis auf römische Tugend heißt die Rue Notre-Dame-des-Champs neuerdings »Straße der gerächten Lukretia«, eine ziemlich mühsame Sache, welche die

Väter ihren Kindern auf dem Sonntagsspaziergang vergeblich zu erklären versuchen. Sämtliche Straßennamen, in denen das Wort Notre-Dame vorkommt, werden geändert, wobei dies Wort meistens durch Vernunft oder Nation ersetzt wird. Die Rue Notre-Dame-des-Victoires wird zur Rue des Victoires-Nationales. Auch das Andenken des um Paris so verdienten heiligen Ludwig verschwindet vollständig, der Sorbonne-Platz wird nach einem in Lyon umgebrachten Jakobiner Place Chalier genannt, und Marats Name findet sich selbstverständlich allenthalben, ja der Montmartre heißt nun Montmarat.

Die ehemalige Königsstadt Versailles entgeht mit knapper Not dem ihr zugedachten Schicksal, in »Freiheitswiege« umbenannt zu werden. Der Konvent verfügt im Oktober 1792, daß aus den Ortsbezeichnungen alle Anklänge an die Zeit vor dem Umsturz entfernt werden. Unzählige Orte benutzen die Gelegenheit, sich patriotisch umzutaufen und ihrem Namen den Zusatz »Gleichheit« oder »Freiheit« hinzuzufügen. Besonders eine Zusammenstellung mit »Berg« ist sehr gebräuchlich, weil man dadurch den im Konvent auf dem »Berg« thronenden Volksvertretern zu gefallen hofft. Château-Thiery heißt Egalité-sur-Marne, Villejuif nennt sich taktvoll Commune-Equitable, Saint-Esprit heißt kurz und gut Jean-Jacques Rousseau, das Seestädtchen Saint-Maximin hat sich auf Grund eines unklaren Bildungsrestes im Kopfe eines Gemeinderats Marathon genannt, der kleine Ort Saint-Pierre-le-Moulin will nicht zurückstehen und beschließt, Brutus-le-Magnamine zu heißen, auch der Name Dünkirchen ist anstößig und wird in Dune-Libre verändert. Je patriotischer die Umbenennung, um so gewisser ist das Lob der Pariser Obrigkeit. Vielleicht geruht sogar Robespierre selbst oder doch wenigstens ein Abgeordneter auf Dienstreise ein anerkennendes Wörtchen fallen zu lassen. Allerdings werden Städte auch zur Strafe ihres ursprünglichen Namens beraubt. Toulon, das seine Tore den Engländern geöffnet hat, wird nach der Wiedereroberung zunächst Ville-Plate genannt, weil Fréron es dem Erdboden gleichmachen möchte, erhält dann aber den Namen Port-la-Montagne. Das aufrührerische Lyon heißt nach seiner Züchtigung Ville-Affranchie, und Marseille wird von seinem Zwingherrn Barras einfach Ville-sans-Nom genannt. Übrigens werden in der Amtssprache die Bezeichnungen Stadt, Dorf, Flecken, Weiler abgeschafft, weil sie den Sinn für Gleichheit verletzen, statt dessen wird die Einheitsbezeichnung Gemeinde für alle Ortschaften ohne Unterschied der Einwohnerzahl eingeführt.

Da ein Lilienmuster in der Kaminfüllung, eine Teetasse mit dem Bilde der Österreicherin, ein Pfeifenkopf in Form einer Krone oder das Bildnis eines Ahnen mit dem Orden des Heiligen Geistes genügt, den Besitzer ins Gefängnis und vor das Tribunal zu bringen, löscht man jegliches Zeichen, das an frühere Zeiten erinnert, sorgfältig aus. Unscheinbarkeit, Schweigen und Verstellung sind die wichtigsten Voraussetzungen des Überlebens. Condorcet wäre in seiner lumpigen Verkleidung nie erkannt worden, wenn er nicht einen kleinen, in grünes Leder gebundenen Horaz bei sich getragen hätte. Ein Zurückwerfen des Kopfes, die Zartheit des Handgelenks, die unfaßbare Ausstrahlung guter Erziehung und eigenwilligen Lebensstils können einen Menschen als Feind der Revolution verraten. Die Sansculotten besitzen eine sichere Witterung für solche, die aus der Menge hervorragen würden, wenn sie sich nicht künstlich klein und durchschnittlich machten. Es gilt, einer Roheit oder einem Unrecht regungslos zusehen zu können, es ist noch besser, einer Gemeinheit zuzustimmen und sich an der Verspottung eines Unglücklichen glaubhaft zu beteiligen. Gesten solcher Art wirken überzeugender als jeder Beweis.

Jede Stunde, jede Bewegung, jedes Wort, jeder Atemzug durchtränkt sich mit Politik, denn Robespierres Lehre fordert ein dauerndes revolutionäres Verhalten, auch wenn der Mensch allein ist. Wer *gegen* die Revolution wirkt, ist verloren – aber auch wer *nicht für sie* ist, macht sich schuldig. Es gibt also keinen Schlupfwinkel des Privatlebens mehr, in den das Gesetz dem Einzelnen nicht folgte. Unter diesen Umständen ist es nicht erstaunlich, daß die politische Führung sich immer weniger mit der eigentlichen Verwaltung und dafür in steigendem Maße mit der Kontrolle befaßt. Die Rolle des Ausschusses für Allgemeine Sicherheit ist schon durch ihre Bezeichnung umschrieben. Aber auch der Wohlfahrtsausschuß hat grundsätzlich keine Macht – wenn er sie praktisch auch ausübt –, sondern nur das Recht der Kontrolle. Robespierre ist kein Gesetzgeber außer auf dem Gebiete der Gesinnungskontrolle, der Ermittlung und Ausrottung von Falschgesinnten. Bezeichnend ist, daß man im Ausschuß die »Arbeiter«, also Carnot, Lindet, Prieur (de la Côte d'Or), die beiden Cambon und Jeanbon Saint-André, von den »Politikern« Robespierre, Couthon, Sain-Just, Collot, Billaud und Barère unterscheidet, weil jene reine Sachbearbeiter sind und die Armee, die Flotte, den Nachschub, die Ernährung und die Finanzen organisieren, während die zweite Gruppe »den Funken der Revolution« wachhält.

Seit April 1794 sind alle Ministerien abgeschafft und durch Verwaltungsabteilungen ersetzt, an deren Spitze einfache Commis stehen, die kein Ausgabenrecht haben, sondern sich jeden einzelnen Betrag vom Konvent anweisen lassen müssen. Auch der Wohlfahrtsausschuß hat keinen Etat außer einem Fonds von fünfzig Millionen Francs, und obwohl er die meisten Gesetze vorschlägt und schließlich sogar selbständig in Kraft setzt, hält er doch die Fiktion aufrecht, daß er nicht die Regierung sei, sondern daß der Konvent selbst die Exekutive innehabe. Darin drückt sich nicht etwa die Furcht vor der Verantwortung aus – Feigheit ist das letzte, was man Robespierre oder Saint-Just nachsagen kann –, sondern die Überzeugung, daß die Republik nicht nur zu regieren, sondern vor allem einmal für die »Tugend« zu sorgen habe, daß also die Verwaltung eine untergeordnete Sache im Vergleich zur Erzeugung der richtigen Gesinnung und ihrer Überwachung sei.

Die Gemeinschaft der Gläubigen

Da die neue Politik auf einem Dogma, nämlich dem Allgemeinen Willen, aufgebaut ist, so kommt es zunächst darauf an, diesem Dogma äußerste Verbindlichkeit zu verschaffen. Robespierre ist der Hohepriester des Dogmas, die Partei der Jakobiner aber ist die Kirche. Sie vereinigt diejenigen Gläubigen, welche den Allgemeinen Willen kennen und repräsentieren. Den Jakobinern wächst also ganz von selbst die Rolle der höchsten Überwachungsinstanz zu, ja sie wird ihnen von der Obrigkeit ausdrücklich zuerkannt. »Der Geist der Freiheit«, so erklärt der Wohlfahrtsausschuß in einem Rundschreiben vom 4. Februar 1794, »ist im Schoße der Volksgesellschaften geboren, gewachsen und zur Höhe gelangt. Sie sind die wachsamen Schildwachen, welche die Vorposten der Gesinnung innehaben, und haben in allen Gefahren und bei allen Verrätern Alarm geschlagen. In ihren Heiligtümern haben die Patrioten siegreiche Waffen gefunden und geschärft. Die Republik erwartet von den Volksgesellschaften neue Dienste. Die revolutionäre Regierung, in ihren verschiedenen Teilen organisiert, wird sich mit Macht entfalten und gegen jeglichen Widerstand alle Feinde des Volkes erfassen. Der Konvent fordert euch in Gemeinschaft der Sorgen und in Verbundenheit des Strebens auf, dies Gebäude auf unerschütterliche Grundlagen zu stellen. Ihr werdet unsere mächtigsten Helfer sein.«

Diese Einschätzung ist nicht übertrieben. Der Jakobinerklub mit seinen fast zweitausend Tochtergesellschaften, die über das ganze Land verteilt sind, ist die eigentliche Grundlage der Französischen Revolution während der Schreckensherrschaft. Er wirkt nach unten und nach oben, er besetzt die Überwachungsausschüsse bei den Kommunen und Sektionen, er kontrolliert jegliche revolutionäre Körperschaft, sei es die Pariser Stadtverwaltung, sei es die Nationalgarde. Gleichzeitig handhabt er die Petitionen, die unaufhörlich im Konvent vorgebracht werden und dessen Arbeiten weitgehend bestimmen. Jeder wichtige Beschluß der Ausschüsse und des Konvents wird erst dem Klub vorgelegt, der dann gewöhnlich eine Art von Generalprobe der eigentlichen Sitzung und ihrer Debatten abhält. Jeder Abgeordnete, der von einer Dienstreise, sei es von der Front, sei es aus der Provinz, zurückkommt, stattet dem Klub Bericht ab, rechtfertigt sich vor ihm und fordert Entlastung durch ihn. Jede große Rede wird vor dem Klub wiederholt, wenn dieser sie nicht vorher zu hören bekommt. Kurzum, die Gesellschaft der Jakobiner ist das eigentliche »Volk« im Sinne Rousseaus und übt eine dementsprechend souveräne Kontrolle aus.

Kontrolle wessen? Denn da die Volksgesellschaften langsam dazu übergehen, alle Ämter zu besetzen, so werden der Überwachende und der Überwachte bald ein und dieselbe Person. Zu Tausenden werden die Beamten, Offiziere und Richter wegen politischer Unzuverlässigkeit entlassen und durch Jakobiner ersetzt. Die Jakobiner, weit davon entfernt, im Soldatsein eine Ehre zu sehen, bestimmen, wer zum Militär eingezogen und auf diese Weise unschädlich gemacht wird, wer – auf dem Umwege über die Überwachungsausschüsse – einen Ausweis erhält, wer in die Liste der Verdächtigen eingetragen wird, wessen Lebensführung unrepublikanisch ist, wer vertrauenswürdig ist, mit wem ein guter Republikaner Geschäfte machen darf und an wen man als bewährter Patriot seine Schulden nicht zurückzuzahlen braucht. Häufig sind die verschiedenen Stellen, von denen die Sicherheit eines Bürgers abhängt, bei ein und demselben Jakobiner vereinigt. Michelet erzählt das Beispiel des Mannes, der dem Zeitungsherausgeber Prudhomme zu

Leibe will. Er zeigt Prudhomme in der Versammlung seiner Sektion an; da er selbst Vorsitzender der Versammlung ist, erklärt er, die Anzeige anzunehmen und an den Überwachungsausschuß weiterzuleiten. Er ist aber auch Vorsitzender dieses Überwachungsausschusses und beschließt »nach Empfang der Anzeige« die Verhaftung der Journalisten, die er dann schließlich als Führer einer Abteilung der Nationalgarde selbst vornimmt.

Der Konvent sieht, daß diese Alleinherrschaft der Jakobiner, die ihre Inanspruchnahme der meisten öffentlichen Ämter automatisch mit sich bringt, sehr leicht zur Korruption führen kann, die man gerade durch die Politisierung der Ämter hatte verhindern wollen. Dubois-Crancé schreibt von Rennes aus, wo er in Mission weilt, an den Klub nach Paris, daß die Jakobiner seiner Ansicht nach nun endlich wählen müssen, ob sie die Beamten überwachen oder selbst Beamte sein wollen, daß aber die Gleichzeitigkeit beider Rollen nicht mehr durchzuführen ist. Der Klub nimmt diesen Vorschlag sehr übel auf, und Robespierre, der Dubois-Crancé wegen seines soldatischen Wesens ohnehin nicht leiden mag, hat die größte Lust, ein Verfahren gegen ihn einleiten zu lassen. Es erscheint der Obrigkeit auch ganz natürlich, daß den Volksgesellschaften immer wieder Summen überwiesen werden, die aus den beschlagnahmten Vermögen von Verurteilten oder aus Kontributionen stammen, die ungehorsamen Städten auferlegt worden sind.

Diese zur Willkür und Korruption führende Übermacht ist keineswegs das zufällige Ergebnis des politischen und sozialen Kräftespiels, sondern die logische Folge der Übertragung des »Gesellschaftsvertrages« auf die praktische Politik. Und wenn Robespierre sich stärker auf den Jakobinerklub als auf den Konvent stützt, so genügt es nicht, dies psychologisch dadurch zu erklären, daß er ein Sektierer sei, wie Condorcet dies tut, und sich darum nur unter Sektierern wohlfühle, man muß vielmehr verstehen, daß der Papst nicht ohne Kirche zu leben vermag und daß die Gesellschaft der Jakobiner jene Kirche ist, ohne die der Gott »Peuple« sich nicht zur Anschauung bringen kann. Nur dort weiß man, welches der Allgemeine Wille ist, denn die Massen sind nicht imstande, ihn zu erkennen und zu verlautbaren. Dieses Auftauchen einer »Kirche« war unvermeidlich, wenn der Grundsatz von der direkten Souveränität des Volkes in die politische Praxis übergeführt werden sollte. Das Volk ist so ausschließlich Träger und Inhaber jeglichen politischen Willens, daß Volk und Staat dasselbe werden und keiner Repräsentation bedürfen, die zwischen ihnen vermitteln müßte. Das ist nicht etwa die irrtümliche Verwechslung von bürgerlichem Freiheitsrecht und staatlichem Hoheitsrecht, sondern ihre bewußte Gleichsetzung. Der nach dem allgemeinen Stimmrecht vom Volke gewählte Nationalkonvent darf infolgedessen nicht als Volksvertretung im Sinne eines Parlamentes verstanden werden, sondern ist vielmehr eine Art von Ersatz für die nicht klar abgegrenzte Exekutivgewalt. Der einzelne Bürger drückt durch die Wahl zum Konvent nicht etwa seinen Willen aus, denn auf diesen kommt es gar nicht an. Das Gesetz des Handelns wird vielmehr aus dem Allgemeinen Willen bezogen, der sich gar nicht parlamentarisch erfassen läßt, sondern durch ein Erlebnis im Innern des Menschen gefunden wird.

Wir haben also auf der einen Seite die einzelnen Menschen, die Bürger, Bauern, Arbeiter, Intellektuellen, kurzum die Gesamtheit, die das französische Volk ausmacht, und auf der anderen Seite steht das absolute, das legitime »Volk«, also diejenige Schicht, die sich des Volkswillens bewußt geworden ist. Dies Gebilde lebt zunächst nur im reinen Denken des Philosophen, aber es gewinnt eine menschliche, allzu menschliche Form, sobald es sich darum handelt, die Fiktion vom Volke durch die Praxis nicht zu entlarven, sondern aufrechtzuerhalten. Robespierre ruft immer wieder ins Leere hinaus: »Ihr seid das Volk!«, aber er kann nicht vermeiden, daß sich in dieser Leere eine Gruppe von Menschen ansiedelt, die ihm, die Stimme des Volkes nachäffend, antwortet und die der Gesamtheit zukommende Souveränität an sich reißt. In dem Maße, wie die Macht dieser durch die Lehre Rousseaus gesiebten Gruppe wächst, dankt die Bevölkerung politisch ab. Da nicht nur der Konvent, dieses blasse Gespenst der Exekutive, sondern nahezu alle öffentlichen Ämter durch Wahl beschickt werden, müßte die Bevölkerung eigentlich dauernd wählen. Aber sie verzichtet nach und nach nahezu vollständig auf die Ausübung dieses Rechtes. In Paris stimmten schon im August 1790 von 81 200 Wählern mehr als 67 000 überhaupt nicht ab, und diese Enthaltung nimmt im Laufe der Schreckensherrschaft nur noch zu, so daß es schließlich vollständig den Jakobinern überlassen bleibt, für die Ernennung von 83 Bischöfen, 400 Strafrichtern, 3 700 Zivilrichtern, 8 000 Friedensrichtern mit 20 000 Beisitzern, 42 000 Gemeindeeinnehmern, 46 000 Pfarrern und ungezählten Amtsschreibern, Kontrolleuren, Gendarmerieoffizieren und Polizeibeamten zu sorgen. Um jeden Irrtum auszuschließen, sendet die Muttergesellschaft in Paris immer wieder schwarze Listen – eine Erfindung Marats – hinaus, in denen diejenigen Personen verzeichnet sind, die sich vom patriotischen Gesichtspunkt aus für öffentliche Stellungen nicht eignen.

»Das Auge des Volkes« werden die Volksgesellschaften vom Konvent genannt, und sie selbst umschreiben ihre Rolle folgendermaßen: »Seit ihrer Einrichtung sind die Volksgesellschaften die Überwacher der konstituierten Behörden und selbst der Regierung gewesen; und gerade diese Überwachung macht die Freiheit aus; denn da das Volk nicht immer in den Urversammlungen vereinigt sein kann, so hat es sich in die besonderen Gesellschaften eingesprengt, um ein offenes Auge auf die Verwahrer der Macht zu haben. Das ist der rechtmäßige Charakter der Volksgesellschaften.« Die Jakobiner von Lyon erklären deutlich: »Der Souverän besteht unmittelbar in den Volksgesellschaften.« Robespierre als der erste der Jakobiner nimmt für sich die vollständige Anschauung von diesem Souveränitätsprinzip in Anspruch und gründet die organische Verbundenheit von Tugend und Terror auf ihr. Er setzt die allgemeinen Sittengesetze, die für jeden Menschen ohne Ansehung seiner Nation, seines Standes und seiner Herkunft gelten, außer Kraft und richtet an ihrer Stelle die »revolutionären« Sittengesetze auf, die sich in dem Wort Tugend zusammenfassen lassen.

Daß diese Tugend nicht eine einfache sittliche Haltung sei, die jedem strebenden Menschen zugänglich ist, erklärt Robespierre immer wieder. Es gibt keine Tugend außerhalb der Revolution oder, wie ein Abgeordneter im Konvent erklärt: »Diejenigen, die nicht Jakobiner sind, sind auch nicht richtig tugendhaft.« Und da eine der wesentlichsten Aufgaben der Republik darin besteht, die Tugend auf der Tagesordnung zu halten und die schlechten Republikaner wegen Mangels an Tugend – oder die Lasterhaften wegen Mangels an republikanischer Gesinnung – zu bestrafen, so sind mit der Errichtung des jakobinischen Sittengesetzes dem Tode ganz neue Tätigkeitsfelder erschlossen. Der revolutionäre Staat im Sinne Robespierres läßt die private Sittlichkeit des einzelnen Menschen nicht mehr gelten, ja er bestraft sie geradezu, weil sie sich nicht auf den Staat bezieht, als »gegenrevolutionär« oder als »aristokratisch«. So kommt es, daß während des Schreckensjahres 1794 unaufhörlich irgendwelche verkommene Gesellen oder sittenlose Fanatiker die edelsten Männer und Frauen gerade wegen »Mangels an Tugend« aufs Schafott schicken, ohne daß der gute Glaube Robespierres ernstlich in Frage gestellt werden könnte. Er praktiziert eben eine Politik, die zur Vernichtung des menschlichen Lebens führt. Die Verknüpfung von Tugend und Terror zeigt am deutlichsten jenen schrecklichen Mechanismus, der nur Tod verbreiten kann, sei es den Tod derer, die diese Politik machen, sei es derer, die sie zu erleiden haben.

Man braucht in der umfassenden Präzisionsarbeit des revolutionären Apparates im allgemeinen und des Jakobinerklubs im besonderen kaum ein Meisterstück bewußter Organisation zu sehen. Es genügt, sich klarzumachen, bis zu welcher Konsequenz die Idee Robespierres – seine einzige Idee – führt. Er ist keineswegs der Schöpfer dieser revolutionären Mechanik, diese ergibt sich vielmehr aus der Anwendung von Rousseauscher

Philosophie oder, mit einem anderen Wort, aus der Gesinnungspolitik. Der Revolutionär handelt nicht willkürlich, sein Amt ist ihm durch die Mechanik bestimmt, die allen Revolutionen innewohnt, seien es nun »gute« oder »schlechte« Revolutionen. Das Leben des französischen Volkes erhält sich durch vergebliche Revolution und durch vergebliche Versuche, sie zu vermeiden oder sie wiedergutzumachen. Die Allmacht des menschlichen Geistes, deren mitleidiger Zuschauer Gott ist, führt zum Tode, wenn sie nicht mit einer grenzenlosen, fast verächtlichen Liebe zum Leben und Achtung vor dem Leben verbunden ist. Am Ende eines Jahrhunderts, welches den Schöpfer und göttlichen Richter nur noch hat gelten lassen, damit die Kammerdiener ihre Herren nicht bestehlen, tritt dieser Mensch, der ganz Charakter, ganz moralische Anspannung, ganz Klarheit ist, dessen Persönlichkeit aber ohne Liebe und Schönheit ist, vor das französische Volk und unterwirft es der unerbittlichen Logik seiner einzigen Idee. Rasende Ausschreitung eines einzelnen Menschen? Keineswegs, sondern vielmehr strenger Vollzug eines Schicksalsspruches, der das unmenschliche Beispiel einer vergeblichen Volksvergötterung für das Universum forderte.

Es wäre ganz falsch, sich Robespierre als einen überarbeiteten Gesetzgeber von gigantischer Betriebsamkeit vorzustellen. Er führt kein Volk, er hütet lediglich ein Dogma, er überwacht eine Lehre. Wenn von seiner Person etwas Starres und Lautloses ausgeht, so ist dies durch die sphinxartige Tätigkeit des Überwachens zu erklären, in der der Diktator sich erschöpft. Sein Werkzeug ist die Justiz, seine Erfahrungswelt der Jakobinerklub. Er braucht diese Gesellschaft nicht zu organisieren, er braucht nicht dafür zu sorgen, daß sie jede Regung des öffentlichen Lebens erfaßt. Alles das geschieht ganz von selbst, getrieben durch die Schwerkraft der Idee. Das unerhörte Drama der Revolution mit seinen großartigen und schauderhaften Ausbrüchen an Leidenschaft, Persönlichkeit und überhaupt an allem, was die menschliche Natur hergibt, erscheint manchmal als ein einziges Spiel der Willenlosigkeit, in dem jeder eine bestimmte Mechanik erleidet und rasend damit beschäftigt ist, zu reagieren. Ist dies die größte Kundgebung des modernen Individualismus? Es ist mehr, es ist ein atemloses Dahinjagen auf dem schmalen Grat zwischen Politik und Tod.

Die Volksgesellschaften kommen ganz von selbst dazu, sich wie ein lückenloses Netz über Frankreich zu legen. Niemand braucht ihnen die Hand zu führen. Und war es mit den schöngeistigen Gesellschaften und philosophischen Zirkeln, die ihre Vorläufer waren und die revolutionäre Lehre eigentlich geschaffen haben, nicht ebenso? Gewiß standen sie miteinander in Verbindung, aber waren sie darum eine Art von freimaurerischer Verschwörung? Der im Ersten Weltkrieg an der Somme gefallene Soziologe Augustin Cochin hat in den Ansätzen zu dem, was sein Lebenswerk werden sollte, mit erstaunlicher Hellsichtigkeit versucht, die »Ideengesellschaften« des 18. Jahrhunderts und der Revolution in einen geisteswissenschaftlichen Zusammenhang zu ordnen, und damit an das Geheimnis der revolutionären Eigengesetzlichkeit gerührt. Seine Belege für die seltsame, bis in die Schreibfehler gehende Übereinstimmung der den Zusammentritt der Generalstände einleitenden »Cahiers«, in denen die Bevölkerung der verschiedenen und in keinerlei sichtbarer Verbindung miteinander stehenden Gebiete Frankreichs ihre Forderungen und Klagen zusammenfassen, sind in der Tat verblüffend. Aber folgt daraus das Vorhandensein einer bewußt treibenden Kraft, einer einheitlichen Leitung der Unzufriedenen? Geht es an, diesen weltgeschichtlichen Bergrutsch als das Ergebnis einer Verabredung zwischen philosophischen Gesellschaften und anderen freidenkerischen Kreisen zu betrachten? Ist nicht vielmehr die stumme und elementare Verständigung das Symptom einer Epoche, die sich des Räsonierens und der Meinung mit einer Art Trunkenheit bedient?

Der erste Akt der Revolution ist zunächst einmal überhaupt nichts anderes als die Lösung der Zungen. Die Luft lädt sich mit Stimmen, Meinungen, Urteilen und Gerüchten, die sich wellenförmig über das Land fortpflanzen. Der Sommer 1789 beginnt mit einem Anfall kosmischer Angst. Der Mensch wälzt sich schlaflos auf seinem Lager, groß und rot steht ein Stern über dem Haus, Flammen tanzen auf dem Moor, am Bach schweben Schatten, im Dachstroh raschelt es, die Glocke schlägt an, ohne daß jemand sie berührt, in der Kirche beginnt plötzlich nachts die Orgel zu spielen, die Türen fliegen auf und schlagen knallend zu, obwohl kein Lüftchen sich regt. Ein Reiter galoppiert um Mitternacht durch die Dorfstraße, klopft den Gemeindevorsteher heraus und heißt ihn alle Bauern wecken und bewaffnen, weil dreitausend Räuber auf der großen Straße im Anmarsch sind. In der Bretagne, im Tale der Dordogne, in den Alpen, am Mittelmeer, überall werden Räuberscharen gemeldet. Sie sind bewaffnet, so geht das Geschrei, sie ermorden alles, zünden alle Dörfer an, verbrennen das Getreide auf dem Feld, schlagen das Vieh auf der Weide tot. Wer sind diese Wüteriche, woher kommen sie, wer hat sie gesehen? Niemand kann antworten, aber alle sind der anmarschierenden Gefahr gewiß. Die Sturmglocken läuten, die Bauern ergreifen ihre Sensen, Knüttel, Jagdgewehre und rücken unter der Führung irgendeines entschlossenen Mannes dem Feind entgegen – um am anderen Morgen, ohne das geringste gesehen zu haben, wieder nach Hause zu kommen.

Im Artois nimmt alles Reißaus, weil Flüchtlinge von der Küste kommen, die eine englische Flotte haben landen »sehen«, anderswo treffen gehetzte Menschen mit Hab und Gut auf Wagen ein, weil die Reiter einer kaiserlichen Armee hinter ihnen her sind. Am häufigsten aber sind es Räuberbanden, die niemand gesehen hat, deren Anrücken jedoch feststeht. »Eine solche Panik«, berichtet ein Chronist, »bemächtigte sich der Gemüter, daß man die Häuser verließ, um aufs Geratewohl zu gehen, ohne zu wissen, wohin. Der Pfarrer von Ruillé nahm an diesem Tag von vier bis halb zehn Uhr abends Leuten, die beim Gedanken an den bevorstehenden Tod außer sich gerieten, die Beichte ab...« Auf allen Landstraßen irren die Bauerntrupps, halb kühn, halb ängstlich, mit ihren Spießen, Beilen und sonstigen Waffen hin und her und erwarten den Feind. Kommt er von Süden, kommt er von Norden? In einem Dorf im Perigord hat ein unbekannter Reiter dem Tischler Auftrag gegeben, sofort zweihundert Lanzenschäfte anzufertigen, was auch geschieht, ohne daß sie jemals abgeholt werden. In anderen Orten werden die Leute von unbekannten Sendlingen ermahnt, sich bei den Gendarmerieposten und in den Militärquartieren mit Waffen zu versorgen, da das Nachbardorf von Banditen geplündert werde. In wenigen Tagen ist das Land mehr oder weniger bewaffnet.

Muß man daraus folgern, daß diese Panik, die als die »große Furcht« in die Geschichte eingeht, das Werk einer Führergruppe ist, die – womöglich mit Hilfe der berühmten fünfundzwanzig Millionen, die Pitt sich soeben vom Londoner Parlament hat bewilligen lassen – eine Probe-Mobilmachung der Revolution habe durchführen wollen? Ist es erlaubt, den vulkanischen Ausbruch des Jahres 1789 auf die organisatorischen Kunststücke einiger Anstifter zurückzuführen? Man kann nicht sagen, daß die Revolution *gemacht* worden wäre, sie ist von den »Liberalen« Frankreichs höchstens gefördert worden – das allerdings mit Eifer und mit einer Lust an der Selbstzerstörung, die es weder vorher noch nachher je wieder gegeben hat. Sie alle, das Parlament, die Notabeln, der Hof, der skeptische Klerus, der Herzog von Orléans, Chamfort, Condorcet, Marion Roland und die Girondisten sind der Typ des sozialen Selbstmörders. Das Mitleid mit dem Schicksal Frau Rolands wird immer überwogen werden von der Ansicht, daß niemals ein Weib leichtfertiger mit tödlichen Ideen gespielt hat. Man kann sie nicht schärfer verurteilen, als sie selbst es in dem berühmten Satz ihrer Denkwürdigkeiten getan hat: »O Brutus, der du die verderbten Bürger mit kühner Hand umsonst befreit hast, wir haben geirrt wie du. Jene reinen Menschen, deren glühende Seele nach Freiheit schmachtete und die durch die Philosophie in stillen Stunden und in strenger Abgeschiedenheit darauf vorbereitet wurden, sie haben sich wie du geschmeichelt, daß der Umsturz der Tyrannei das Reich des Rechtes und des Friedens eröffnen werde, aber es war nur das Signal zum Losbruch gehässiger Leidenschaften und abscheulicher Laster.«

Die Aufstände der Bauern, die eigentlich nur die feudalen Rechtstitel des Herrn ins Feuer werfen wollen, aber dann doch gleich den Schloßbesitzer mitverbrennen, haben die Entstehung blutiger Legenden über die Grausamkeit der früheren Herrenklasse zur Folge. Es wird verbreitet und geglaubt, daß ein Marquis den Leib eines Bauern geöffnet habe, um seine von der Jagd wunden Füße in dem Blute zu heilen, daß adlige Bücherliebhaber ihren Lukrez in Menschenhaut einbinden lassen, daß umgekehrt die Sansculotten vom Henker die Herzen der hingerichteten Aristokratinnen erbitten, um sie bei ihren brüderlichen Festmählern geröstet zu verspeisen, daß die Königin eine Mine unter dem Sitzungssaal der von ihrem Gemahl einberufenen Gesetzgebenden Versammlung hat legen lassen oder daß die Adligen das Getreide ins Meer werfen, um das Volk auszuhungern. Auch daß Robespierre die Absicht habe, die Tochter Ludwigs XVI., die im Temple gefangengehalten wird, zu heiraten, wird von allen Nicht-Jakobinern anstandslos geglaubt. Saint-Just kann in seiner Rede vom 8. Ventôse des Jahres II ruhig von einem kaiserlichen General behaupten, daß »er die Kinder in Belgien braten ließ«. Oder: »Im Jahre 1788 ließ Ludwig XVI. achttausend Personen jeden Alters in Paris auf der Rue Mêlée und auf dem Pont Neuf hinschlachten. Der Hof wiederholte diese Szenen auf dem Marsfeld, der Hof erhängte die Häftlinge in den Gefängnissen; die Ertrunkenen, die man aus der Seine fischte, waren seine Opfer; es gab viertausend Gefangene, man hängte jährlich fünfzehntausend Schmuggler, man räderte dreitausend Personen, es gab in Paris mehr Gefangene als heute.« Selbstverständlich fällt es niemand ein, an der Richtigkeit dieser Angaben zu zweifeln. Wie entstand das Gemetzel auf dem Marsfelde, bei dem Lafayette ein letztes Mal die von ihm einst so eifrig geförderte Revolution einzufangen versuchte? Zwei Arbeiter hatten sich unter einer hölzernen Tribüne versteckt und machten sich den groben Spaß, die Bretter, auf denen die Zuschauer – und besonders die Zuschauerinnen – standen, von unten anzubohren, um sich dadurch eine im Festprogramm freilich nicht vorgesehene Aussicht zu verschaffen. Der Bohrer trifft eine Schuhsohle und einen Fuß, die Schelme werden entdeckt, werden für Schergen des Hofes gehalten, die das Volk in die Luft sprengen wollen, und die Panik ist da.

Während sich die öffentliche Meinung jeder Erschütterung der Luft zugänglich erwies und die sinnlosesten Märchen begierig in sich aufnahm, lebte sie in tiefster Unkenntnis dessen, was wirklich vorging. Der Sinn der Menschen flüchtete in diesen Jahren gern ins Unwirkliche und wich dem Tatsächlichen, auf dessen Spuren man immer wieder stieß, mit Vorsatz aus. Die Leute wollten die Wahrheit nicht mehr sehen und hören, da sie doch auf jeden Fall weiterleben mußten und nichts ändern konnten. Niemand mag im Sommer 1794 mehr den Hinrichtungen zusehen, die Schreckensmänner müssen schließlich die Klubs dienstlich auf die Straße beordern oder Leute mieten, welche den Todeskarren Beschimpfungen nachsenden oder den Fall des Beils mit dem Rufe »Es lebe die Republik!« begleiten. Der Sturz Robespierres, der dem Terror ein Ende macht und die Gefängnisse öffnet, bringt für die Bevölkerung einen wahren Wolkenbruch von Enthüllungen, die freigelassenen Gefangenen beginnen zu reden, die Leute wagen, den Mund wieder zu öffnen. Ein Schreiber des Revolutionsgerichts weist im Prozeß gegen Fouquier-Tinville dessen Behauptung, daß der 9. Thermidor ihn gegen seinen Vorgesetzten unverschämt gemacht habe, mit den Worten zurück: »Ich war nicht unverschämt, ich hatte nur keine Furcht mehr, umgebracht zu werden!«

Sobald diese Furcht gewichen ist, erfährt Frankreich die Wahrheit – aber nicht eher! Erst die Prozesse gegen den öffentlichen Ankläger, Fouquier-Tinville, gegen den Büttel von Nantes, Carrier, gegen den Schlächter von Arras und Cambrai, Lebon, gegen das Mitglied des Wohlfahrtsausschusses, Billaud, in denen Hunderte von Zeugen ihr Herz ausschütten, bringen die Massenhinrichtungen, die Ertränkungen, die Erschießungen und das ganze Grauen zur allgemeinen Kenntnis. Man hatte wohl allerlei davon gehört, aber man hört ja so viel! Die Kenntnis der politischen Vorgänge und Zusammenhänge ist gering. Als Hébert verhaftet wird, glaubt man in Paris, »alle« seien verhaftet, also auch Robespierre, und die Revolution sei aus. Das gleiche wiederholte sich jedesmal, wenn ein Mann, der gestern noch zu den Mächtigen gehörte, der Guillotine zum Opfer fällt, und man kann sagen, daß die meisten Franzosen diesem ganzen Prozeß, der in der dauernden Vernichtung der radikalen Revolutionäre durch ihre noch radikaleren Gesinnungsgenossen besteht, überhaupt nur unvollkommen zu folgen imstande sind. Anders ist es natürlich im kleinen Kreise der Jakobiner, wo täglich das Fieber der Krise gemessen wird.

Ein volkstümliches Flugblatt stellt den idealen Jakobiner dar. In der rechten Hand hat er eine Glocke, zum Zeichen, daß er jederzeit bereit ist, Alarm zu schlagen. Die Linke hält ein Blatt, auf dem die beiden großen Daten der Revolution, der Tag des Bastillesturms und der Tag des Tuileriensturms, verzeichnet sind. Auf dem Kopf trägt er die rote Mütze, die vorn mit einem seltsamen Zierat versehen ist, nämlich einem strahlend geöffneten Auge und dem Wort »Überwachung«. Der Dichter André Chénier, der die Revolution beim Sturm auf die Bastille begeistert begrüßt hat und als eines ihrer letzten Opfer am 8. Thermidor auf dem Blutgerüst sterben wird, veröffentlicht noch vor Beginn des eigentlichen Terrors im »Journal de Paris« einen Artikel, der später weltberühmt wird, »Über die Ursachen der Wirren, welche Frankreich durchwühlen und die Begründung der Freiheit verhindern«. Die wichtigste Ursache erblickt André Chénier in dem Mißbrauch des Begriffes Volkssouveränität, den die Volksgesellschaften treiben:

»Einige hundert Müßiggänger, die in einem Garten oder Schauspiel zusammenkommen, oder einige Haufen Banditen, die Läden plündern, werden mit frecher Stirn ›das Volk‹

genannt; und den unverschämtesten Despoten ist von den gierigsten Höflingen kein so gemeiner und ekelhafter Weihrauch gespendet worden, wie die kriecherische Schmeichelei es ist, mit der zwei-, dreitausend Anmaßer der nationalen Souveränität jeden Tag von den Schreibern und Rednern dieser Klubs, die Frankreich durcheinanderbringen, berauscht werden. Da der Anschein des Patriotismus die einzige Tugend ist, die ihnen Dienste leistet, so laufen einige Menschen, die ein schimpfliches Leben befleckt hat, hin, um in überspannten Reden ihren Patriotismus zu betätigen. Sie erhoffen Vergessen ihrer Vergangenheit und Chancen für die Zukunft von wütenden Deklamationen und von den erregten Leidenschaften der Masse und suchen sich durch Schamlosigkeiten von der Schande loszukaufen. Gefühle und Grundsätze machen sich dort täglich breit, die jedes Vermögen und Eigentum bedrohen. Unter den Namen Ankaufswucher und Monopol werden Industrie und Handel als Verbrechen dargestellt. Jeder reiche Mann gilt als Feind des Staates. Ehrgeiz und Habsucht verschonen nicht Ehre noch guten Namen. Die gehässigsten Verdächtigungen, die frechsten Verleumdungen heißen ›Freiheit der Meinung‹. Wer für eine Anklage Beweise verlangt, ist ein Verdächtiger, ein Feind des Volkes. Da wird jeder Blödsinn bewundert, wenn er nur meuchlerisch, jede Lüge wird geglaubt, wenn sie nur mörderisch ist. Weiber gehen hin, um den Ausbrüchen blutdürstigen Aberwitzes Beifall zu klatschen. Dort werden die Bescheinigungen über Gesinnungstüchtigkeit ausgestellt. Alle Mitglieder und Freunde dieser Brüderschaften sind gute Bürger, der Rest sind Heuchler. Die bloße Zulassung zu diesem Bund wäscht wie die Taufe Konstantins alle Verbrechen ab, löscht Blut- und Mordtaten aus. Diese Gesellschaften bilden, Hand in Hand verschlungen, eine elektrische Kette rings um Frankreich. Im gleichen Augenblicke regen sie sich in allen Winkeln des Reiches, stoßen denselben Schrei aus, vollführen dieselben Bewegungen. Ihre rastlose Wühlerei hat die Regierung in eine fürchterliche Ohnmacht gestürzt; aus den Versammlungen der Urwähler wie der Wahlmänner haben ihre Ränke und hinterlistigen Umtriebe, ihre anstößigen Tumulte viele anständige Menschen hinausgetrieben, deren Schwäche höchst verdammenswert ist, und ganze Listen beliebter Beamten mit Verleumdungen besudelt. Überall sind die Richter, Verwalter und öffentlichen Angestellten, die nicht ihre Kreaturen und Agenten sind, ihre Feinde und der Gegenstand ihrer Verfolgungen. Sie maßen sich sogar die Formen der Staatsgewalt an, stürmen hier einen Gerichtshof und unterbrechen seine Tätigkeit, zwingen dort die Gemeindebehörden, vor ihnen zu erscheinen und ihre Befehle entgegenzunehmen. An mehr als einem Orte haben sie gewagt, mit Gewalt bei den Bürgern einzudringen, Haussuchungen vorzunehmen, sie zu richten, zu verurteilen oder freizusprechen. Jede Auflehnung gegen die gesetzlichen Behörden findet bei ihnen Schutz und Rückhalt. Jeder, der sich Patriot nennt und dem Gesetz und seinen Organen getrotzt hat, kommt zu ihnen, um sich seiner Tat zu rühmen. Jeder abgesetzte Subalterne, der sich aufs Verleumden legt, ist ein Opfer seines Patriotismus, jeder meuterische und rebellische Soldat kann von ihnen die Bürgerkrone erlangen; jeder beschimpfte und gemordete Vorgesetzte hat unrecht gehabt.«

Das Bild ist mit Haß gezeichnet, aber es gibt den Mißbrauch, zu dem die Rolle der Volksgesellschaften im öffentlichen Leben führen muß, so wieder, wie er auch von anderen Zeitgenossen geschildert wird. Nur vergißt der Dichter in seinem beflügelten Zorn, daß diese Rolle sich nicht gegen die Obrigkeit richtet, sondern diese erst eigentlich legitimiert, was natürlich das Recht der Überwachung in sich einschließt. Der Klub, das sind die großen Eingeweihten, die einzig und allein darüber zu befinden haben, wer und was in der Republik gut und böse ist. Die von Gott dem Menschen ins Herz gepflanzte Ahnung von Gut und Böse tritt dabei nicht einmal als Hilfseinrichtung auf. Robespierre sagt immer wieder, daß die »privaten Tugenden« in der Republik nicht über den Wert eines Bürgers entscheiden. Die Leute, die für die Opfer des Terrors eintreten, weisen auf deren sittlich einwandfreie Lebensführung hin, aber »sie informieren sich nicht darüber, ob diese auch Freunde der Gerechtigkeit und des Volkes sind«. Mit einem Wort, Robespierre setzt den allgemeinen sittlichen Maßstab einfach außer Kraft und ersetzt ihn durch einen politischen.

In dieser Verstaatlichung der Moral liegt die eigentliche Bedeutung des jakobinischen Terrors. Denn in ihr waltet eine unmenschliche, um nicht zu sagen übermenschliche Konsequenz, welche die durch das menschliche Leben gezogene Grenze mühelos durchbricht. Somit wird eine Revolution, die im Zeichen der Humanität begonnen wurde und die den Nachkommen das Erbe dieser Humanität hinterlassen wird, auf ihrem Höhepunkt und in ihrem vollkommensten Zustand eine haarscharfe Widerlegung dieses Humanitätsgedankens. Und tritt dieser Gedanke nicht sozusagen als ein Mißverständnis aus der Revolution hervor? Denn Robespierre und Saint-Just sind die einzigen, welche den revolutionären Gedanken wirklich zu Ende denken, während ein Danton mitten im Denken steckenbleibt, ja vor der Schlußfolgerung zurückschreckt und ihr schließlich erliegt.

Das Ideal der Humanität ist in Frankreich nur einmal in wirklich tiefer und durchdachter Weise außer Kraft gesetzt worden, und zwar durch Robespierre. Erinnern wir uns, daß dieser Mann die Tugend im Sinne Rousseaus gefunden zu haben glaubt und diese Entdeckung auf die praktische Politik anwendet. Die Sorge, das Land zu regieren, tritt hinter dem Bedürfnis zurück, das menschliche Gewissen mit dieser in Politik verwandelten philosophischen Erkenntnis in Übereinstimmung zu bringen. Robespierre irrt sich gleichsam in der Sphäre, er mischt das religiöse Erlebnis mit der Organisation des täglichen Zusammenlebens, und nur die innere Gewalt des Rohstoffes Frankreich hindert ihn, dadurch eine ähnliche Gesellschaftsform zu erzeugen wie die der Wiedertäufer in Münster. Daß die Staatsführung weitergeht, ja daß Kriege gewonnen werden können, ist nur durch Maßnahmen »unter der Hand« möglich. Die ungeheuren Leistungen des Jahres 1793 werden gleichsam hinter dem Rücken des Diktators vollbracht, denn sie erfolgen auf Grund von Methoden und Grundsätzen, die zu allen Zeiten im Augenblick nationaler Gefahr üblich waren. Robespierre will aber mehr, er will keine Siege über die Feinde Frankreichs, sondern über das menschliche Gewissen erringen. Die genialen Improvisationen eines Carnot imponieren ihm nicht im mindesten, ja er hat mit Recht das Gefühl, daß Carnot ein Mann ist, der die Siege erringt, wo und wie er sie gerade findet, selbst wenn es dabei nicht immer ganz orthodox zugeht.

Robespierre treibt im Wohlfahrtsausschuß das, was man die allgemeine Politik nennen würde, das heißt, er gibt dem Regime sein Gesicht, und da es ein rein weltanschauliches Regime ist, so ist auch in der unbedeutendsten seiner Handlungen immer die Doktrin gegenwärtig. Diese Strenge der politischen Grundsätze gibt den Ausschüssen die unerhörte Autorität, das Land zentralistischer und absolutistischer zu regieren, als selbst ein Richelieu dies gekonnt hat. Die Sachbearbeiter des Wohlfahrtsausschusses, die Carnot, Cambon, Jeanbon Saint-André, gehen zwar ihre eigenen Wege und verrichten eine unpolitische Tätigkeit, aber die Starrheit eines Robespierre, der Fanatismus eines Couthon, die wilde Energie eines Saint-Just schützen sie davor, im leeren Raum zu schweben und in den tausend Schwierigkeiten zu ersticken, welche der Andrang ungebändigter Egoismen ihnen bereitet.

Die Politik und der Tod

Die von Robespierre gedachte Gemeinschaft ist auf einer mystischen Überzeugung – nämlich, daß er den Willen des Volkes kennt – aufgebaut, sie kann also kein Staat sein. Ebensowenig wie die heilige Johanna, die ihren Auftrag durch eine Stimme aus den Wolken empfing, mehr als einen Heerhaufen führen konnte, kann Robespierre sich einen Staatsmann nennen. Er denkt nicht in staatlichen Kategorien, sondern nur sektenmäßig oder höchstens kirchlich. Zum Wesen des Staatsmannes gehört, daß er von dem Wesen der Nation ausgeht, mit der er zu tun hat, gehört der unaufhörliche Bezug auf das menschliche Element, gehört, mit einfachen Worten, die Rücksichtnahme auf den Menschen als das letzte Ziel und die letzte Instanz aller Gemeinschaft. Das bedingt die Fähigkeit, sein eigenes Land im Weltzusammenhang zu sehen und somit keinen unlösbaren Widerspruch zwischen dem Universalen und dem Nationalen zu erblicken. Der Staatsmann steht daher dem Typ des Verwalters immer näher als dem Typ des Heerführers, denn ein Heereszug kann die erhabenste Bewegung, aber niemals auch nur der bescheidenste Zustand sein. Und der Mensch will als Glied des Ganzen im Zustand leben.

Tragisches Mißverständnis dieser Diktatur! Sie ist überzeugt, das Glück auf Erden zu begründen, weil sie den Menschen für glücklich hält, wenn er in Übereinstimmung mit »den Grundsätzen« lebt, während er in Wirklichkeit in Übereinstimmung mit sich selbst leben will. »Das Glück ist eine neue Idee in Europa!«

ruft Saint-Just im Konvent aus. Richtig, und wunderbar gesagt – aber *gegen* ihn und seinen Freund Robespierre, nicht für sie. Denn der Gedanke der menschlichen Wohlfahrt als Aufgabe des Staates tritt mit der Revolution seinen Siegeszug an, doch mit jener Revolution, in der die Herrschaft Robespierres nur eine Episode ist. Das liberale Zeitalter will zum Glück hin und legitimiert sich durch das Glück des einzelnen. Der Liberalismus steigt neu aus dem Blut des 10. Thermidor auf. Der Schatten Dantons trinkt sich mit diesem Blut neues Leben an und überspringt eine kurze, antiliberale Epoche, die Frankreich und der Okzident später verleugnen und ablehnend als die vorübergehende Ausschreitung der großen Revolution bezeichnen werden. So ist es möglich, daß dem Unbestechlichen der Titel eines Staatsmannes versagt wird, während ein so glaubensloser Praktiker wie Talleyrand ihn wegen seines Weltgefühls vollauf verdient.

Unter einem anderen Stern geboren, wäre Robespierre ein Heiliger geworden. Genauso wie sein Meister Rousseau ist er ein gläubiger Mensch ohne die Liebe Gottes. In dem religiösen Untergrund seiner dunklen Seele liegt der Keim für seine Politik. Aus der seelischen Ratlosigkeit Rousseaus erwächst auf dem Umwege über Robespierre eine Ordnung, die Tausenden von Menschen das Leben kostet und unseren Stern vorübergehend mit Blut verdunkelt. Wie, wenn sich die heilige Theresa auf Grund ihrer Gesichte unterfangen hätte, ein Reich zu regieren! Wie, wenn ein Staatsmann sich anmaßen würde, in der Anschauung Gottes zu leben und seine Staatskunst aus Visionen zu beziehen wie Jules de Polignac, der Karl X. zum Durchhalten rät, weil er mit der heiligen Jungfrau gesprochen hat! Jede Mystik, die sich nicht nur auf den Schöpfer, sondern auch auf die Schöpfung richtet, führt zur Zerstörung und ist eine Politik des Todes. Der Untergang des Mädchens Johanna ist so natürlich! Immer wieder drängt es sie, heimzukehren in ihren ländlichen Frieden, sie fühlt in ihrer kristallenen Seele, daß jeder weitere Schritt auf ihrer irdischen Laufbahn tiefer in die Politik und damit näher zum Tode führt.

Robespierre ist der Heilige einer Kirche, die keinen andern Gott hat als »das legitime Volk«, ein Begriff, der nicht Fleisch und Blut werden kann. Denn das Volk kommt ja nicht durch Zusammenzählung aller Menschen zustande – die Zahl ist nichts weiter als »ein empirisches Mittel«. Das Volk ist ihm auch nicht der Mensch an sich, der Mensch mit seinen Schwächen, seinem ewig unerfüllten Streben nach Wahrheit und Glück, sondern es ist eine Doktrin, die sich vom Menschen entfernt und dafür um so entschlossener dem Staate nähert. Der Mensch als Maßstab scheidet aus. Damit fällt die natürliche Grenze der Politik, die in der Achtung vor dem menschlichen Leben besteht, lautlos in sich zusammen. Politik wird gleich Tod.

Der Tod ist zunächst eine Strafe, bald wird er ein politisches Mittel. Erst soll er die Brecher des Gesetzes züchtigen, aber die Zeit ist nahe, wo er alle diejenigen ausrotten soll, die nicht zum Volke gehören. Der Tod ist ja die vollständigste Form der Ausschließung aus der Gesellschaft. Ja er ist die einzige Form, da Frankreich und die Republik identisch sind und die Gesellschaft total ist. Daher immer wieder die Forderung, den Boden des Vaterlandes von den Verrätern zu reinigen. Es genügt ja nicht, die Inhaber der falschen Gesinnung zum Schweigen und zur Ohnmacht zu zwingen; solange sie noch da sind, ist die Gemeinschaft nicht vollständig. Man stirbt für seinen Irrtum wie für seine Laster, wie für seine Gleichgültigkeit, denn alle diese Eigenschaften haben keine Geltung mehr, sie vermischen sich zu einer einzigen Fragestellung: »Volk oder nicht Volk?« Robespierre kämpft nicht mit Tatsachen, sondern mit Glaubenssätzen. Er sagt nicht: »Das ist falsch!«, er sagt: »Das ist Verrat!« Und wenn Camille ihm einwendet: »Verbrennen ist nicht widerlegen«, so beweist das nur, daß Camille seinen Rousseau, den er so gern zitiert, nicht zu Ende gedacht hat. Verbrennen ist viel mehr als widerlegen, denn es stellt nicht nur den Irrtum richtig, sondern beseitigt auch den Irrenden. Und umgekehrt: Wer falsch denkt, hat keine Tugend, wobei Tugend viel mehr ist als ein moralischer Wert. Einen solchen könnte man für sich allein, fern der Gemeinschaft, in der Stille des Herzens betätigen. Die Tugend der Revolution aber ist eine öffentliche Eigenschaft, über deren Besitz man sich nicht mit seinem Gewissen, sondern mit dem Überwachungsausschuß auseinanderzusetzen hat.

Der Terror ist die praktische Anwendung dieser Tugend, und die ganze terroristische Gesetzgebung ist zwar unsittlich im gegenrevolutionären Sinne, aber tugendhaft und eben »legal« im Sinne der Revolution. Diese politische Sittlichkeit steht und fällt mit dem Diktator. Wir werden den öffentlichen Ankläger eines Tages – nach dem 9. Thermidor – als Angeklagten sehen, und er wird mit entsetzten Augen auf die haarfeine, doch messerscharfe Grenze zwischen seiner moralischen Schuld und seiner politischen Unschuld starren. Zum ersten Male wieder wird ein Richter bei seiner Verurteilung von »schlechter Absicht« anstatt von echter revolutionärer Überzeugung sprechen – und die Revolution wird damit vorbei sein. »Der Terror«, sagt Robespierre, »ist weniger ein besonderes Prinzip als eine Konsequenz des auf die dringendsten Bedürfnisse des Vaterlandes angewandten allgemeinen Grundsatzes der Demokratie.« Es kommt auf die Säuberung des geographischen Gebildes Frankreich an, damit es zur echten republikanischen Gemeinschaft werden könne. Darum nennt Robespierre denn auch den Krieg für die Freiheit »unteilbar«, denn er soll den inneren Feind ebensogut wie den äußeren vernichten. Und hören wir, mit welch schrecklichen Worten Saint-Just den erlahmenden Eifer der Terroristen anstachelt: »Der Schwung der revolutionären Regierung, die die Diktatur der Gerechtigkeit eingerichtet hatte, ist gefallen; man sollte glauben, daß die Herzen der Schuldigen und der Richter sich ganz billig verglichen haben, um die Gerechtigkeit zu vereisen und ihr zu entgehen. Man sollte glauben, daß jeder durch sein Gewissen und durch die Unbeugsamkeit der Gesetze erschreckt sei und sich selbst gesagt habe: Ich bin nicht tugendhaft genug, um so schrecklich sein zu können; Gesetzgeber-Philosophen, habt Nachsicht mit meiner Schwäche, ich wage nicht, euch zu sagen, daß ich lasterhaft bin, ich sage euch lieber, daß ihr grausam seid.«

Menschenblut ist also ein Argument; es vergießen, ist beinahe schon ein Beweis für richtiges Denken. Diejenigen, die davor zurückschrecken, sind weniger feige als schlechte Denker. Vor allem aber sind sie nicht tugendhaft und dadurch auch keine Republikaner. »Die Tugend ist nichts weiter als die Zusammenfassung des Allgemeinen Willens«, sagt Rousseau, und sein Schüler Maximilien umschreibt die Republik als »jene Regierung, die vom Allgemeinen Willen, der das Gesetz ist, geleitet wird«. Die revolutionäre Gesellschaft dieser Gläubigen ist so streng geschlossen, daß man in sie nicht einmal durch einen der Taufe ähnlichen Akt hineingelangen kann. Man muß einfach dazugehören, und so, wie nur der Papst heiligsprechen kann, so kann auch nur Robespierre endgültig ausmachen, wer richtig und wer falsch gesinnt ist, denn er ist im Besitz des wertenden Maßstabes. Seine Abneigung gegen Renegaten, Spätbekehrte und Übereifrige ist unbezähmbar. Er hat den Instinkt für wahre Zugehörigkeit. Ihn täuschen zu wollen, wäre ein eitles Bemühen, er erkennt genau die Umrisse der jakobinischen Sekte und weiß, wen sie umfassen kann.

Die Vernichtungsarbeit des Revolutionstribunals löst die Frage, was mit denjenigen Individuen geschehen soll, die nicht »dazu«gehören. Denn es ist nicht zulässig, daß sie außerhalb der Gemeinschaft bleiben, daß es überhaupt Leben außerhalb der Gemeinschaft gibt. Daher wird schließlich jeder mit dem Tode bestraft, der sich »über die Revolution beklagt« oder der »die Revolution nicht gefördert hat«. Unter diesen Umständen lassen sich Rechtsbegriffe überhaupt nicht mehr aufrechterhalten. Die Gleichheit vor dem Gesetz, die zunächst eine der wichtigsten Gewinne der Revolution zu sein schien, verschwindet. Dem einzelnen bleibt nicht einmal mehr die Möglichkeit, sich durch tadelloses Verhalten die erwünschte Straffreiheit zu sichern. Denn als Aristokrat wird man geboren, und wenn

Robespierre diejenigen, die sich dem Allgemeinen Willen nicht anpassen, einfach Aristokraten nennt, so tut er dies nicht, weil er glaubt, daß sie das Adelsprädikat tragen, sondern weil er ihre Gesinnung als angeboren betrachtet.

Und hat er damit nicht recht? Ist nicht die Unfähigkeit dieser Menschen, auf das ihnen eingeborene Sittengesetz zu verzichten und es gegen ein politisches einzutauschen, angeboren? Gibt es nicht eine Art von geistiger und moralischer Unbeugsamkeit, die nicht gelernt werden kann? Es ist nicht immer Hochmut, der die Welt dieser Todgeweihten von ihren Henkern trennt, oft ist es eine Harmonie des Charakters, eine Fähigkeit, mit sich allein zu leben, welche durch die tiefste Erniedrigung und die plumpeste Gewalt nicht vernichtet werden können. Man versteht, daß Couthon sagt: »Es handelt sich weniger darum zu bestrafen, als zu vernichten.«

Das Todesurteil für den König war die Generalprobe zum Terror. Es wurde mit einer Stimme Mehrheit gefällt. Das war noch zu Zeiten der Girondisten, und der arme Vergniaud führte den Vorsitz. Hier wurde der Begriff des Rechtes zum erstenmal aus seinen Angeln gehoben, und Robespierre war der Hebel. Kaum jemals später hat er die revolutionäre Rechtsauffassung noch einmal so scharf umrissen wie in der berühmten Rede vom 3. Dezember 1792:

»Hier gibt es keinen Prozeß zu führen. Ludwig ist kein Angeklagter. Ihr seid keine Richter. Ihr seid Staatsmänner und Vertreter des Volkes und könnt nichts anderes sein. Ihr habt nicht einen Spruch für oder gegen einen Menschen zu fällen, sondern eine Maßnahme des öffentlichen Wohles zu treffen, einen Akt der nationalen Vorsehung auszuüben.« Und er malt das Mißverständnis aus, das in einer rein juristischen Beurteilung dieses Falles liegen würde:

»Aber wenn Ludwig losgesprochen wird, wenn Ludwig als unschuldig angenommen wird, was wird dann aus der Revolution? Wenn Ludwig unschuldig ist, dann werden alle Verteidiger der Freiheit zu Verleumdern; die Rebellen werden dann die

Freunde der Wahrheit und die Verteidiger der unterdrückten Unschuld.«

Man sieht, Robespierre spricht mit wunderbarer Klarheit den entscheidenden Gedanken aus, daß es darauf ankommt, den Fall nach einer Regel zu behandeln, die nicht im menschlichen Gewissen, nicht einmal im Gesetz, sondern einzig und allein in der revolutionären Logik liegt. Und er kommt zu der Schlußfolgerung, die ihren Lauf um die ganze Welt nehmen wird:

»Ludwig muß sterben, weil das Vaterland leben muß.«

Saint-Just hatte schon am 13. November seine Ansicht vorgetragen und dem Gesetzgebungsausschuß widersprochen, der den König als einfachen Bürger abgeurteilt wissen wollte. Das war ein törichter Irrweg, der fünfundzwanzigjährige Saint-Just sah dies mit aller Schärfe. Juristisch war Ludwig überhaupt nicht richtbar, denn bis zur Suspendierung der Monarchie war seine Person unverletzlich, und seit dem 10. August, also seit dem Zeitpunkt, von dem an er gemäß der Verfassung strafrechtlich wie ein einfacher Bürger gestellt war, befand er sich als Strafgefangener im Temple. Saint-Just hieb den Knoten folgendermaßen durch:

»Das einzige Ziel des Ausschusses war, euch zu überzeugen, daß der König als einfacher Bürger abgeurteilt werden müsse; ich aber sage euch, daß er als Feind abgeurteilt werden muß, daß wir ihn weniger abzuurteilen als zu bekämpfen haben.«

Sein Standpunkt ist, daß einem König der Prozeß nicht für ein Verbrechen gemacht werden müsse, sondern dafür, daß er König war, und er findet das Wort: »Man kann nicht schuldlos herrschen!« So dient die Aburteilung des unglücklichen Königs – eines guten, aber langsamen und gänzlich unstaatsmännischen Fürsten, der ein kleines Ausgabenbuch führte, dem Schlosserhandwerk oblag und erst im Sterben die Züge eines tapferen Christen annahm – zum Prüfstein der neuen Sittlichkeit, die in der politischen Überzeugung besteht und zur Ausrottung der Andersgesinnten führt. Danton, der kein großer Doktrinär ist, sagt kurz und gut: »Wir wollen den König nicht aburteilen, wir wollen ihn töten!« So einfach sehen Robespierre und Saint-Just den Fall nicht an, auch sie wollen nichts weiter, als Ludwig aus der Welt schaffen, aber sie wollen diese Tat in das Gesamtbild ihres politisch-sittlichen Denkens einordnen und damit den neuen Rechtsbegriff befestigen.

Die Girondisten, diese geistvollen jungen Leute, zappeln im Netz: das haben sie nicht gewollt. Sie haben Revolution gemacht, um das Recht zu vermenschlichen, sie wollen den König nicht gelten lassen, aber sie wollen ihn auch nicht ermorden, sie wollen etwa nach dem Grundsatz handeln: »Ein König ist auch ein Mensch!« Robespierre und Saint-Just sind viel großartiger, ehrlicher und auch klüger, für sie ist die Revolution das Ende der alten Duldungen, Nachlässigkeiten und Unverbindlichkeiten. Ein König ist keineswegs ein Mensch, und selbst wenn er einer wäre! Eine ungeheure Umwälzung des Wahrheitsbegriffes liegt hier vor. Wahr wird gleich staatlich und sittlich gleich politisch. Es kommt nicht darauf an, Recht zu sprechen, es gilt, politisch zu handeln. In der Verurteilung des Königs feiert die Gesinnungspolitik ihren ersten großen Triumph. Robespierre hält von nun an den Konvent an einem unzerreißbaren Seil, das täglich kürzer wird. Wer für den Tod gestimmt hat, ist ein aufrichtiger Republikaner, wer dagegen gestimmt hat, ist vom Feinde bezahlt. Es gibt kein Zurück mehr, die Volksvertretung ist durch eine Tat verbunden, die zur Blutschuld jedes einzelnen Mitglieds wird, sobald auch nur einer unter ihnen in den Grundsätzen des Terrors schwach wird. Durch Ludwigs Verurteilung wird die Grundlage für den Schrecken geschaffen, der noch im selben Jahr auf die Tagesordnung gesetzt wird.

Die Abstimmung im Konvent ist namentlich. Sie dauert tagelang. Jeder Abgeordnete steigt auf die Tribüne, gibt sein Urteil ab und verschwindet wieder. Es wird Nacht und Tag und wieder Nacht. Während unten Abgeordnete auf ihren Bänken schlafen und die Protokollführer kaum noch den Kiel halten können, sind die Tribünen mit immer frischer Zuschauerschaft gefüllt, mit eifrigen Patrioten, welche die für Milde stimmenden Volksvertreter auspfeifen, und mit Damen, die aus der Oper kommen, sich mit Bonbons oder Eis traktieren lassen – denn es ist erdrückend heiß im Saale – und den schönen Barbaroux und den zarten Saint-Just neugierig durch das Lorgnon beäugeln. Manche zählen die Stimmen mit, um die Chancen des Königs zu verfolgen, und stechen bei jedem »Tod« mit einer Nadel in einen Karton, um von Zeit zu Zeit bequem zusammenzählen zu können.

Aber das Schauspiel zieht sich hin, Staub und Rauch verdüstern die Lampen, Mitternacht ist schon vorüber, der Schatten eines jeden Abstimmenden, der unter dem Sitz des Präsidenten vorbeigleitet, wird, von den Lampen auf dem Stenographenpult riesenhaft verzerrt, gegen Wand und Decke geworfen. Die Gespenster huschen im trüben Zwielicht des mit Schatten und murmelnden Stimmen gefüllten Saales über die Tribüne – unruhigen und selber den Tod fürchtenden Totenrichtern vergleichbar –, bis dann um drei Uhr morgens der Präsident Vergniaud mit tonloser Stimme das Ergebnis verkündet. Ludwig ist verloren. Aber der Konvent ist es auch, denn die wenigen Männer, welche die Revolution wirklich zu Ende denken, wissen, daß eine neue Sittlichkeit, die der »öffentlichen Tugend«, geschaffen worden ist. Die Revolution muß siegen; wenn sie unterliegt, wird diese neue Sittlichkeit zum Verbrechen, und alle, die sich ihrer bedient haben, werden zu blutigen Missetätern. Cambon fühlt es und sagt: »Endlich haben wir an der Insel der Freiheit angelegt, und wir haben das Schiff verbrannt, das uns hierhergebracht hat.«

Somit ist es also gelungen, die bisherigen Rechtsbegriffe, die bei all ihrer Verzwicktheit doch noch eine Erinnerung an den uralten Gegensatz von Gut und Böse in sich trugen, außer Kraft zu setzen. Wie steht es nun aber mit der objektiven Wahrheit? Welches Kraut auf dem Felde der Republik ist gegen einen Weisen gewachsen, der behauptet, daß die Wahrheit seiner

Wissenschaft unabhängig von den Grundsätzen der Freiheit und Gleichheit sei? Ist der von Robespierre gewollte Staat so, daß er noch neutrale Gebiete zuläßt, auf denen der Menschengeist sich tummeln kann, ohne nach seiner Gesinnung gefragt zu werden? Die Gesetzgebung des Konvents, welche gegen Leute vorgeht, »die nichts für die Republik getan haben«, befindet sich gegenüber der Wissenschaft, die sich hinter der absoluten Wahrheit verschanzt, in einiger Verlegenheit. Robespierre macht sich nichts aus der Wissenschaft, er achtet sie aus unklarer Erinnerung an seine aufklärerische Jugend, aber er braucht sie nicht. Sie ist ihm gleichgültig, und er mißbilligt jeden Krieg gegen sie, besonders wenn er aus pöbelhafter Zerstörungssucht geführt wird. Hanriots Vorschlag, die Nationalbibliothek zu verbrennen, die Forderung der Gemeinde Clermont-Ferrand nach Zerstörung der Kathedrale, weil sie »ein Schlupfwinkel des Fanatismus« sei, der Antrag der Gemeinde Marseille, die gelehrten Büchereien zu verbrennen, »die Theologie, weil sie Fanatismus ist, die Geschichte Lügen, die Philosophie Träume und die Wissenschaft, weil man sie nicht braucht«, alle diese Ausschreitungen, für welche der Abbé Grégoire das Wort »Vandalismus« erfunden hat, ärgern ihn instinktiv. Anders steht es schon mit den mehr politisch gefärbten Angriffen auf die Bildungsgüter. Im Wohlfahrtsausschuß entgegnet man Grégoire, der die Rettung der französischen Bücherschätze vorschlägt, daß in der Republik nur noch ein Buch notwendig sei, »das Buch der Natur«. Das ist im Geiste Rousseaus geantwortet, denn es spielt auf die Überwachsung und Verwirrung des Allgemeinen Willens durch die Zivilisation an. Auch der Ausspruch Barères: »Wir werden alle Bibliotheken verbrennen, jawohl, nur noch die Geschichte der Revolution und der Gesetze wird nötig sein!« ist kein bloßer »Vandalismus«, denn er weist auf die einzige erlaubte Wahrheitsquelle hin.

Lavoisier, der als Chemiker den Sauerstoff entdeckt und als Physiker das Verhalten der Körper in gasförmigem Zustand untersucht hat, der als erster verkündet hat: »Nichts geht verloren, nichts wird geschaffen« – der große Lavoisier erscheint vor dem Revolutionstribunal. Um Geld für seine Experimente aufzubringen, hat er sich beim König um ein Amt als Steuerpächter beworben und es – zu seinem Unglück – erhalten. Die Revolution sendet alle Steuerpächter aufs Schafott. Lavoisier sieht seinem Schicksal mit Ruhe entgegen, ihn ängstigt nicht das Sterben, obwohl er weiß, daß er mehr als ein gasförmiger Körper ist, ihn betrübt der Abbruch eines wichtigen Experiments, das unmittelbar vor dem Gelingen stand, als er von seinen Kolben und Retorten weg verhaftet wurde. Er bittet daher den Vorsitzenden des Tribunals, Coffinhal, um einige Tage Aufschub, damit er seine Arbeit vollenden kann. Aber Coffinhal antwortet ihm kurz:

»Die Republik braucht weder Gelehrte noch Chemiker!«

Ein entsetzliches Wort, das Robespierres Staatsauffassung aus der Endlosigkeit seiner Redephrasen in die zerschmetternde Kürze eines Blitzes preßt. Die Republik braucht Republikaner, sonst nichts. Lavoisier appelliert an einen unpolitischen und gänzlich neutralen Wert, er möchte schnell noch die Schwelle einer neuen Wahrheit überschreiten, ehe er stirbt. Reineren Dienst an der Wissenschaft gibt es nicht, denn Lavoisier ist damit einverstanden, daß der ungeduldige Tod hinter ihm steht und den Blasebalg zieht, während er sich über den glühenden Herd beugt, um die geheimnisvolle Vermählung der Stoffe zu verfolgen. Unermeßliches, göttliches Menschenherz, Himmel und Erde verschwinden in deiner Größe! Da stehen sich zwei Menschen gegenüber, der eine sagt: »Laßt die Wahrheit leben!«, und der andere sagt: »Laßt die Republik leben!« Und beide bezahlen mit ihrem Leben, denn der Gerichtspräsident wird dem Gelehrten, der am 19. Floréal als vierter von achtundzwanzig Steuerpächtern geköpft wird, bald in jenes Reich nachfolgen, wo alles verlorengeht und neu geschaffen wird, wo die wissenschaftliche und die politische Wahrheit in eine höhere Wahrheit aufgehen.

»Die Republik braucht keine Chemiker!« Länger als hundert Jahre wird Frankreich für dieses Wort Buße tun, es wird die Wissenschaft zum Grundsatz seiner politischen Gemeinschaft machen, es wird Chemiker zu Außenministern und Mathematiker zu Kriegsministern machen, es wird vor der Wissenschaft auf den Knien liegen und immer wieder sagen: »Der Fortschritt besteht darin, das Volk immer mehr vom Mythos abzulenken, um es immer näher an die Wissenschaft heranzubringen« (Herriot). Es wird bei allen seinen republikanischen Gründungen die Erkenntnisfreudigkeit wieder aufleben lassen, welche der Errichtung der I. Republik voranging. Seine unzerstörbare Lebensfreude, sein fast blinder Optimismus werden immer mit der kindlichen Lust am Lehrbaren und Lernbaren durchtränkt sein. »Die Republik stellt sich der Definition nach als eine optimistische Regierung dar« – diese und ähnliche Sätze werden die Schüler Dantons schreiben, nicht die Schüler Robespierres.

Und selbst die Republik Robespierres braucht Chemiker. Freilich nicht, um von ihnen die Wahrheit zu lernen und auf ihren Erkenntnissen das allgemeine Glück aufzubauen, sondern um Pulver zu machen. Denn der Feind steht im Land, und man kann die Soldaten der Republik vielleicht ohne Brot lassen, aber nicht ohne Schießpulver. Und während die Todeskarren zum Richtplatz rollen und das Tribunal seine Urteile im »Rottenfeuer« fällt, werden in den Häusern die Wände und Decken der Keller abgekratzt, um Salpeter zu gewinnen. Niemals sind die Chemiker so fanatisch im Dienste des Vaterlandes tätig gewesen wie in diesem Augenblick, wo das Gericht erklärt, daß die Republik ihrer nicht bedarf. Monge organisiert die Suche nach Salpeter, Chaptal erfindet eine neue und schnelle Methode der Raffinage. Berthollet, Fourcroy, Carny, sie alle arbeiten Tag und Nacht, um der Republik den Blitz zu verschaffen, dessen sie bedarf. Aber sie dienen ihr nur, sie dürfen keine absolute und selbständige Wahrheit für sich in Anspruch nehmen, solange Robespierre die einzige Wahrheit, die es gibt, verwaltet.

Der Wissenschaftler hört auf, Hüter eines menschlichen Ideals zu sein, und wird zum Fachmann, der je nach Bedarf herangezogen und wieder fallengelassen wird. Es fehlt nicht an Prophezeiungen, daß die Republik aus Mangel an geschulten Sachbearbeitern zugrunde gehen werde. Eine Diplomatie gibt es nicht mehr, der wundervolle Verwaltungsapparat der Könige ist zerschlagen, die Finanzspezialisten sind geköpft, das Personal der ungeheuren Rechtsmaschinerie ist in alle Winde zerstreut, ein General nach dem anderen wird hingerichtet. Beauharnais, Luckner, Custine und Houchard bezahlen ihre militärischen Mißerfolge mit ihrem Kopf, ganz Europa ist sich darüber einig, daß dieser Unfug nur noch einige Monate dauern kann und daß die Revolution allein schon aus Mangel an erfahrenen und fähigen Beamten und Offizieren zugrunde gehen muß. Diese Leute können ja nicht einmal eine diplomatische Note schreiben, geschweige denn eine Provinz verwalten oder eine Armee führen! Wer sich so mutwillig aller geschulten Kräfte entledigt und den Sachverstand verdächtigt, der muß scheitern, so sagt man.

Im Wohlfahrtsausschuß stoßen die Meinungen aufeinander. Carnot ist ein Mann, der altmodisch genug ist, am Leistungsprinzip festzuhalten, er hat die Politisierung der Armee mitgemacht, aber nun, wo sie durchgeführt ist, soll man nach seiner Ansicht ein wenig auf Tüchtigkeit und erst in zweiter Linie auf Gesinnung geben. Immer wieder werden Personen umstritten, die zwar tüchtig sind, aber sonst zu wünschen übrig lassen. Nach und nach werden alle Verwaltungsbeamten, Gerichtspersonen und Truppenführer ausgemerzt, die vor den Augen der Jakobiner keine Gnade finden. Und die Maschine läuft doch; die Hoffnung der Gegner, daß die Republik aus Mangel an Fachleuten zugrunde gehen möge, schwindet schnell. Im Gegenteil, die Revolution erweist sich als eine wahre Wünschelrute für militärische Talente. Aus dem namenlosen Gewimmel unbekannter Soldaten und Leutnants tauchen Namen wie Hoche, Buonaparte, Marceau, Desaix, Kléber, Murat, Augereau und Soult auf. Unter den zweitausend Föderierten, die sich am 17. Juli 1792 bereit erklärten, ins Lager von Soissons abzurücken, werden es über fünfundvierzig zum Divisionsgeneral, viele sogar zum Marschall bringen. Man höre nur einige Namen: Brune, Jourdan, Lannes, Masséna, Moreau, Mortier, Oudinot, Delmas, Championnet, Gouvion-Saint-Cyr! Die Französische Revolution sät Tod, und sie erntet Talente, sie erntet die Blüte einer schöpferischen und von Kühnheit überschäumenden Jugend.

Der Todesengel

Aus welchem geheimnisvollen Abgrund steigt dieser Genius, aus welchen mütterlichen Tiefen drängt dies Wachstum ans Licht? Robespierre ist zeitlos, ist unfruchtbar, ist weder jung noch alt. Aber neben ihm steht dieser Geheimnisvolle, der zugleich Licht und Schatten ist, der Soldat und Gesetzgeber Saint-Just, der mit siebenundzwanzig Jahren an seiner Seite auf das Schafott steigen wird. Niemals wird die Welt mit ihrem Staunen über diesen Jüngling zu Ende kommen, niemals wird sie sich zwischen der scheuen Bewunderung seiner Größe und dem Entsetzen über seine Unmenschlichkeit entscheiden können. Saint-Just ist nicht von dieser Welt, aber niemand kann sagen, ob er dem Reich des Todes entstiegen ist, um die Menschen an die Hinfälligkeit ihrer Lust und Hoffnungen zu mahnen, oder ob er ein Sendling jener lichten Bezirke ist, wo der Körper keine Schwere hat, wo die Träne nicht fließt und wo das Buch der Weisheit im Glanze eines unvergänglichen Tages ewig offen liegt.

Er ist schön wie ein Genius. Sein großes, tiefblaues Auge spiegelt das Firmament eines unbekannten Weltalls wider. Das freie, blonde Lockenhaar fällt ihm tief in die runde Stirn und berührt fast die Augenbrauen, deren feine Bogen in den Schwung der Nase übergehen. Der Mund ist schön gezeichnet, fast unnatürlich rein und wie von einer Künstlerhand mit biegsamem Spachtel geformt. Woher stammt der fast irre Reiz dieser Erscheinung? Daher, daß sie zugleich Zärtlichkeit und eisigen Schrecken einflößt. Man möchte die Hand auf diese goldenen Locken legen, die ein kindliches Schädelrund dicht bedekken, und möchte vor der rätselhaften Härte dieses Blickes bis ans Ende der Welt fliehen. Hat je ein fremder Mund diese vollkommenen Lippen berührt? Wie mag dieses Gesicht im Schlaf aussehen, sind die Wangen gerötet, steht der Mund offen? Schläft er je? Lebt er? Ist er tot? Seine Haltung ist steif, fast starr, gemessenen Schrittes ersteigt er die Tribüne, die Hände hält er auf dem Rücken gefaltet, er macht keine Geste. Unbeweglich ruht das Kinn auf der mächtigen Krawatte, die sorgfältig gestärkt ist. Nur die goldenen Ohrringe schaukeln leise über dem hochgestellten Kragen des Fracks.

Als Knabe hat er in der Zeichenstunde gern den Kopf des Antinous gezeichnet. Im übrigen war er ein verwöhnter Junge, der seiner Mutter manchen Kummer machte und schließlich nach der Hauptstadt ausriß, nicht ohne das Silberzeug der Familie mitgenommen zu haben. Die bekümmerte Mutter ließ ihn von der Polizei aufstöbern und in eine Nervenheilanstalt einsperren, wo er »Organt«, ein episches Gedicht in zwanzig Gesängen, schrieb, eine zugleich phantastische und schlüpfrige Verserzählung im Stile Voltaires, die er mit dem Vorspruch versah:

»J'ai vingt ans; j'ai mal fait; je pourrai faire mieux.«

Sein erster Brief an Robespierre stammt vom August 1790 und beginnt:

»Sie, der Sie das wankende Vaterland gegen den Sturzbach des Despotismus und der Intrige stützen, Sie, den ich nur wie Gott, nämlich aus Ihren Wundern kenne ...«

Und das Schreiben, welches für die wirtschaftlichen Interessen seines Heimatbezirks eintritt, schließt:

»Ich kenne Sie nicht, aber Sie sind ein großer Mann. Sie sind keineswegs nur der Abgeordnete einer Provinz, sondern der Menschheit und der Republik.«

Aber es vergeht noch einige Zeit, ehe diese beiden Männer sich begegnen. Zur Gesetzgebenden Versammlung wird Saint-

Just nicht zugelassen, weil er noch nicht das gesetzliche Alter hat. Sein ganzes Wesen ist vom Strom der Zeit erfaßt, und seine Enttäuschung über die ihm durch seine Jugend aufgezwungene Untätigkeit ist so verzehrend, daß er das Leben kaum noch erträgt. Später wird man unter seinen Papieren den Brief an einen Freund finden, den er vielleicht nie abgesandt hat. Aber er hat ihn geschrieben und damit das erste und letzte Zeugnis einer Erschütterung, eines gestörten Gleichgewichts geliefert:

»... Seitdem ich hier bin, bin ich von einem republikanischen Fieber geschüttelt, das mich verschlingt und verzehrt. Mit gleicher Post sende ich Ihrem Bruder den zweiten Brief. Verschaffen Sie ihn sich, sobald er zu haben ist. Geben Sie auch den Herren de Lameth und Barnave von ihm Kenntnis; ich spreche darin von ihnen. Sie werden mich darin stellenweise groß finden. Es ist ein Unglück, daß ich nicht in Paris bleiben kann. Ich fühle das Zeug in mir, mit dem Jahrhundert fertig zu werden. Gefährte des Ruhms und der Freiheit, predigen Sie in Ihren Sektionen; die Gefahr möge Sie entflammen. Suchen Sie Desmoulins auf, umarmen Sie ihn für mich und sagen Sie ihm, daß er mich niemals wiedersehen wird, daß ich seinen Patriotismus schätze, aber daß ich ihn selbst verachte, weil ich ihm ins Herz geschaut habe und weil er Angst hat, ich könnte ihn verraten. Sagen Sie ihm, daß er die gute Sache nicht im Stich lassen soll, und legen Sie es ihm ans Herz, denn er hat noch keineswegs die Kühnheit einer großherzigen Tugend! Adieu! Ich stehe über dem Unglück. Ich werde alles ertragen, aber ich werde die Wahrheit sagen. Ihr seid alle Feiglinge, daß Ihr mich nicht gewürdigt habt. Mein Ruhm wird sich trotzdem erheben und wird Euch vielleicht verdunkeln. Infame Gesellen, die Ihr seid, ich bin ein Spitzbube, ein Verbrecher, weil ich Euch kein Geld geben kann. Reißt mir das Herz aus und freßt es, dann werdet Ihr, was Ihr nicht seid: groß.

Ich habe Clé eine Zeile mitgegeben, in der ich Sie bitte, ihm kein Exemplar meines Briefes auszuhändigen. Ich verbiete es Ihnen ganz ausdrücklich, und wenn Sie es doch täten, so würde ich darin ein Zeichen von Feindschaft erblicken. Die Verwaltung hat Angst vor mir, ich werde beneidet, und solange das Schicksal mich nicht so stellt, daß ich vor den Leuten meiner Gegend sicher bin, muß ich hier auf alles Rücksicht nehmen. Genug davon, ich hoffe, Clé kommt mit leeren Händen zurück, oder ich verzeihe Ihnen niemals.

O Gott! Warum muß Brutus fern von Rom in Vergessenheit schmachten! Aber meine Entscheidung ist getroffen: Wenn Brutus nicht die anderen tötet, wird er sich selbst töten.

Adieu, kommen Sie. Saint-Just«

Dieser Brief ist das einzige Zeichen von Erschütterung, das Saint-Just je von sich gibt. Für den Rest seines kurzen Lebens bleibt er unbeweglich, in steinerner Harmonie wie die Standbilder der Götter. »Die Herrschaft gehört den Phlegmatikern!« ruft er seinem Freunde Robespierre zu, als dessen Gesicht vor Zorn zuckt. Seine Ruhe ist erschreckend, denn sie strömt eine Kälte aus, die alles Leben zu töten scheint. Unter einem anderen Sternenzeichen geboren, wäre er vielleicht einer jener großen Mörder geworden, von denen die Geschichte im Flüsterton berichtet, ein Gilles de Retz, der die langsame und wissenschaftliche Wollust des Todes liebte. Seine Grausamkeit ist niemals die eines Wüterichs, sondern eines übermenschlichen Richters. Fast alle großen Todesdekrete des Konvents werden von ihm vertreten. Er fordert den Kopf des Königs, er fordert den Tod der Girondisten, er fordert den Tod Héberts und seiner Partei, er fordert den Tod seines Freundes Desmoulins, den Tod Dantons, den Tod Héraults. Hart und hold steht er auf der Tribüne, das Licht bricht sich im Gold seiner Locken, leise schaukeln seine Ohrringe, kein Ausdruck, keine Bewegung unterbricht die paradiesische Ruhe dieses Gesichtes. Er ist der Todesengel.

Er ist der Todesengel, der keinen Schatten wirft, dessen eisige Nähe niemand ertragen kann außer Robespierre. Denn dieser sieht in ihm die Vollendung seines eigenen Wesens. Alles, was er selbst als demütiger Schüler Rousseaus ausführt, das tut dieser Jüngling fast aus eigener Erkenntnis, er ist nicht nur ein Philosoph, sondern auch ein Gesetzgeber. Nicht Rousseau hat ihm das Geheimnis vom Allgemeinen Willen anvertraut, nein, vom Himmel ist es ihm gefallen, so wie der Glanz eines Gestirns in das Wasser eines Brunnens fällt. Er kennt zwar Robespierres stählerne Konsequenz, aber nicht dessen tägliche Qual, sie zu bewahren und gegen den Ansturm seines schlecht durchleuchteten Gefühlslebens zu verteidigen. In seiner Vorstellung sind die politische und moralische Herrschaft untrennbar miteinander verbunden, und niemand erscheint ihm besser geeignet, diese Diktatur auszuüben, als Robespierre. Niemand kann sagen, ob er ihn liebt, auf jeden Fall hält er ihm unverbrüchliche Treue und wankt nicht von seiner Seite. Es ist nicht nur die Treue des Freundes, es ist auch die Treue des bösen Geistes, der den Besessenen, oder des Schutzengels, der den Gefährdeten begleitet. Er flüstert dieser traurigen Seele den Zauberspruch des übermenschlichen Glaubens zu, er führt ihm die Hand, die von so viel Anklagedekreten, Haftbefehlen und Todesurteilen manchmal erlahmt. Wenn er da ist, werden alle Taten gerecht und alle Entscheidungen leicht, denn im Schatten jeder Tat und Entscheidung, zu dem Robespierre den Blick nicht zu erheben wagt, weil er fürchtet, den Tod zu gewahren, steht Saint-Just im unirdischen Licht seiner Harmonie.

Dieser Jüngling kennt sich, kein Zug seines eigenen Wesens ist ihm fremd, nichts an ihm ist unbewußt. Ihm ist klar, daß er mit Robespierre die Verantwortung für die Außerkraftsetzung der Sittengesetze und des Rechtsschutzes teilt, aber er ist stolz darauf. Er sagt: »Es liegt etwas Schreckliches in der geheiligten Liebe zum Vaterland; sie ist derartig ausschließlich, daß sie alles ohne Erbarmen, ohne Schaudern, ohne menschlichen Respekt dem öffentlichen Interesse zum Opfer bringt.« Oder: »Man macht keine Republik mit Schonung, sondern mit wilder, unbeugsamer Härte gegen alle, die Verrat geübt haben.« Was unter Verrat zu verstehen ist, weiß man. Verrat ist das Anderssein. Jeder ist ein Verräter, solange er nicht Menschenblut für die Republik vergossen hat. Die gesamte Politik Saint-Justs zur Verteidigung und Festigung der republikanischen Idee ist im Grunde nichts weiter als Ausrottung aller derjenigen, die anders gesinnt sind. Ihm kommt es darauf an, um den winzigen Kreis der Gutgesinnten einen weiten, leeren Raum zu schaffen, und er geht dabei viel tyrannischer vor als Robespierre. Denn er ist einsamer, er steht ganz allein, er will nicht Papst der Jakobinerkirche sein. Obwohl er diese Gemeinde nicht verschmäht, so bedarf er ihrer doch nicht unaufhörlich, um sich die Legitimierung seines Tuns zu verschaffen. Er ist viel weniger systematisch als Robespierre, der ja ohne die Gemeinschaft der Gläubigen nicht leben kann. Saint-Just schöpft alles aus dem unbekannten Abgrund seines Wesens, und da, wo Robespierre die orthodoxen Jakobiner befragt, führt er mit den Toten Zwiesprache.

Die Toten reden zu ihm mit verständlicher Stimme. Ist es wahr, daß er sich als Knabe einen Raum mit schwarzem Tuch, auf dem weiße Totenköpfe angebracht waren, eingerichtet hatte? Daß er in dieser Gruft beim Schein zweier schwacher Kerzen zu meditieren liebte? Sicher ist, daß er eine innige und geheimnisvolle Beziehung zum Tode hat, zu jenem Tod, der die Züge eines schönen Jünglings trägt und die Fackel wendet, aber auch zu jenem Tod, den er anderen bereitet. An den weißen Händen dieses Vernichters klebt kein Tropfen Blut, denn die Befleckung reicht an ihn nicht heran. Die kopflosen und zerfallenden Leiber seiner Opfer lehren ihn eine Weisheit, die in der völligen Verachtung des Lebens gipfelt. »Ehrgeizige, ergeht euch eine Stunde auf dem Friedhof, wo der Tyrann und die Verschworenen schlafen!« ruft er in seinem berühmten Bericht über die »allgemeine Polizei« aus. Ja, zu ihm spricht der Tod und lehrt ihn, daß der Kampf vorüber ist, daß das Leben nichts war und daß die Wollust der Rückkehr in die Erde ewig währt. »Ich verachte den Staub, aus dem ich gemacht bin!«

Vielleicht ist er selbst ein Genius des Todes, in dessen Augen sich das ganze Reich der Leidlosigkeit widerspiegelt, vielleicht ist er selbst der Fackelträger, dessen kühle Schönheit Ruhe in das arme Menschenherz gießt und dessen Anblick darum so ergreifend wirkt, weil er des Leidens überhaupt nicht fähig ist. Niemals gab es eine reinere Spiegelung in schwärzerer Flut, niemals war ein sterbliches Wesen so gänzlich vom unsichtbaren Strom des Vergessens umrauscht. Lautlos reisen die Sterne durch die Zeit, das Menschengeschlecht windet sich ohnmächtig in unerkannter Sehnsucht nach Unsterblichkeit. Tränen fallen und werden zu rollenden Welten, Seufzer verschweben und schwellen zur Harmonie der Sphären an. Das Lächeln eines Gottes bedeckt den Erdball mit Fruchtbarkeit, und wieder beginnt die süße Quelle des Menschenleids zu fließen. Aber *er* bedarf weder der Nahrung noch des Trankes, *er* sucht nicht den Mohn oder die Traube, ihn friert nicht, ihm ist nicht heiß, nichts schmerzt ihn, nichts macht ihn froh, er ist da, schön, pünktlich, nackt – der Tod.

In seinen »Institutionen« spricht er zum ersten und letzten Male mit sich selbst. Hat er eine Seele? Fast möchte man es glauben. »Der Mensch ist genötigt, sich von der Welt und von sich selbst zu isolieren, er wirft seinen Anker in die Zukunft und drückt die Nachwelt an sein Herz, die an den Übeln der Gegenwart keine Schuld trägt ... Ich habe alle Schwächen hinter mir gelassen, ich habe nur die Wahrheit im Universum gesehen und habe sie ausgesprochen ... Die Umstände sind nur für diejenigen schwierig, die vor dem Grabe zurückschrecken.« Und nun ein Schrei aus steinernem Mund:

»Ich flehe das Grab herbei als eine Wohltat der Vorsehung, um nicht länger der Straflosigkeit der gegen mein Vaterland und die Menschheit angezettelten Übeltaten zusehen zu müssen.«

Und doch ersinnt er immer neue Gründe zur Bestrafung. Nicht daß er die Menschen verfolgen will, aber er fühlt sich als Arzt, der kranke Glieder wegschneidet. Auf jeden Fall versteht er seine Ausrottungstätigkeit ganz politisch. Ihm liegt nichts am Blut. »Der menschliche Geist«, so sagt er, »ist heute krank, und seine Schwäche erzeugt das Unglück, denn sie erleidet die Unterdrückung. Glaubt mir, alles, was rings um uns existiert, muß anders werden und enden, weil alles, was um uns existiert, ungerecht ist.«

Wenn es ein anderes Mittel der Ausrottung als den Tod gibt, soll es ihm auch recht sein. In den Beratungen des Wohlfahrtsausschusses, die zum Dekret vom 26. Germinal führen, schlägt er vor: »Man muß die alte Welt ausrotten«, aber tödlicher als der Tod ist die Entrechtung. Er möchte, daß allen denen, die nicht zur Revolution gehören, die Bürgerrechte genommen werden und die Kugel ans Bein geschmiedet wird. Zu Füßen der freien Republikaner soll ein Helotenvolk ehemaliger Adliger, Priester, Reicher und Genießer wimmeln, welches Sträflingskleider und das unsichtbare Siegel der Schande tragen soll. Mit einem Wort, da die Welt kein Blut sehen kann, so wird eben der unblutige Terror erfunden, der sich damit begnügt, die Seele des Menschen zu töten, seine Würde und Freiheit zu vernichten. Ist nicht der Tod, selbst wenn er unter dem Fallbeil erlitten wird, fast noch eine Adelung, ist nicht die Heimkehr in den Schatten der Beginn einer Versöhnung – da, wo es keine Versöhnung gibt? Aber der Wohlfahrtsausschuß folgt ihm nicht, selbst Robespierre verwirft den Gedanken, der sich mit der in seinem Herzen keimenden Apotheose des Höchsten Wesens nicht verträgt. Immerhin, was übrigbleibt, ist schrecklich genug. Das Dekret ist eine einzige Maschinerie der Vernichtung, in die einige Bestimmungen zugunsten der Industrie und des Handels eingestreut sind, an denen man die Hand Lindets oder Prieurs erkennen mag. Im übrigen:

»Alle Bürger sind verpflichtet, die Behörden ihres Bereiches und den Wohlfahrtsausschuß von den Diebstählen, den gesinnungswidrigen Reden und den Unterdrückungsakten in Kenntnis zu setzen, deren Opfer oder Zeugen sie gewesen sind.« Und schließlich:

»Wenn jemand, der künftig überführt wird, sich über die Revolution beklagt zu haben, ohne Beschäftigung lebt und weder sechzigjährig noch krank ist, so wird er nach Guayana deportiert.«

Wenn Robespierre Rousseau zu Ende denkt, so denkt Saint-Just Robespierre zu Ende. Er hat den Anker in die Zukunft geworfen und steht nun plötzlich am Abgrund der sozialen Revolution. Robespierre ist so stark mit der politischen und moralischen Vorbereitung der von ihm erträumten Gemeinschaft beschäftigt, daß die immer wieder ertönenden Warnungssignale einer sich langsam hocharbeitenden proletarischen Bewegung sein Bewußtsein nicht erreichen. Zwar verkündet er die soziale Gerechtigkeit und will sie auch auf die Früchte der Arbeit erstreckt wissen, aber der Grundsatz des Privateigentums bleibt ihm heilig. Die Masse der umlaufenden Assignaten schwillt an, die Teuerung und Lebensmittelnot nehmen rapide zu, die Arbeitslosigkeit treibt immer neue Scharen auf die Straßen, tiefer und tiefer wird der Konvent in eine Vergewaltigung der Wirtschaft hineingezogen. Die Eingriffe in Produktion und Handel häufen sich so, daß ab Sommer 1793 die Grundsätze der freieren Wirtschaft, in deren Zeichen die Revolution begonnen hatte, preisgegeben sind. Und doch kann man in diesem Sturzregen von Dekreten, der hinter dem Preisschneeball und den vom Markt verschwindenden Waren herjagt, keine bewußte Hinwendung zum Kommunismus erblicken. Die Höchstpreise, die Höchstlöhne, die Sondersteuern für die besitzende Klasse, die Getreideeinlagerung, »das Gleichheitsbrot«, die Gesetze über die Parzellierung der Nationalgüter, über die öffentliche Fürsorge, über die Hamsterei, den Ankaufswucher, die Erntekontrolle, die Ausfuhrüberwachung, schließlich die staatliche Requisition der »Arme und Talente«, also der Hand- und Kopfarbeiter, alles das ist keine planmäßige, geschweige denn kommunistische Politik, sondern überstürztes Stückwerk einer überzentralisierten Regierung, die sich jäh den erhobenen Fäusten der von Hunger gequälten Massen und den Notschreien der völlig abgerissenen Armeen gegenübersieht.

Robespierre und Genossen sind auf diesen Ansturm der Probleme nicht vorbereitet. Robespierre denkt geradlinig, und ist es daher nicht natürlich, daß er in der sozialen Struktur des Volkes, an dessen Triumph er arbeitet, tiefe Risse gewahrt? Besteht nicht selbst der Jakobinerklub zum größten Teil aus wohlhabenden Bürgern, und spielen nicht in den Überwachungsausschüssen der Sektionen Leute, welche die Feder zu führen verstehen, die große Rolle? Der Adel, der Klerus, das waren soziale Gebilde, die man schon von außen erkennen konnte und die durch eindeutige Kennzeichen zusammengehalten wurden. Aber ist das, was einst der dritte Stand hieß, vom Standpunkt der Volksherrschaft aus nicht ein höchst zweideutiges Ding? Die Klassen, die man vernichtet hat, waren an ihren Privilegien und an ihrem Glauben erkennbar – aber wo verläuft die Grenze zwischen Bürgertum und Volk? Die Gewinnsucht wächst ins Ungemessene; trotz Kerker und Guillotine sind der Handel mit Nationalgütern und die Versorgung der Armeen eine Quelle der Korruption. Sollte die bloße Gesinnung als Trennungsstrich nicht genügen, sollte die Tugend am Ende nicht nur eine politische, sondern auch eine soziale Einrichtung sein? Mit einem Wort, Robespierre ahnt, daß von der Revolution bürgerliche Kräfte und Schichten profitiert haben, die ebensosehr Feinde des Volkes sind wie die Verschwörer und Verräter, die ein Bild Ludwigs XVI. auf der Kaffeetasse haben oder heimlich bei einem unvereidigten Priester die Messe hören. Im Kampf mit dieser Ahnung von einer Klassenfrage schreibt er in sein Notizbuch: »Wer sind unsere Feinde? Die Lasterhaften und die Reichen!« Und noch deutlicher: »Die inneren Gefahren kommen von den Bourgeois; um die Bourgeois zu besiegen, muß man das Volk zusammenschließen.«

Die Pariser Kommune, die Sektionen und die Vorstädte sind von Elementen durchsetzt, die nach einer sozialen Botschaft dürsten. Männer wie Jacques Roux, Varlet und Leclerq predigen eine rein kommunistische Lehre, und zwar in dauerndem Kampf mit der Polizei der Zentralgewalt. »Es ist feige«, ruft Roux der Regierung zu, »diejenigen zu dulden, die sich die

Erzeugnisse des Bodens und der Industrie aneignen, die in ihren Habsuchtsspeichern die Lebensmittel des dringendsten Bedarfs aufhäufen und mit den Tränen und der Verarmung des Volkes wucherische Berechnungen treiben!« Robespierre sieht in dieser Agitation, die bei dem Proletariat der Arbeiterviertel und besonders bei den Frauen ein gewaltiges Echo findet, zunächst nur eine Störung der Staatsautorität. Die Rede, mit der er Jacques Roux im Juni 1793 bei den Jakobinern verklagt, ist schwach und geht auf den Kern der Agitation überhaupt nicht ein. Roux ist »ein schlechter Kerl und ein falscher Patriot«, das genügt vorläufig, zumal da er einige Wochen später noch hinzufügt: »Sendling von Pitt und Koblenz!« Aber der Druck, den die Gedanken Roux' ausüben, pflanzt sich trotzdem auf alle revolutionären Elemente fort: Alle sozialen und wirtschaftlichen Maßnahmen des Konvents und der Ausschüsse sind ein Wettlauf mit dem Umsichgreifen einer auf die Überprüfung des Eigentumsbegriffs gerichteten Propaganda. Hébert, der Pariser Zeitungskönig, dessen Blatt, der »Père Duchesne«, bis über eine halbe Million Exemplare absetzt und der sich auf die Stimmung der Massen versteht, lenkt langsam in das kommunistische Fahrwasser ein, um sich mit Roux und Genossen um die Nachfolgeschaft Marats zu streiten. Robespierre spürt deutlich, daß in der Kommune, in den Versammlungen der Sektionen eine soziale Sehnsucht steckt, die er nicht definieren kann und deren genaues Wesen ihm entgeht. Er hat diesen in erbärmlichen Wohnlöchern eingepferchten und unterernährten Arbeitern und Handwerkern oft genug huldigend zugerufen: »Ihr seid das Volk!«, um zu spüren, daß er damit mehr ausgelöst hat als das stolze Bewußtsein, zur auserwählten Schar der guten Patrioten zu gehören. Er hat ihnen immer wieder materielle und soziale Vorteile zugeschanzt, aber diese Vorteile sind wie eine Beute unter das Volk gefallen und nicht wie ein legitimes Erbe.

Unaufhörlich kreisen seine Gedanken um die Verteilung des Eigentums, und in seiner Rede über »Die Menschen- und Bürgerrechte« vom 24. April 1793 zieht er zum ersten Male dem

Eigentumsrecht seine Grenzen. Er verkündet, daß alle Menschen ein gleiches Recht auf die Produkte des Bodens und der Industrie haben, aber er gelangt nicht dazu, die Unruhe der Massen zu dämpfen. Erst später, wenn die Revolution zu Ende ist, wird die soziale Frage eigentlich gestellt werden, und zwar von dem genialen Babeuf, dem Haupte der »Verschwörung der Gleichen«, der der Ahnherr des modernen Sozialismus ist und sich als Schüler Robespierres bezeichnet. Vorläufig treten die revolutionären Ansprüche des Proletariats als Hungerrevolten und Ausschreitungen auf. Die Zentralgewalt läßt sich zwar zu zahlreichen Eingriffen in die Wirtschaft, vor allem zum sogenannten Maximum treiben, aber sie widersteht den Verschwörern. Roux wird auf Antrag Robespierres verhaftet und bringt sich um, Hébert und Genossen wandern aufs Schafott. Doch hat der Konvent bei diesen Maßnahmen nicht das Bewußtsein, gegen die kommunistische Gefahr vorzugehen, ja die ursprüngliche Anklage gegen die Hébertisten, für die Lebensmittelnot verantwortlich zu sein, tritt vollständig hinter der ihnen zur Last gelegten politischen Verschwörung gegen den Konvent zurück, die zur Diktatur eines »Großrichters« führen sollte. Nein, die Schreckensherrschaft hat kein klares Bewußtsein ihrer sozialen Möglichkeiten, und der einzige wirkliche Vorstoß, den Saint-Just einige Wochen vor dem Sturze Héberts unternimmt, wird weder von diesem noch von dem Konvent verstanden.

Während Robespierre die Tugend mit dem Terror verbindet, knüpft Saint-Just an den Terror eine Form der sozialen Umwälzung, die fast auf die Diktatur des Proletariats hinausläuft. Seine große Rede vom 8. Ventôse, die den verhältnismäßig unschuldigen Namen »Bericht über die eingekerkerten Personen« führt, macht alle Hoffnungen auf eine Beendigung des Schreckens zunichte. Er nimmt sein altes Thema wieder auf, wie er es im Herbst formuliert hatte: »Ihr habt nicht nur die Verräter zu strafen, sondern auch die Gleichgültigen. Ihr habt jeden zu strafen, der in der Revolution passiv ist und nichts für sie tut.« Diesmal fallen die Worte noch knapper und tödlicher von den schönen Lippen: »Was eine reine Republik begründet, ist die Zerstörung dessen, was ihr entgegengesetzt ist.« Und dann ist er plötzlich, mit einem Schlage, jäh, ohne Übergang, in einer Art von Unschuld bei der Enteignung:

»Die Macht der Umstände führt uns vielleicht zu Ergebnissen, an die wir gar nicht gedacht haben. Der Überfluß ist in den Händen einer recht großen Zahl von Feinden der Republik; die Bedürfnisse bringen das arbeitende Volk in die Abhängigkeit seiner Feinde. Glaubt ihr, daß ein Reich bestehen kann, wenn seine bürgerlichen Verhältnisse der Regierungsform entgegengesetzt sind? Diejenigen, welche Revolutionen halb machen, graben sich damit nur ihr eigenes Grab. Die Revolution führt uns zur Anerkennung des Grundsatzes, daß derjenige, der sich als Feind seines Landes gezeigt hat, in ihm keinen Besitz haben kann ... Duldet nicht, daß es einen Unglücklichen oder Armen im Staate gibt: nur um diesen Preis werdet ihr eine richtige Revolution und Republik gemacht haben.«

Das Dekret, das sogleich angenommen wird, lautet:

»Das Eigentum der Patrioten ist unverletzbar und geheiligt. Die Güter der als Feinde der Revolution erkannten Personen werden zugunsten der Republik beschlagnahmt. Diese Personen werden bis zum Frieden in Haft gehalten und dann lebenslänglich verbannt.«

Die Versammlung ist wie gelähmt von der Grausamkeit und Tollkühnheit dieses Dekretes, es ist ein echter Saint-Just, denn wiederum will er mehr und Besseres als den Tod. Früher wollte er die Schande, jetzt das Elend. Aber mit der Vernichtung verbindet sich die Bereicherung der Jakobiner, und daß es eine praktische, gleich durchzuführende Maßnahme ist, geht aus den von ihm am 13. Ventôse verlesenen Ausführungsbestimmungen hervor, laut denen die Kommunen aufgefordert werden, Listen bedürftiger Patrioten einzureichen. Der Wohlfahrtsausschuß wird sodann »einen Bericht über die Mittel machen, alle Unglücklichen mit den Gütern der Feinde der Republik zu entschädigen«. Schließlich werden die Überwachungsausschüsse beauftragt, einen Bericht »über die Führung aller in Haft Befindlichen« anzufertigen, also diejenigen Personen zu bezeichnen, die enteignet werden sollen. Und noch einmal faßt Saint-Just den Sinn dieser Maßnahme, welche die Enteignung jedes Nicht-Jakobiners erlaubt, zusammen: »Das Mittel, die Revolution zu befestigen, besteht darin, sie zum Nutzen derer, die sie unterstützen, und zum Ruin derer, die sie bekämpfen, zu wenden.«

Weder Jacques Roux noch Hébert hätten je gewagt, einen solchen Eingriff vorzuschlagen. Ist hier nicht alles ausgesprochen, was die Massen dumpf begehren – »die Armen sind die Mächtigen der Erde« –, ist hier nicht die Revolution vollkommen, will sagen erhaben und roh zugleich, ihren Jüngern nicht nur Gerechtigkeit, sondern auch Bereicherung versprechend? In den Kerkern der Republik sind an die 300 000 Personen eingesperrt, und man darf den ganz in den Händen des Jakobinerklubs befindlichen Überwachungsausschüssen vertrauen, daß sie niemand durchschlüpfen lassen werden. Eine Güterübertragung größten Stils ist also im Gange, eine ganze Elite wird für immer enteignet und vernichtet, und das ungeheure Heer der Enterbten tritt ihre Nachfolge an – im Namen des Gesetzes. So hat Saint-Just die Revolution an ihrer blutigen Hand genommen und sie an den Abgrund ihrer wahren Bestimmung geführt. Er weiß, daß dieses Gesetz für jeden, der es zu Ende denkt, die Vervollkommnung, ja Übersteigerung des Terrors bedeutet. Die Schreckensherrschaft hört auf, ein Kampfmittel zu sein, sie wird ein soziales System. Europa wird vor Entsetzen aufschreien, Saint-Just sieht es voraus, und voll Stolz erklärt er:

»Man täuscht die Völker Europas über das, was bei uns vorgeht. Man entstellt unsere Erörterungen; aber man entstellt nicht so leicht die starken Gesetze; diese dringen jäh in die fremden Länder ein wie der unauslöschliche Blitz.«

Der stählerne Wind

Wird Robespierre dem Jüngling auf dem Wege, den dieser jäh mit Licht überschwemmt hat, folgen wollen? Das Leben, das diesen beiden Männern noch bleibt, ist zu kurz, um diese Frage zu beantworten. Man möchte sie vor sich sehen, wie sie miteinander sprechen, der Zeitlose und der Jüngling, beide streng, beide aus Stahl und nicht aus Fleisch und Blut. Aber wie sehr man auch die Einbildungskraft bemüht, man sieht Saint-Just immer allein, selbst bei der Armee, zu der er gewöhnlich zusammen mit dem wackeren Lebas entsandt wird. Er ist gern bei der Armee, die unaufhörliche Bewegung, die Spannung und das harte Leben sagen ihm zu. Auch die politische Stellung ist nach seinem Geschmack, der Volksvertreter in Mission ist ein Stück wandernder Zentralgewalt, seine Vollmachten sind unbeschränkt, er kann jede beliebige Maßnahme sogleich in Kraft setzen und ist Herr über Eigentum, Leben und Tod. Man höre, wie er selbst die Pflichten der Sendlinge des Konvents bei der Armee beschreibt: »Sie müssen die Väter und Freunde der Soldaten sein; sie müssen im Zelt schlafen; sie müssen bei allen militärischen Übungen zugegen sein. Mit den Generalen müssen sie so wenig vertraulich wie möglich sein, damit der Soldat mehr Zutrauen zu ihrer Gerechtigkeit und Unparteilichkeit hat. Der Soldat muß sie Tag und Nacht bereit finden, ihn anzuhören; die Volksvertreter müssen ihre Mahlzeiten allein einnehmen, sie müssen frugal sein und daran denken, daß sie für das öffentliche Wohl einstehen und daß der ewige Sturz der Könige mehr wert ist als die vorübergehende Bequemlichkeit.« Und diesen Anweisungen schleudert er einen schwarzen Blitz nach: »Diejenigen, die Revolutionen in der Welt machen und sie gut machen wollen, dürfen erst im Grab schlafen!«

Hier erklingt mehr als die metallische Stimme des Soldaten. Der Soldat ist ohne eine gewisse Gutmütigkeit und Lebensfreude nicht zu denken, aber dieser junge Mann ist zu systematisch, zu streng gegen sich selbst, zu kalt, um nicht mehr zu sein als der Waffengefährte dieser schwungvollen Revolutionssoldaten. Was ihn vorwärts treibt, ist mehr als Schwung, es ist eine bewußte und rein sittlich verstandene Exaltation, die er selbst in einer Rede beschreibt: »Die Exaltation besteht in der hartnäckigen Entschlossenheit, die Rechte des Volkes und des Konvents zu verteidigen. Die Exaltation besteht in der Verachtung der Reichtümer und in der mutigen Einfachheit der Sitten. Die Exaltation ist Tugend und nicht Wut.« Im Spätherbst 1793 ist er bei der Rheinarmee, im Januar darauf bei der Nordarmee – allerdings nur eine Woche –, Ende April geht er wieder zur Nordarmee ab, um schließlich am 6. Juni aufs neue an die Front entsandt zu werden. Der von Carnot verfaßte Auftrag lautet:

»Die Mitglieder des Wohlfahrtsausschusses verfügen, daß ihr Kollege Saint-Just sich unverzüglich an die Grenzen des Nordens und Ostens begibt, um die Armeen der Republik vom Meer bis zum Rhein zu beaufsichtigen und über die Ausführung der Dekrete des Konvents und der Verfügungen des Wohlfahrtsausschusses zu wachen.«

Jedesmal, wenn Saint-Just an der Front eintrifft, ist es, als wenn ein stählerner Wind angestürzt käme, in die zerfetzten Fahnen bliese, die Zelte der Offiziere umrisse, die Papiere der Intendanten wegfegte und an den Mauern der Festungen rüttelte. Die Generale zittern vor ihm, er kommt an, er schießt die Fragen wie Pfeile auf sie ab, macht sich eilig Notizen, läßt die Soldaten antreten, fragt sie nach ihren Beschwerden, holt das Brot aus ihren Beuteln, um es zu prüfen, untersucht ihre Unterkünfte, notiert, ordnet an, degradiert, befördert und läßt erschießen. Nie tafelt er mit den Stäben, auf einem Meilenstein sitzend, taucht er sein Stück Brot in einen Kochgeschirrdeckel voll Wein, springt auf, wenn er eine Kolonne mit schlecht gepflegten Pferden vorbeiziehen sieht oder wenn sich ein Betrunkener zeigt. Er durchstöbert die Stäbe und jagt die Schreiber an die Front, er räumt im Troß auf, vertreibt die Dirnen und entreißt den Generalsküchen die Butter, um die Verschlüsse der Kanonen damit einfetten zu lassen. Die ganze Armee vom kleinsten Trommler bis zum Oberbefehlshaber fürchtet ihn, aber jeder weiß, daß er gerecht ist und nichts für sich verlangt. Wenn es auch unmöglich ist, ihn zu lieben, so muß man ihn doch bewundern. In seinem dunkelblauen Frack, die trikolore Schärpe um die Hüften geschnürt, den breitkrempigen Hut mit dem dreifachen Federbusch auf der Spitze seines Säbels tragend, das blonde Haar im Wind, die Ohrringe leise schaukelnd, so geht er mit ruhigen Schritten den Truppen voran, die unter dem Feuer der preußischen Kanonen gegen die Linien von Weißenburg anrücken. Der Wohlfahrtsausschuß, bestürmt von den Klagen der Hungrigen, geängstigt vom Flüstern der Verschwörer und in der Flut des täglich vergossenen Blutes fast erstickend, schreibt ihm: »Siege!« Und er siegt.

Er ist überall, er ist im Lager, bei den Pferden, den Depots, in den Lazaretten, bei den Feldschmieden, in den Pulverfabriken, an den Kartentischen der Stäbe, in den Laufgräben der schweren Artillerie, auf den Exerzierplätzen und Schießständen, er nimmt den Bestand an Faschinen, Sandsäcken, Mörsern und Handfeuerwaffen auf, er zählt die räudigen Pferde, die fehlenden Hufeisen, das Brückenmaterial der Pioniere, er studiert die Beförderungslisten und stöbert in ihnen Ungerechtigkeiten auf, er verhört die Gefangenen und instruiert die Kundschafter, er reitet zu den Vorposten und zu den Munitionskolonnen, und vor allem, er spricht mit den Soldaten, er verhört sie über ihre Offiziere, über ihre Verpflegung, über ihre Stimmung, über die Vorstellungen, die sie von der militärischen Lage und den Verhältnissen zu Hause haben. Er weckt ihr Selbstbewußtsein, ihre Entschlußkraft, vermittelt ihnen das Gefühl, die staunende Menschheit zum Zuschauer ihrer Taten zu haben. In den Städten des Operationsgebietes säubert er die Gemeindeverwaltungen, die Klubs und Überwachungsausschüsse, erforscht die Gesinnung der Bürger, zieht die Patrioten heran und belastet die Lauen mit Requisitionen und Lieferungen.

Er ist allgegenwärtig, schnell wie der Blitz und stets sofort handelnd. Bald ist er in Flandern, bald in der Pfalz, bald in Belgien, bald am Rhein. Man sieht ihn nachts in der halboffenen Kalesche dahinjagen, das Spritzleder über den Knien, den Kutscher, der auf die Pferde einhaut, neben sich. Das Fuhrwerk, auf das hinten sein kleiner Koffer aufgeschnallt ist, holpert durch den Schlamm der aufgewühlten Straße. Der Himmel ist rot vom Schein der brennenden Gehöfte, der Regen peitscht. Mit Mühe überholt eine Abteilung galoppierender Husaren den Wagen. Die Reiter jagen, über die Hälse der Pferde gebeugt, dahin, die Federn ihrer Tschakos triefen vor Nässe, sie werfen einen neugierigen Blick auf die Insassen der Kalesche, erkennen unter dem breitkrempigen Hut das Engelsprofil Saint-Justs und geben ihren Pferden die Sporen, um schnell weiterzukommen. So geht die Fahrt, der Wagen schwankt, in der Ferne erklingt verwehend schwaches Infanteriefeuer, der Wind biegt die Pappeln. Saint-Just träumt vor sich hin: »Die Welt ist leer seit den Römern.«

Die Generale dieser Epoche haben vor sich den Feind und hinter sich die Guillotine, dafür sorgt Saint-Just. Wie sehr unterscheidet er sich von den politischen Schwätzern der Klubs, die sonst über die patriotischen Tugenden der Truppenführer wachen. Er kennt die Operationspläne bis ins kleinste, er mischt sich in ihre Einzelheiten, er nimmt Einfluß auf die strategischen Bewegungen, er geht vom ersten Tage an auf die Entsetzung Landaus als das Hauptziel los, man lese den Brief, den er nach der Schlappe des jungen Hoche bei Kaiserslautern an diesen schreibt! Unerhört ist der Vulkanausbruch republikanischer

Raserei, als er mit Lebas bei der Rheinarmee eintrifft. Von Straßburg aus schreibt er an die Soldaten:

»Wir kommen an und wir schwören im Namen der Armee, daß der Feind besiegt wird. Wenn es hier Verräter oder auch nur Gleichgültige gegenüber der Sache des Volkes gibt, wir bringen das Richtschwert, das sie treffen soll. Soldaten, wir kommen, um euch zu rächen und euch Führer zu geben, die euch zum Siege führen. Wir sind entschlossen, das Verdienst zu suchen, zu belohnen, zu fördern und alle Verbrechen, wer sie auch begangen haben mag, zu verfolgen. Mut, wackere Rheinarmee, du wirst fortan glücklich sein und mit der Freiheit triumphieren. Allen Führern, Offizieren und Regierungsagenten jeder Art wird befohlen, innerhalb drei Tagen den berechtigten Beschwerden der Soldaten abzuhelfen. Nach dieser Frist werden wir selbst diese Beschwerden anhören und Beispiele von Gerechtigkeit und Strenge geben, wie sie die Armee noch nicht gesehen hat. Saint-Just. Lebas.«

Die nächste Maßnahme gilt der obersten Führung: »Es fehlt dieser Armee vor allem ein Führer, der wirklich republikanisch ist und an den Sieg glaubt. Wir hoffen Pichegru zu finden, er ist in Hüningen; wir haben ihm einen Eilboten geschickt, wir erwarten ihn.«

Inzwischen wird mit der Straßburger Verwaltung aufgeräumt, der Revolutionsausschuß bringt es bis auf 10 000 Verhaftungen, nimmt nächtliche Haussuchungen bei »reichen Egoisten« vor und liefert die Liste derjenigen, denen Saint-Just eine Zwangsanleihe von neun Millionen auferlegt, in vierundzwanzig Stunden aufzubringen. Dann geht folgende Mitteilung an den Straßburger Gemeinderat:

»Zehntausend Männer sind barfüßig in der Armee. Ihr werdet noch heute allen Aristokraten von Straßburg die Schuhe ausziehen, und morgen früh um zehn Uhr sind die zehntausend Paar Schuhe unterwegs nach dem Hauptquartier.«

Und am gleichen Tage: »Alle Mäntel der Bürger Straßburgs

sind hiermit requiriert. Sie müssen morgen abend im Magazin der Republik abgeliefert sein.«

Zwischendurch erlassen die beiden Volksvertreter eine Botschaft an die Straßburgerinnen: »Die Bürgerinnen von Straßburg werden ersucht, die deutsche Kleidertracht aufzugeben, da ihre Herzen französisch sind.« Vorsichtigerweise wird eine deutsche Übersetzung beigefügt.

Schlimm ergeht es dem Eulogius Schneider, »Ankläger beim Revolutionstribunal, ehemaliger Priester und gebürtiger Untertan des Kaisers«, der sich »heute in Straßburg mit einem unverschämten Aufwand, gezogen von sechs Pferden und umgeben von Garden mit gezogenen Säbeln, gezeigt hat«. Der gelehrte Wüterich wird zur Strafe für diese Anmaßung vier Stunden lang auf dem Schafott öffentlich an den Pranger gestellt. Er kann froh sein, daß er diesmal noch sein Leben rettet, denn in der Schanze von Hanheim fallen Dutzende von verurteilten Offizieren unter den Kugeln der Erschießungspelotons. Diesem hier wird es kaum besser gehen:

»Der Kommandant des 15. Bataillons vom Doubs, der sich gegenüber den Grundsätzen der Revolution gleichgültig gezeigt und seine Truppe vernachlässigt hat, ist zu verhaften.«

Und was mag aus dem Manne werden, der um Urlaub nach Poitiers gebeten hat, um sein Vermögen zu retten:

»In Ansehung dessen, daß Jacques Mérigues ein Feigling ist, der seine Privatinteressen dem Interesse des bedrohten Vaterlandes vorzieht, verfügen wir, daß Jacques Mérigues auf einem der öffentlichen Plätze Straßburgs degradiert und nach Mirecourt in Haft bis zum Frieden gesandt wird.«

Alle Offiziere, selbst die Generale, werden von nun an ausnahmslos die Entbehrungen ihrer Soldaten teilen:

»General, Sie werden allen Offizieren im Generalsrang befehlen, an der Spitze ihrer Divisionen und Brigaden in ihren Zelten zu schlafen und zu essen.«

Und so geht es tagaus, tagein. Die Armee beugt sich wie ein Ährenfeld unter diesem Sturm, aber sie richtet sich von diesem

Druck gestärkt und unbesiegbar auf. Saint-Just hat mit seiner unerbittlichen Schmiedearbeit nicht nur die Schlagkraft und Moral der Truppen wiederhergestellt, er liefert auch dem genialen Werk Carnots den sittlichen Beitrag, der notwendig ist, um ein Volksheer zu schaffen. Daß es nicht mehr möglich ist, den Krieg als ein bloßes Handwerk zu betreiben, sondern daß die Armee auch der Waffenträger eines jedem einzelnen Soldaten verständlichen und einleuchtenden Prinzips sein muß, um leiden, kämpfen und siegen zu können, das hat Saint-Just erkannt und in die Tat umgesetzt.

Er ist fünfundzwanzig Jahre alt, als er die ersten Notizen zu seinen »Republikanischen Institutionen« niederschreibt. Das Werk wird nie fertig. Das Manuskript seiner letzten Rede, die er nicht hat zu Ende führen können – vom 9. Thermidor –, endet mit einem Dekret, das die sofortige Ausarbeitung der Institutionen fordert. Er geht dabei von einem Gedanken aus, der dem französischen Wesen durch und durch fremd ist. Eine Gemeinschaft, so sagt er, wird weniger durch Gesetze als durch behördlich geschaffene Einrichtungen zusammengehalten. Das Gesetz, möge es noch so sehr ins einzelne gehen, kann nie das ganze Leben des Menschen und alle Schattierungen seines Verhältnisses zum Ganzen erfassen. Der Staat darf sich nicht damit begnügen, zu den Handlungen des Menschen da Stellung zu nehmen, wo sie die Republik betreffen, er muß den ganzen Menschen bei seinem Ursprung, in seinem Wesen erfassen. Die Aufgabe der Obrigkeit in der idealen Republik ist also weniger juristischer als pädagogischer Natur. »In einer Monarchie«, so sagt er, »gibt es nichts weiter als eine Regierung. In einer Republik gibt es außerdem noch Institutionen, sei es, um die Sitten zu komprimieren, sei es, um die Verderbnis der Sitten oder der Menschen aufzuhalten. Ein Staat, in dem die Institutionen fehlen, ist nur eine illusorische Republik. Und da jeder unter seiner Freiheit die Unabhängigkeit seiner Leidenschaften und seiner Habsucht versteht, breiten sich der Geist des Erraffens und der Egoismus unter den Bürgern aus, und die partikularistische

Vorstellung, die sich jeder entsprechend seinem Interesse von seiner Freiheit macht, ruft die Versklavung aller hervor. Wir haben eine Regierung, wir haben mit Europa dasjenige gemeinsam, was in den Gewalten und in einer öffentlichen Verwaltung besteht. Aber die Institutionen, welche die Seele der Republik sind, fehlen uns.«

Wir sehen also, wie weit sein Geist sich von dem Liberalismus, in dessen Zeichen die Umwälzung begonnen hatte, entfernt hält. Die üblichen Gesetze regeln die Beziehungen zwischen Mensch und Staat, als wenn es zwei gleiche Mächte wären; der Mensch bleibt sich in den wesentlichsten Sphären seines Daseins selbst überlassen. Die Institutionen hingegen bedeuten die staatliche Organisierung des menschlichen Lebens bis in die verborgensten Schlupfwinkel seiner Privatexistenz hinein. »Die Institutionen haben zum Ziel, praktisch alle sozialen und individuellen Garantien zu errichten und Mißhelligkeit und Gewalt zu vermeiden; sie sollen die Herrschaft der Menschen durch die Herrschaft der Sitten ersetzen.« Vorläufig gibt es also noch zu viel Gesetze und zu wenig Institutionen. Letztere heben die Freiheit im liberalen Sinne dadurch auf, daß der Einzelne nicht nur dem Gesetz gehorchen, sondern in seinem ganzen Wesen gehorsam gemacht werden soll, so daß die Aufgliederung des sozialen Wohlverhaltens in einzelne Gesetze überflüssig wird. Der Staatsbürger soll mit einem Wort aufhören, sein Leben selbst zu ordnen, sein Gewissen selbst zu überwachen und seine Ideen selbst zu erzeugen – alles das soll mit Hilfe der Institutionen der Staat übernehmen. Saint-Just schafft durch diese Lehre das soziale Gegenstück zum Terror und dehnt ihn konstruktiv aus. Aus der bloßen Jagd auf Falschgesinnte entwickelt er die Formung von Richtiggesinnten.

Um die Menschen aus den modernen Verstrickungen des Despotismus, der Zivilisation und des Lasters – drei Kategorien Rousseaus – zu befreien, muß die Rückverwandlung Frankreichs in einen reinen Agrarstaat angestrebt werden. Das in »Handwerk und Krankheit« verzettelte Volk muß mit Macht auf den freien Urzustand eines Bauernvolkes zurückgeführt werden. Der Mensch ist weder für das Leben in Werkstätten und Fabriken noch in Hospitälern gemacht, seine Hand ist einzig und allein dazu geschaffen, die Waffe oder den Pflug zu führen. Alle Menschen müssen arbeiten, der Reichtum ist »eine Gemeinheit«, die Erwerbslosigkeit ist durch Verteilung der Nationalgüter an die Armen zu bekämpfen. Beschränkung des Geldumlaufs und Thesaurierung werden bestraft, sämtliche Steuern werden im ganzen Land auf einmal und am gleichen Tag erhoben, »jedem Franzosen wird die Möglichkeit gegeben, den dringendsten Lebensbedarf zu decken, ohne von jemand anderem als dem Gesetz abzuhängen und ohne gegenseitige Abhängigkeit in den bürgerlichen Beziehungen«. Schließlich werden die Behörden in ihrer Anzahl beschränkt und möglichst durch einzelne Personen ersetzt, so daß an die Stelle der obrigkeitlichen Körperschaften soweit wie möglich der einzelne Beamte und Richter tritt.

Das alles sind Voraussetzungen, die erfüllt sein müssen, ehe die eigentlichen Institutionen errichtet werden und ihre Wirkung entfalten können. Den gewaltigen Organisationsplan, der alle Lebensgebiete umfassen und bis ins kleinste regeln soll, hat Saint-Just nur in Stichworten aufgezeichnet. Immerhin gewahrt man mühelos die großen Linien.

»Die Kinder gehören bis zum fünften Jahre ihrer Mutter und danach bis zu ihrem Tode der Republik.«

»Die Erziehung der Kinder vom zehnten bis sechzehnten Jahre ist militärisch und landwirtschaftlich.«

»Sie werden in Kompanien zu sechzig eingeteilt. Sechs Kompanien bilden ein Bataillon. Die Lehrer ernennen jeden Monat den Führer unter denen, die sich am besten geführt haben.«

»Sie werden während der Erntezeit den Landarbeitern zugeteilt. Sie lernen alle militärischen Übungen und versammeln sich jährlich am Jugendfesttag in Lagern, wo sie in besonders vorbereiteten Arenen Infanterieübungen abhalten.«

»Alle Kinder behalten die gleiche Kleidung bis zum sechzehnten Jahr. Vom sechzehnten bis einundzwanzigsten Jahr tragen sie den Arbeiteranzug, dann bis zum fünfundzwanzigsten Jahr Uniform.«

»Jeder Mann von einundzwanzig Jahren ist gehalten, im Tempel zu erklären, welches seine Freunde sind. Wenn ein Mann einen Freund aufgibt, ist er gehalten, die Gründe dafür vor dem Volke im Tempel darzulegen.«

»Der Mann und die Frau, die sich lieben, sind Eheleute. Die Eheleute sind gehalten, ihre Scheidung drei Monate vorher im Tempel bekanntzumachen.«

Es folgen nun zahlreiche Vorschriften über Vormundschaft, Adoption, Erbrecht. Das Kapitel über Privatverträge schließt mit dem Satz: »Das Gesetz macht nicht das Recht, sondern das Recht macht das Gesetz.«

In den strafrechtlichen Institutionen heißt es: »Die Trunkenheit wird bestraft. Wer im Zustande der Trunkenheit etwas Unrechtes tut oder sagt, wird verbannt.«

»Die Mörder werden für den Rest ihres Lebens in Schwarz gekleidet. Wenn sie diese Kleidung ablegen, werden sie zum Tode gebracht.«

Einen weiten Raum gibt Saint-Just den öffentlichen Festen, Belohnungen, Wettbewerben und Auszeichnungen:

»Die Männer, die stets ohne Tadel gelebt haben, dürfen von ihrem sechzigsten Jahr an eine weiße Schärpe tragen.«

»Die Bürger versammeln sich in den Tempeln, um dort das Privatleben der Beamten und der jungen Leute unter einundzwanzig Jahren zu untersuchen.«

»Jeder Bürger legt einmal im Jahr im Tempel Rechenschaft über die Anwendung seines Vermögens ab.«

»Jeder Eigentümer, der kein Handwerk ausübt und nicht dem Richterstand angehört, ist gehalten, von seinem fünfundzwanzigsten bis fünfzigsten Jahr den Boden zu bearbeiten.«

»Ein Soldat darf niemals mehr in seinen Geburtsort zurückkehren, wenn er im Kampf seinen Platz verlassen hat, wenn er seine Waffe verloren hat, wenn er desertiert ist, wenn er die

Manneszucht verletzt hat, wenn er sich über die Anstrengungen beklagt hat. Der Vater, der seinen Sohn nach seiner Feigheit umarmt, geht der Altersschärpe verlustig.«

»Die Lager sind den Frauen bei Todesstrafe verboten.«

»Die Verdienste der Generale dürfen erst nach Beendigung des Krieges gerühmt werden.«

In diesem revolutionären Denken hat die Regierung eine eigentümliche Stellung. Sie ist keineswegs die Spitze des Staates, sondern mehr ein Verwaltungsorgan. Die höchste Autorität liegt in den Händen des Volkes, aber nicht etwa der Massen, sondern des Volkes als Begriff. Robespierre sieht es in der Gesellschaft der Jakobiner verkörpert, Saint-Just richtet seine Blicke in die Zukunft und wünscht sich als höchste Instanz, welche den Volkswillen darstellt und die Regierung kontrolliert, die Einrichtung der Zensoren im römischen Sinn. Diese Zensoren mischen sich nicht in die Ausübung der Staatsgewalt oder Verwaltung, sie haben als ausschließliches Amt die Überwachung. Damit ist aufs neue unterstrichen, daß die Grundlage des von diesem Terroristen geträumten Staates nicht das Gesetz, sondern die Gesinnung ist.

»In jeder Revolution ist ein Diktator notwendig, um den Staat durch Gewalt zu retten, oder Zensoren, um ihn durch Tugend zu retten.«

»Man muß denen, die regieren, Furcht machen. Man soll niemals dem Volk Furcht machen.«

»Es ist den Zensoren verboten, öffentlich zu sprechen. Bescheidenheit und strenger Ernst sind ihre Tugenden. Sie sind unbeugsam. Sie laden die Beamten vor, um von ihnen Rechenschaft über ihre Führung zu verlangen. Sie zeigen alle Mißbräuche und jede Ungerechtigkeit von seiten der Regierung an. Sie dürfen nichts abschwächen noch verzeihen.«

Und wie eine Erinnerung an die nie in Kraft gesetzte Verfassung von 1793 heißt es:

»Der Aufstand ist das ausschließliche Recht des Volkes und des Bürgers.«

Aber Saint-Just fügt zögernd, tastend, als ob er zweifle und erlahme, hinzu:

»Die Aufstände, die in einem freien Staat ausbrechen, sind manchmal gefährlich für die Freiheit selbst ...«

Genug, das ungeheure, ja vermessene Werk ist nicht zu Ende geführt. Wie der Bogen einer nicht fertiggebauten Brücke schwebt es gefährlich und schwindelerregend über dem breiten Strom der Zukunft. Saint-Just hat es stückweise zusammennotiert, in den Pausen der Konventsitzungen, während der eiligen Mahlzeiten auf der Kante eines Schreibtisches im Wohlfahrtsausschuß, auf kurzen Spaziergängen, an den Lagerfeuern der Armee. Wenn er sein Büchlein hervorzog und etwas aufschrieb, so glaubten die übrigen Konventsmitglieder, die Generale oder Beamten, daß er an einer Todesliste schreibe und die Namen derer festhalte, die er unter das Fallbeil senden wolle. Statt dessen diese metallenen Träume, diese spartanischen Visionen, die ganz der Zukunft gehören und eine neue Menschheit heraufführen sollen. Er ist ein Gesetzgeber, aber nicht von dieser Welt. In den glatten Felswänden seiner Seele nistet nicht Zweifel noch Ungewißheit, noch löst sich dort je ein Stein los, um ins Bodenlose zu rollen. Träumt er vom Glück? Auf jeden Fall nicht von einem Glück, das er selbst einmal genießen soll. Denn immer wieder spricht er von Lykurg, dem antiken Gesetzgeber, »der mit unerbittlicher Strenge das Wohl seines Volkes schuf und sich dann selbst verbannte«. So wünscht auch er einst das stählerne Paradies zu verlassen, das er mit erbarmungslosen Händen geschaffen hat, und er wird nicht zurückblicken.

»Gelassen einherschreiten in Blut und Tränen« – wer kann es außer ihm? Nicht einmal Robespierre ist immer von Zweifeln verschont. Er kennt Ausbrüche der Wut über die Dummheit seiner Genossen, er kennt Stunden der Mutlosigkeit, er kämpft. Saint-Just wäre nicht imstande, nach Ermenonville zu gehen und unter den Bäumen, die Rousseaus letzte Zufluchtsstätte beschatten, seiner Traurigkeit zu lauschen, die ewig herbstlich über allem Leben dahinrauscht. Er ist der Todesengel, der schweigend am Tor der Revolution steht und in die Zukunft sieht. Nicht in jene Zukunft, die aus den vielen kleinen Hoffnungen und Ängsten der sterblichen Menschen gemacht ist, sondern in jene, in der alle Rechnungen aufgehen, alle Rätsel ihre Antwort finden, alle Früchte reif sind und alle Leidenschaften zur farblosen Flamme der Vollkommenheit verglüht sind. Das durchwühlte Schlachtfeld der Geschichte verwandelt sich unter den klaren Augen dieses Jünglings in ein gigantisches Reißbrett, das auf den Zirkel und das Maß wartet. Und fragt man ihn, warum seine Hand nicht zittert, wieso er den Ansturm des eigenen Blutes nicht fürchtet und woher ihm diese göttliche Sicherheit kommt, so antwortet er, ohne seine Stimme zu heben: »Ich verachte den Staub, aus dem ich gemacht bin.«

Ein Pariser Sommer

Der Sommer des Jahres 1794 geht mit glühendem Hauch über Paris dahin. Fünf Jahre Revolution haben das Antlitz der Stadt geprägt, es ist vom Rauch geschwärzt und hat tiefe Furchen bekommen. Weder die Stadtverwaltung noch die Bürger haben das nötige Geld, um den Verfall zu hindern. Die Dächer werden lässig geflickt, die Pflasterung lockert sich, die Gärten sind verwachsen, viele Bäume sind gefällt, um Brennholz zu liefern, der Bewurf und Anstrich der Häuserfronten ist abgeblättert, und das fahle Gelb, das den Mietshäusern den Ton gibt, ist unter dem Schmutz ebensowenig zu erkennen wie das feine Silbergrau der öffentlichen Gebäude und Palais aus Stein. Und es gibt viele Ruinen, die Bastille freilich ist längst abgetragen, aber die Fassade der Tuilerien weist noch einige tüchtige Löcher auf und ist noch an vielen Stellen vom Pulverdampf und Brand berußt. Man hat ja mit Flintenkugeln nicht gespart in diesen Jahren, und die Reisenden lassen sich gern an den Hauswänden die Spuren zeigen. Viele Denkmäler sind verschwunden, die Tyrannen zu Fuß oder zu Pferd sind von ihren Sockeln gestürzt, zahllose Straßenschilder sind überpinselt, viele Kreuze und Heiligenbilder sind entfernt, viele Fenster sind zerschlagen und nicht wieder eingesetzt, viele Gitter sind weggenommen und zu Piken umgeschmiedet worden, und von früheren Feierlichkeiten sind halbverfallene Aufbauten oder symbolische Standbilder aus schlechtem Material stehengeblieben, Göttinnen mit ungeheuren Brüsten, die sich langsam auflösen und auf den nächsten Regen warten, um aufgeweicht zusammenzusinken.

Paris, das alte Paris klammert sich ans Leben, das noch nie so fragwürdig und köstlich war. Es gibt kein Brot mehr, die Menschen stellen sich schon in der ersten Morgendämmerung geduldig in langen Ketten vor der schwer verriegelten Tür der Bäckerläden auf, um das wenige Brot zu erhaschen, das beim Öffnen der Läden verfügbar sein wird. Einige Nationalgardisten sind gewöhnlich zur Stelle, um Streit zu verhüten. In ihren fadenscheinigen Uniformen, deren rote Aufschläge vor Schmutz ebenso schwarz sind wie das weiße Lederzeug, in ihren formlosen Zweispitzen sehen sie fast noch armseliger aus als alle anderen Leute. Das Warten dauert lange, die Sonne kommt, die in diesen Wochen schon früh sticht; sobald der Laden geöffnet wird, beginnt ein fieberhaftes Gedränge, die Angst der Menschen, kein Brot mehr zu bekommen, steht fast körperlich über der Menge und mischt sich mit Schweiß und Staub.

Viele unter den Wartenden schimpfen, aber vorsichtshalber nicht auf den Konvent, der durch seine Eingriffe die Waren vom Markt verjagt hat, sondern auf die Engländer oder auf die Verräter. Einige lesen im Stehen, andere reißen Witze oder machen ihren Nachbarinnen den Hof. Jener Mann dort, der geistesabwesend die Lippen bewegt, dürfte ein ehemaliger Priester sein, obwohl er wie ein Arbeiter gekleidet ist, und jene alte Frau, die nichts um sich zu sehen und hören scheint und mit einer allzu blassen Hand angstvoll ihr Umschlagtuch auf der Brust zusammenhält, ist gewiß eine »Ehemalige«, eine Gräfin oder Marquise also, die übriggeblieben ist. Nicht immer geht es so ordentlich zu wie hier, oft stoßen üble Burschen kurzerhand die Wartenden beiseite, drängen sich an die ersten Plätze und klopfen mit ihren armdicken Knotenstöcken so lange an die Läden, bis diese zerbrechen. Oder es geschieht, daß die Menge sich mit solcher Gier auf ein eben anlegendes Weinschiff stürzt, daß es sinkt, ehe auch nur ein einziges Faß ausgeladen werden kann. Alle Depots, Speicher, Schlachthäuser und Hallen werden scharf von der Truppe bewacht, sonst wären sie längst gestürmt.

Man hat kein Brot, kein Fleisch, keine Seife, keine Schuhe, keine Milch, kein Fett, aber man lebt doch. Man lebt fieberhaft, also entweder zu viel oder zu wenig. Es gibt Menschen, die nicht mehr imstande sind, auch nur eine halbe Stunde zu Hause zu bleiben, die am frühen Morgen fortgehen, erst um Brot anstehen, dann einen Blick in den Zuhörerraum des Revolutionstribunals werfen, wohl auch ein Viertelstündchen der Sitzung beiwohnen und, ihr Brot kauend, die hastig Verurteilten anstarren, dann am schlammigen Ufer der Seine spazierengehen, weil der Fluß frischen Wind bringt und mit seiner rastlosen Bewegung eine geheime Angst übertönt, dann in ein Kaffeehaus am Quai Voltaire oder am Odéon eintreten und sich dort in kein Gespräch einzulassen wagen, weil sie die übrigen Gäste für Spitzel halten, dann wieder aufs rechte Ufer hinüberschlendern, in die Konventsitzung gehen und da vor Müdigkeit einschlafen, bis ein Patriot sie wachrüttelt, weil jetzt Robespierre auf die Tribüne steigt, dann in den Maihof des Justizpalastes schauen, wo gerade die Karren für die heutige Hinrichtung beladen werden, dann gedankenlos ein Stückchen hinter dem ersten Karren herwandern, bis er in die Rue Honoré einbiegt, dann wieder in ein Kaffeehaus treten, um die neueste Nummer der »Revolutions de Paris« oder das »Thermomètre du jour« zu lesen, dann bei einem Koch auf dem Boulevard eilig ein schlechtes Mahl einnehmen und dann vor dem Versammlungslokal der Jakobiner landen, um die berühmten Männer zur Sitzung ankommen zu sehen.

Und es gibt andere Menschen, die seit Monaten ihr Zimmer nicht mehr verlassen haben, im abgeschabten Schlafrock in ihren vier Wänden umhergehen, die Katze in der Dachrinne füttern, sich von einer alten Aufwärterin die wenigen Nahrungsmittel bringen lassen und deren Berichte über die neuesten Ereignisse nicht anhören. Das Geräusch der Straße dringt verworren zu ihnen herauf. Manchmal vernehmen sie Schüsse oder Schreie oder wilden Hufschlag von Pferden, sie beugen sich nicht hinaus. Kirchenglocken hört man ja nicht mehr, dafür um so öfter das Sturmläuten oder die Alarmkanone. Aber sie haben sich geschworen, von all dem keine Notiz zu nehmen, sie lesen in ihrem Gebetbuch oder in ihrem Livius, schreiben keine Briefe, empfangen keine und sehen den Tag und die Nacht nur wie eine Spiegelung über den Dächern von Paris. Beide, die Ruhelosen und die Vergrabenen, wollen die Wirklichkeit nicht sehen und schieben ihre tiefe Verzweiflung immer wieder von sich weg.

Aber durchaus nicht alle Menschen sind sich klar darüber, daß sie verzweifelt sind, die meisten leben sogar, wie sie immer gelebt haben, oder sie versuchen es wenigstens. Um Politik braucht man sich nicht mehr zu kümmern, das besorgen die Jakobiner, die einen jetzt, im fünften Jahr der Revolution, doch nicht mehr als Mitglied aufnehmen. Das Entscheidende ist, nicht aufzufallen, sich weder durch übermäßigen Eifer noch durch übermäßige Gleichgültigkeit bemerkbar zu machen, nicht zu gut, aber auch nicht zu schlecht gekleidet zu sein, nie zu einer eigenen Meinung den Mund zu öffnen, mit einem Wort, alles zu tun, um übersehen, ja vergessen zu werden. Wenn man nicht gerade im Innern der Stadt wohnt, kann man wochenlang seiner Beschäftigung nachgehen, ohne – außer am Brotmangel – viel von der Revolution zu merken. Allerdings, einen gültigen Bürgerausweis muß man in der Tasche haben. Paris tut nichts, kümmert sich um nichts und versucht so zu leben, als wäre alles wie früher. Niemand geht zum Wählen, die Versammlungen der Sektionen sind leer. Wenn es heißt, daß Paris sich regt oder marschiert oder seine Stimme erhebt, so sind das alles Redensarten. Eine Handvoll energischer Leute in den Überwachungsausschüssen verrichtet die ganze Arbeit und hält die Revolution in Gang.

Paris glaubt jeden Tag, daß die Revolution nun aus ist, aber es glaubt gleichzeitig auch, daß sie niemals aufhören wird. Man muß ja weiterleben – um jeden Preis. Wenn es nicht genug Brot und Rindfleisch zu kaufen gibt, dann kauft man eben überflüssigen Tand, schön gestreifte Seidenstoffe, die jetzt so stark in

Mode sind, Schmuckstücke und Parfüms. Auch Musikinstrumente und Bücher finden guten Absatz, und die Maler hätten auch tüchtig zu tun, wenn sie nicht ewig diese edlen römischen Greise und tugendhaften Lukrezien und finsteren Brutusse malen wollten. Wenn man den Kindern nicht genug Butter und Milch geben kann, so gibt man ihnen eben Spielsachen, Hampelmänner, welche die Fratze Pitts tragen, oder Zinnsoldaten nach dem Modell der Helden von Jemappes und Wattignies. Unglaublich ist es, wie manche Geschäftsleute die politische Konjunktur ausnutzen; sie machen sogar vor den Kindern nicht halt und bieten für sie kleine hölzerne Guillotinen feil. Ein hübsches Spielzeug, man zieht an einer Schnur, das Messer fällt, und die Puppe verliert ihren Kopf. Aber es wird wenig gekauft, und der Erfinder wird nicht reich davon.

Versteht man, woher die Besitzer der feinen Speisehäuser noch immer ihre Waren beziehen? Bei Méot, Véry und Naudet findet man noch immer die alte Speisekarte, die viele Seiten stark ist. Für ein kleines Bündel Assignaten, kaum größer als ein Ziegelstein, kann man schon einen Stör in Weißwein, eine Poularde mit Reis, drei gebackene Hammelnieren, grüne Bohnen, ein Erbsenpüree, Käse, Eis, eine Flasche Clos-Vougeot mit Likören haben. Bei Deharme in der Rue des Grands-Augustins ist das Feuer unter dem »Dauertopf« noch nicht erloschen. Seit vielen Jahrzehnten brodelt die Fleischbrühe in ihrem ungeheuren Gefäß ohne Unterlaß, immer wieder wird nachgefüllt, immer neue Hühner und Kapaune wandern hinein und vermehren die Kraft der Brühe. Tag und Nacht kann man eintreten und sich ein Huhn in dieser göttlichen Brühe reichen lassen. Bei Leblanc auf der Rue de la Harpe gibt es immer noch die berühmten Bayonner Schinken, deren kleinster zwanzig Pfund wiegt. Bei Beauvilliers in den Arkaden des Palais-Royal kann man hundertachtundsiebzig verschiedene Suppen, Fleischgerichte, Gemüse und Nachspeisen haben. Kein Wunder, daß die Menschen hereinströmen. Aber die Wirte haben es nicht immer leicht, sie müssen Beziehungen haben, die Nacht zum Tage machen und alle verschlungenen Pfade des Schleichhandels kennen. Der berühmte Véry sitzt augenblicklich wieder im Gefängnis, aber er ist so unentbehrlich, daß seine Kunden ihn bald wieder zu sehen hoffen, wie er das Geflügel tranchiert, den Hecht zerlegt und den Chambertin andächtig ins Glas rinnen läßt. Die erlauchte Kochkunst wird gleichsam demokratisiert, denn die großen Küchenchefs der adligen Familien haben ihre uralten Gewölbe unter den Palais des Faubourg St. Germain verlassen müssen und wenden nun ihre exklusive Kunst der zahlenden Menge zu.

Da der Sommer täglich strahlender und wärmer wird, lebt Paris auf den Straßen. Die Wirte rücken ihre Tische ins Freie, soweit das holprige und nach der Straßenmitte abfallende Pflaster dies gestattet, und bedienen die Spaziergänger mit Eis, mit Apfelbeignets oder einfach mit einem Glase spritzigen Saumurs. Leider haben manche Leute es sich immer noch nicht abgewöhnen können, den Abfall auf die Straße zu werfen. Der Geruch in den heißen Tagesstunden ist erstickend, die Hunde wühlen im Rinnstein, und oft kommt es vor, daß ein Mann, der im Freien an einem Tisch friedlich sein Mittagsmahl verzehrt, plötzlich seinen Degen zieht, um eine Ratte aufzuspießen, die zwischen seinen Füßen nach Abfällen sucht. Aber so etwas erschreckt höchstens die Frauen, die auf die Rohrstühle klettern oder sich an ihre Begleiter klammern.

Limonadenverkäufer mit ihrer Schelle gehen vorbei, Blumenhändlerinnen bieten den Liebespaaren ihre schon recht vertrocknete Ware an, einige junge Offiziere in enganliegenden Beinkleidern, den Messinghelm mit Pardelfell verziert, schlendern Arm in Arm durch die Menge und schauen keck den jungen Mädchen unter die Hüte, eine blasse, streng gekleidete Frau, gewiß eine ehemalige Adlige, hält feine holländische Spitzen feil, und jener zierliche Greis dort mit seinem fahrbaren Öfchen, auf dem er dünne Pfannkuchen bäckt, sieht auch ganz so aus, als habe ihm das Haus, in dessen mächtiger Einfahrt er jetzt seinen Stand hat, einmal zu eigen gehört. Ein Trupp

Gefangener wird von einigen berittenen Gendarmen vorbeigeführt; die Neugier, mit der die Menge sie betrachtet, gilt nicht etwa ihrem Schicksal, sondern ihrer Kleidung. Einige von ihnen tragen ärmellose Jacken aus Ziegenfell, andere haben über dem nackten Oberkörper nur eine schwarze Weste aus haariger Wolle, mit zwei Reihen silberner Knöpfe besetzt, einige gehen auf nackten Füßen, andere in Holzschuhen, die mit Stroh ausgelegt sind. Das fettige, mit Spreu und Staub bedeckte Haar fällt ihnen über die Schulter. Stumpf und gleichgültig blicken sie vor sich hin, ohne von der Menge, welche die Straße füllt, Notiz zu nehmen. Offenbar sind es Bauern aus der Vendée oder dem Poitou, die sich für ihre Priester und den König geschlagen haben und aus irgendeinem Grunde der Schnelljustiz an Ort und Stelle entgangen sind und nun hier in Paris abgeurteilt werden sollen.

Natürlich ist das Palais-Royal nach wie vor der Mittelpunkt des Vergnügungslebens. Gasthäuser, Modeläden, Spielklubs, Absteigequartiere, Lesezimmer, Tanzsäle und, nicht zu vergessen, das Wachsfigurenkabinett des Herrn Curtius füllen die überdeckten Gänge dieses ungeheuren Baues. Der Garten und die Arkaden sind das Hauptquartier der Dirnen, der Falschspieler und Taschendiebe, aber auch der Philosophen und politischen Kannegießer. Wanderredner klettern auf die Stühle und sammeln schnell eine Gruppe von Zuhörern um sich, in der sich stets ein oder mehrere Polizeispitzel befinden, Broschüren werden ausgerufen, und die neuesten Bücher liegen allenthalben zum Durchblättern aus. Ein unaufhörliches Brausen, gemischt aus Schreien und Gelächter, erfüllt die Gänge und den Garten.

Die hübschen Frauen zeigen verführerisch lächelnd ihre Zähne und bewegen schmachtend die langen Glieder im fließenden Peplum aus durchsichtigem Tüll. Rotlederne Sandalen halten den nackten Fuß, das Haar liegt in unzähligen festen Löckchen auf dem Nacken, schöngewebte Schals, mit goldenen Bienen oder Blumen geschmückt, sind von den nackten Schultern geglitten und schleifen am Boden nach. Noch sieht man breitkrempige Hüte mit Band- und Federschmuck, aber schon drängen sich die kleinen Baretts, die schmalen Turbane oder die flachen Käppchen vor. Auch die phrygische Mütze erscheint in zierlichen Abwandlungen. Die Mode ist ratlos, sie sucht, sie leiht bei den Griechen und Römern, wie sie diese versteht, sie leiht bei den Türken oder Spaniern, sie leiht bei den Trachten der Soldaten und Jäger, aber sie ist bei allem Suchen fest entschlossen, die Formen der Frau zu entblößen, den Fluß der Glieder zu verraten, die Drehung der Hüften und das Wechselspiel der Schenkel zu enthüllen und vom Winde zu erwarten, daß er die leichte Hülle aus Musselin und Organdi gegen die nackten Leiber preßt. Die Modekünstlerin Lisfrand und ihre Kolleginnen wagen täglich mehr, die Unterwäsche verschwindet Stück für Stück, ein fieberhaftes Begehren scheint all diese fleischliche Schönheit erfaßt zu haben und ihr die geflüsterten Worte einzugeben: »Nimm mich, ehe es zu spät ist.«

Ehe es zu spät ist! Der Tod ist immer mit im Spiele und zeigt sich bereit, die armen Sterblichen vom Vorwurf der Wollust oder Schamlosigkeit freizusprechen. Es werden blutrote Gürtel à la victime getragen, die emaillierten Spangen sind in Form eines Rutenbündels mit dem Liktorenbeil, es gibt Ohrringe in Form winziger Guillotinen aus Gold. Die langen Hälse in ihrer makellosen Weiße, scheinen sie nicht wie geschaffen für den Schmuck eines roten Schnürchens, »nicht breiter als ein Messerrücken«? Das Begehren, das diese Frauen erregen, drängt danach, in den rauschenden Strom des Vergessens einzumünden. Diese Männer, die in jeder Tasche eine Pistole tragen, die das Gesicht im hochgestellten Kragen ihrer weiten Mäntel verbergen und der Frau nur ein paar blitzende Augen anbieten, deren langes Haar wie von einem Windstoß nach vorn in die Schläfen gestrichen ist, an deren Ohren riesige Goldringe baumeln, diese Offiziere in verwitterten Uniformen, diese Kommissare in ungeheuren Federhüten, das Kinn in Halsbinden gedrückt, die groß wie Kumte sind, den breiten Säbel nachschleppend, diese blassen Jünglinge, die einen Dolch unter dem

Hemde versteckt tragen, alle diese Männer trinken mit fiebrigen Blicken die Schönheit des nackten Fleisches in sich, denn sie sind die Guillotinierten oder die Gefallenen von morgen. Die Schneide für sie ist geschärft, die Kugel ist gegossen, das Leben ist nichts mehr, das Leben ist alles.

Denn wie stark der Trieb zum einfachen Weiterleben auch sein mag, so lastet doch auf Paris das ungeheure Bleigewicht des allgegenwärtigen Todes. Auf dem größten und schönsten Platz der Stadt steht nun schon seit vielen Monaten die Guillotine, täglich fließt das Blut der Verurteilten, täglich werden neue Schübe aus den Gefängnissen geholt, ohne daß diese darum leerer werden. »Die Friedhöfe und nicht die Gefängnisse haben überfüllt zu sein«, erklärt Saint-Just. Und obwohl man sich beeilt, dieser Anweisung zu gehorchen, befinden sich in diesem Augenblick in den Kerkern von Paris doch Hunderttausende von Gefangenen. In den Listen dieser Gefängnisse stehen hinter den Namen der Verhafteten stets die Gründe angegeben: »Hat in seinem Haushalt Tassen mit dem Bilde der Königin.« – »Hat ein Gebetbuch mit eingepreßter Krone und Lilie.« – »Glaubt nicht an die Wohltaten der Revolution.« – »Geht nicht mit ordentlichen Leuten um.« – Oder noch einfacher: »Ist Egoist.«

Wer die Treppe seines Hauses hinuntersteigt und einen Gendarmen heraufkommen sieht, der erblaßt, dem steht das Herz still, der lehnt sich, den kalten Schweiß auf der Stirn, gegen das Geländer – und füllt sich jäh mit wilder Lebensfreude, wenn der Gendarm einen Stock tiefer anklopft. Jedes amtliche Schreiben wird mit tödlicher Angst geöffnet, jeder unbekannte Besuch erregt schweres Herzklopfen, jeder Anblick eines Verurteilten wirft die Frage auf: »Wer wird der nächste sein?« Und: »Wann komme ich dran?« Der Mensch, der in seinem Bett einschläft, tut es mit dem Gefühl eines gewonnenen Lebenstages, aber noch in seinen Schlaf hinein folgt ihm die Furcht, er fährt plötzlich jäh auf, ist klar wach, sein Herz klopft einen angstvollen Wirbel, draußen ist erste Dämmerung, blaßgraue, steinerne Dämmerung.

Jeden Nachmittag rollen die Karren mit den zum Tode Verurteilten die Rue Honoré entlang. Die Inhaber der Läden, Kaffeehäuser und Geschäfte dieser schönen und wohlhabenden Straße führen energisch Klage darüber, daß dieses täglich wiederkehrende Schauspiel zwar den Janhagel anziehe, aber das gute Publikum abschrecke und den Handel der wichtigsten Pariser Geschäftsgegend ruiniere. Man spricht auch schon davon, daß die Guillotine demnächst verlegt werden solle, und zwar an den südöstlichen Stadtrand, nach dem Schlagbaum du trône, der jetzt trône renversé heißt. Aber vorläufig geht der traurige Zug noch jeden Tag von der Conciergerie über den Fluß und dann die Rue Honoré hinauf bis zur Rue Nationale, früher Rue Royale, die auf den Revolutionsplatz mündet.

Dort erhebt sich das Blutgerüst zwischen dem Sockel des Reiterstandbildes Ludwigs XV., auf dem jetzt eine vom Regen verwaschene Freiheitsgöttin sitzt, und der Terrasse des Tuileriengartens, in Richtung auf die Rue Florentin zu. Unter dem Holzaufbau des Schafotts steht immer eine mächtige Blutpfütze, die auch durch reichlich gestreuten Sand nie ganz aufgesogen wird und die umherschweifenden Hunde anzieht. Wenn es regnet, wird alles weggeschwemmt, in den Rinnsteinen strömt das rote Wasser dahin, und die Hunde tun sich gütlich, überall blutige Abdrücke ihrer Pfoten hinterlassend. Chaumette hat sogar beim Stadtadvokaten darüber Klage geführt und durchgesetzt, daß die Hunde in dieser Gegend an der Leine geführt werden müssen. Als sein eigenes Blut die Pfütze vergrößert, hatten die Zustände sich also schon gebessert. Trotzdem kann es an heißen Tagen geschehen, daß der Westwind den schrecklichen Geruch frischen Todes über die innere Stadt dahinträgt.

Wen das Revolutionstribunal am Vormittag verurteilt, der wird noch am gleichen Nachmittag zum Tode geführt. Er hat nicht lange zu warten. Schlimmer ist es für den, der nach der Mittagspause verurteilt wird. Er darf erst am nächsten Tag sterben. Die Karren werden meistens schon zu Beginn des Tages angefordert, denn Freisprüche sind so gut wie ausgeschlossen. Der öffentliche Ankläger, Fouquier-Tinville, ist ein fleißiger Mann, er arbeitet sechzehn Stunden am Tag, schläft auf einer Matratze in seinem Amtsraum einige Stunden, um als erster wieder am Schreibpult zu sitzen. Vor Beginn der Sitzung erscheint gewöhnlich ein älterer Herr von kräftiger Gestalt und ernstem, fast geistlichem Anstrich in den Wandelgängen des Gerichtsgebäudes, um sich nach dem voraussichtlichen Tagesverlauf zu erkundigen. Es ist Sanson, der Henker von Paris, ein vielbeschäftigter Mann, der je nach dem Umfang des zu erwartenden Schubes für Karren, Pferde, Körbe, Stricke, Sand und Gehilfen sorgen muß. Das ist nicht immer ganz leicht, die Lieferanten rechnen ihm Wucherpreise, und zusätzliches Personal kann er trotz des patriotischen Eifers, der allenthalben herrscht, nur für schweres Geld auftreiben. Aber Sanson ist immer pünktlich zur Stelle, alles geht wie am Schnürchen, und noch nie hat man ihm das kleinste Versagen bei der Abwicklung der ihm übertragenen Aufgabe vorwerfen können. Fouquier-Tinville weiß als echter Bürokrat diese Zuverlässigkeit zu schätzen.

Nach dem Richterspruch werden die zum Tode Verurteilten in bestimmte Räume der Conciergerie geführt, wo sie auf die Hinrichtung vorbereitet werden und wo diejenigen, die erst am folgenden Tage sterben, ihre letzte Nacht verbringen. Für die Männer ist ein Raum der Gefängniskanzlei zu diesem Zwecke abgeteilt. Die neu eingelieferten Gefangenen können, während ihre Personalien aufgenommen werden, durch die hölzernen Gitterstäbe diejenigen sehen, die das Gefängnis für immer verlassen. Der Graf Beugnot schildert dies in seinen Denkwürdigkeiten. »Am Tage meiner Einlieferung erwarteten zwei Männer die Ankunft des Henkers. Sie waren ihrer Röcke entledigt, ihre Haare waren schon aufgelöst und ihre Kragen zurechtgemacht. Ihre Gesichtszüge waren keineswegs entstellt. Ob nun mit oder ohne Absicht, sie hielten ihre Hände so, wie sie später zusammengebunden werden sollten, und versuchten sich in stolzen und verachtungsvollen Stellungen. Einige auf dem Fußboden ausgebreitete Matratzen zeigten an, daß sie die Nacht hier verbracht hatten, daß sie also schon die lange Qual der Nacht überstanden hatten. Daneben sah man die Reste ihrer letzten Mahlzeit. Ihre Röcke lagen umher, und zwei Kerzen, die sie nicht ausgelöscht hatten, drängten das Tageslicht zurück, um diese Szene nur mit dem Schein des Todes zu beleuchten.« Einige Schritte weiter den gewölbten, von der Flamme der Fakkeln berußten Gang entlang liegt der kleine, fensterlose Raum, wo die zum Tode verurteilten Frauen sich aufhalten. Dort wird ihnen das Haar abgeschnitten, dort werden ihnen die Hände gebunden, dort verbringen sie die letzten Stunden.

Das Leben ist zu Ende. Oben im Gerichtssaal hatte man noch Hoffnung, da waren noch Menschen, da wurde noch gefragt, da lohnte es sich noch, den Kopf hoch zu tragen und eine feste Antwort zu geben. Aber hier in diesem schwarzen Raum, der dürftig durch eine Öllampe erhellt ist, wo die Körbe stehen, um die abgeschnittenen Haare aufzunehmen, wo die Fesseln bereitliegen, von denen das Blut des Vortages nur mangelhaft abgewaschen ist, wo die kalte Schere des Henkers den gebeugten Hals berührt! Begreift man, was der Tod ist? Nicht jener Tod, der eines Tages in einem Bette gestorben wird, der ein müdes Erlöschen ist, nein, jener Tod, der wie eine Maschine ist, der eine Einrichtung ist, der seine Instrumente und sein Personal hat, der massenhaft verabfolgt wird, der schnell, ordentlich und unpersönlich ist, der kein Einschlafen und keine Erlösung, sondern eine amtliche Veranstaltung ist, bei der alles, alles genau bedacht wird, nur eines nicht – daß das Leben so schön ist.

Erschreckend blaß, mit weit geöffneten Augen, liegt eine Frau auf der hölzernen Bank und denkt. Sie kann nicht viel denken, ihr Gehirn wiederholt immer nur: »Nie mehr, nie mehr, nie mehr, nie mehr!« Weiter kommt sie nicht, sie ist nicht imstande, sich vorzustellen, was nun nie mehr sein wird, aber gestern wußte sie es noch, daß sie noch einmal gern ihren kleinen Sohn schlafend gesehen hätte, daß sie noch einmal gern ihr Gesicht an die Schulter ihres Geliebten gepreßt hätte, die Augen fest geschlossen, purpurne Finsternis, die Arme um seinen Hals geschlungen und immer, immer, in alle Ewigkeit so bleiben. Wohl dem, der weinen kann, der jammern, schluchzen und schlucken kann, bis der Kehlkopf schmerzt und der Schädel dröhnt. Das eigene Weinen hören, lenkt die Gedanken ab, kann es denn wahr sein, daß schon alles zu Ende ist, erst achtundzwanzig Jahre alt, irgend etwas wird geschehen, irgend etwas wird aus der völligen Schwärze auftauchen, und das Leben wird wieder gut sein! Dann wird man nie wieder Böses tun, nie wieder wird man töricht und grausam sein, nie wieder wird man andere leiden lassen. Dies alles kann ja nicht wahr sein! Der Gendarm, der dort sitzt und seine Pfeife raucht, ist doch ein Mensch, die anderen Frauen hier werden doch nicht alle, alle sterben müssen, der Mann, der jetzt mit der Schere kommt und im Vorbeigehen ein paar blonde Flechten in den Korb wirft, kann es doch nicht ernst meinen. Gott, Gott, man hätte mehr beten sollen. Das ganze Leben hätte man mehr beten sollen. Es ist Sommer in Paris, und auf der Rue de Tournon ist heute abend Gemeinschaftsessen der Sektionen im Freien. Die Windlichter werden im leichten Luftzug flackern, man wird mit den Gläsern anstoßen und auf die Republik trinken. Es wird eine laue Sommernacht sein. Das ist nicht möglich, man wird doch draußen nicht weiterleben, man wird doch an uns hier drinnen denken, können die Menschen denn noch schlafen, können sie noch froh sein, wenn sie uns hier sterben lassen? Wir sind doch ganz unschuldig. Wie langsam die Zeit vergeht!

Die Karren halten draußen vor dem eisernen Gitter des Maihofes. Sanson ist in Person da, er prüft die Liste des Gerichtes und erteilt dem Pförtner eine Quittung. Es wimmelt von Menschen, von Freunden und Verwandten, die den Opfern ein stummes Lebewohl sagen wollen, von Gendarmen und Schreibern und schließlich von Neugierigen, die jeden Tag hierherkommen und sehen wollen, wie sich »die von heute« betragen. Ja, es gibt in diesen Monaten in Paris eine Schar von Menschen, die keines dieser Schauspiele versäumen, die sich entweder hier im Hof aufstellen oder unterwegs auf den Zug der Wagen warten oder sich bereits um das Blutgerüst auf dem Revolutionsplatz drängen, um einen guten Platz zu bekommen. Wer sind diese Menschen? Sind es Kranke, die Blut und Qualen lieben, ist es vertierter Pöbel, der sich die Zeit vertreibt, sind es Fanatiker, die das Blut der »Verschwörer« fließen sehen wollen, oder ist es bezahlte Unterwelt, die den schnell wachsenden Abscheu des Volkes vor diesem endlosen Graus verdecken soll und für zwanzig Sous »Es lebe die Republik!« und »Nieder mit den Verrätern!« schreit? In Wahrheit sind es ein wenig von allen, aber es sind fast immer dieselben Menschen, es gibt eine Stammkundschaft für Hinrichtungen, deren kleine Zahl das große Paris von der Schande freispricht, das Schauspiel der Todesqualen zu lieben.

Paris sucht wegzublicken und nicht daran zu denken. Aber das gelingt nicht immer. Es ist unmöglich, das wichtigste Geschäftsviertel der Stadt zu meiden. Ab und zu geschieht es doch, daß eine Mutter mit ihrem Knaben aus der Konditorei kommt und die Rue du Roule nicht überqueren kann, weil gerade ein Karren zur Richtstätte fährt, oder daß ein altes Ehepaar, das in der Kirche Saint-Roch gebetet hat, oben auf den Stufen stehenbleiben muß, weil alles von Zuschauern versperrt ist. Es gibt gute Menschen, die wie gelähmt den traurigen Zug begleiten und in magischer Verzauberung sich nicht eher losreißen können, als bis der letzte Kopf unter dem dreieckigen Messer gefallen ist. Es gibt Menschen, die dabei stehen, »um stark zu werden«, und es gibt solche, die nie darüber nachgedacht haben, warum sie dabei sind. An »großen Tagen« ist natürlich ganz Paris auf den Beinen, und die Neugier, einen Danton oder die Königin zum letzten Male – und in vielen Fällen auch zum ersten Male – zu sehen, überwiegt alles Zartgefühl und alles Grauen. Und was sehen diese Menschen? Einen Karren voller gefesselter Menschen, die in den meisten Fällen ruhig, ja stolz und in ihr Schicksal ergeben sind. Wie selten geschieht es, daß einer dieser Verurteilten sich gegen sein Los aufbäumt! Und wenn die Sterbenden es so ruhig nehmen, warum sollen die Überlebenden sich empören? Wenn alle Verurteilten so schreien, sich so wehren und so gellend das Mitleid der Zuschauer anrufen würden wie Madame du Barry, das arme Frauenzimmer, dies tat, so müßten die Behörden wohl mehr Sicherheitskräfte aufbieten, um die Karren zu geleiten.

Ein Polizeispitzel, der den Auftrag hat, den Eindruck der Hinrichtungen auf die Bevölkerung zu beobachten, tritt dafür ein, daß die Karren täglich denselben Weg nehmen, »von dem die Schwachen sich fernhalten können«. Eine Frau ist bei dem Anblick ohnmächtig geworden, die Menge ist unwillig zusammengelaufen. Der Spitzel kommt am andern Tag noch einmal auf den Gegenstand zurück, »weil die Aristokraten, die gewandt alles ausnutzen, sich solcher Unfälle wie des gestern berichteten bedienen, um das Volk geschickt auf die große Zahl der Hinrichtungen aufmerksam zu machen und, wenn möglich, sein Mitleid für das Schicksal seiner Feinde zu erwecken und ihm diejenigen, die seinen Triumph vorbereiten, verhaßt zu machen. ›Man kann nicht mehr ausgehen‹, sagen sie, ›ohne auf die Guillotine zu stoßen oder auf diejenigen, die man dorthin führt. Die Kinder werden grausam davon, und man muß Angst haben, daß die schwangeren Frauen mit Leibesfrüchten niederkommen, die am Hals gezeichnet oder bewegungslos wie die Statuen sind, weil die Mütter diese traurigen Dinge gesehen haben.‹ Das Volk antwortet auf diese Reden, in denen es nur guten Glauben und Menschlichkeit sieht, gewöhnlich mit einer tief nachdenklichen Miene, was Ideen und Empfindungen zur Folge haben kann, die denen, die es eigentlich haben sollte, entgegengesetzt sind.«

Der einzige Ein- und Ausgang der Conciergerie geht auf einen kleinen dunklen Hof, der tiefer liegt als der große Maihof. Eine Treppe von zehn Stufen führt zum eisernen Gittertor, das die beiden Höfe voneinander trennt. Die Karren halten am Gitter, unten im kleinen Hof steht Sanson und heißt die Verurteilten aufsteigen. Sobald der letzte verfrachtet ist, faltet er den

Exekutionsbefehl mit der Unterschrift Fouquier-Tinvilles zusammen, steckt ihn in die Tasche und gibt das Zeichen zum Abmarsch. Die berittene Eskorte zieht blank, der Pöbel, der sich auf der großen Freitreppe des Justizpalastes drängt, brüllt »Es lebe die Republik!«, die Karren durchqueren den großen Hof, rollen durch das mächtige Gittertor und dann links hinunter dem Flusse zu.

Eines Tages geschieht es, daß ein gefesselter und geschorener Mann namens Gossin den Wagen nachrennt und gellend schreit: »Nehmt mich mit! Ich bin ja auch verurteilt!« Die Wagen halten an, lähmendes Schweigen legt sich über die Menge. Die Verurteilten scheinen ihre eigene Qual zu vergessen und betrachten neugierig den Mann, der mit wildem Geschrei seinen Tod fordert. »Wie heißt du?« fragt der Henker und zieht seine Liste heraus. – »François Gossin.« Der Henker sucht vergeblich und stößt ihn dann zurück. »Hol' dich der Teufel, du Dummkopf, du bist nicht dabei!« Doch der gefesselte Mann läßt sich nicht abweisen, mit irren Augen jammert er: »Doch, doch, ich bin verurteilt, nehmt mich mit!« – »Weg da, laß mich in Ruhe!« sagt der Henker ungeduldig und will das Zeichen zum Weiterfahren geben, als ein Richter hinzutritt und erklärt, daß die Liste nicht vollständig und daß Gossin tatsächlich verurteilt ist. Dieser erklettert eifrig den letzten Karren, aber kaum hat der Zug sich wieder in Bewegung gesetzt, als der Unglückliche wieder zu Sinnen kommt und versteht, was er getan hat. »O meine Frau und meine Kinder!« schreit er entsetzt auf, aber erbarmungslos poltern die Karren über die Brücke dem rechten Ufer zu.

Langsam, langsam geht es dem Tode entgegen. Die Verurteilten sind fast immer ruhig. Manche zucken die Achseln, wenn ihnen der Pöbel Schimpfworte zuruft, manche antworten sogar, andere besehen mit Interesse die Straßen, die Häuser, die Zuschauer auf den Treppenstufen und in den Fenstern, so Charlotte Corday, die ja Paris nie gesehen hat und mit einer gewissen Neugier die schönen Geschäfte und das strömende

Leben betrachtet. Die meisten aber starren schweigend vor sich hin, in den entsetzlich blassen Gesichtern glühen die Augen, die wie erstarrt sind, manche weinen still in sich hinein. Aber es kommt fast niemals vor, daß einer dieser Unglücklichen sich gegen sein Schicksal noch im letzten Augenblick zu wehren versucht. Diese Lähmung deutet auf das Bewußtsein nicht nur von der ungeheuren Macht des Staates, sondern auch von der elementaren Wucht dieser Revolution, der die Sterblichen wie einer Naturgewalt unterliegen. »Der Zustand der Lähmung«, sagt ein Zeitgenosse, »ist so stark, daß, wenn man einem Verurteilten sagte: ›Jetzt gehst du nach Hause und wartest dort auf den Karren, der morgen früh vorbeikommt, um dich mitzunehmen‹ – er nach Hause gehen und morgen früh zur angegebenen Zeit auf den Karren steigen würde.« Die meisten Verurteilten sehen verunstaltet aus durch den brutalen Haarschnitt des Henkers und den aufgerissenen und zurückgeschlagenen Hemdkragen, viele tragen Pantoffeln oder haben gar nackte Füße, viele sind in bloßer Weste, nur die Frauen geben ein wenig auf ihr Aussehen acht und verbergen ihr abgeschnittenes Haar unter einer Haube. Es gibt Verurteilte, die halblaut und in rasender Eile Gebete murmeln, ohne die Augen aufzuschlagen, andere suchen in der Menge den getreuen Priester, der in bürgerlicher Kleidung dem Zuge folgt, um im letzten Augenblick durch ein Zeichen mit der Hand oder mit den Augen die Absolution zu erteilen.

Die schweren, ungefederten Karren holpern über das unregelmäßige Pflaster. Der Weg ist lang. Dort ist die Kirche der Oratorianer, vom Alter geschwärzt erhebt sich die schöne Fassade, die Kirchentür ist geöffnet und bereit, die letzten Gebete der Sterbenden einzulassen. Hier stand am 16. Oktober, als die Königin zum Tode geführt wurde, eine Mutter und hob ihr blondes Bübchen hoch, das der Königin eine Kußhand zuwarf. Vor dem Palais-Egalité, dem früheren Palais-Royal, sind immer viele Menschen, meistens unbarmherzige und zu höhnischen Zurufen aufgelegte Menschen. Der beste Platz ist auf den Stufen der Kirche Saint-Roch, da stehen die richtigen abgebrühten Schreier, da stand auch die Frau, die beim Anblick der Königin in die hohle Hand spie und ihren Speichel auf die Unglückliche zu schleudern versuchte. Der Henker ist menschlicher, denn er rät wohl dem einen oder anderen Opfer, das sich von den Stößen des Wagens gar zu sehr hin und her werfen läßt, sich besser gegen die Sprossen der Wagenleiter zu stützen. Oder wenn er bemerkt, daß jemand vor Angst nicht mehr schlucken kann oder sein Zittern zu unterdrücken versucht, so probiert er wohl ein höfliches Lächeln und sagt, sich gleichsam entschuldigend: »Ein weiter Weg, nicht wahr?« Charlotte Corday lächelte auf diese Frage hin und zuckte gleichgültig mit den Schultern – aber Sanson hatte es gut gemeint.

Endlich biegt der Wagen in die Rue Nationale ein und gibt den Blick auf den Revolutionsplatz frei. Vor dem weiten Horizont, in dessen sommerliche Klarheit ein klein wenig silbriger Dunst gemischt ist, steht scharf und schmal die Guillotine. Das ist der Augenblick, in dem die Verurteilten aufs neue das ganze Grauen ihres endlosen Sterbens erleben. Ihre Augen füllen sich jäh mit Entsetzen, schlagartig verläßt das Blut ihr Gehirn, plötzlich scheint die Welt stumm und tot geworden zu sein, sie hören nicht mehr das Poltern der Wagen, nicht mehr das Brausen der fernen Menge, sie fühlen nur noch den leichten Sommerwind, die Stimme eines Vogels und die sehnsuchtsvolle Weite des blaßblauen Himmels, der durch das aufragende Instrument in zwei Teile geschnitten wird.

Der große Platz ist von summendem Leben erfüllt, eine Kette von Gendarmen sperrt das Blutgerüst ringförmig ab, man muß schon sehr nahe herantreten, um die Vorgänge deutlich unterscheiden zu können. Das Stammpublikum ist vollständig da, der arbeitsscheue Pöbel der Vorstädte, einige Weiber, wahre Megären, die kleine Schemel mitgebracht haben, um nicht stehen zu müssen, und sich nun mit dem Strickzeug die Wartezeit verkürzen. Aber es gibt auch gutgekleidete Menschen darunter, elegante Burschen mit geschminkten Weibern. Ein Polizeibericht schildert sie: »Beinahe alle haben feine Lorgnons und wechseln oft den Platz, um den Punkt zu finden, von dem aus sie am besten sehen können. Die einen sind auf Stiegen geklettert, die anderen auf Wagen, für fünf Sous den Platz.« Eine feine Gesellschaft! Auf der Terrasse des Tuileriengartens, von der aus man einen guten Blick hat, gibt es sogar ein Restaurant, das man die »Wirtschaft zur Guillotine« nennt und dessen Speisekarte auf der Rückseite täglich die Namen der heute Hinzurichtenden aufweist.

Schlank, fast elegant steht die Guillotine da, hoch in der Luft zwischen den beiden Längsbalken schwebt das dreieckige Messer. Das Holz ist rötlich gestrichen, es ist gutes Holz, die Nägel und Beschläge sind aus Kupfer, damit sie nicht rosten. Das Ganze ist ein Präzisionsinstrument, fein durchdacht und fein ausgeführt. Sie ist von einem Elsässer namens Tobias Schmidt erbaut, der eigentlich Klavierbauer ist, aber nun alle Hände voll mit seiner neuen Spezialität zu tun hat. Er versteht sich auf die feine Holzarbeit, die sich in der Feuchtigkeit nicht ziehen und im Gebrauch nicht lockern darf, und verdient ein kleines Vermögen dabei, das er aber in wenigen Jahren mit einer hübschen Tänzerin verschleudern wird. Die Gehilfen des Henkers sind kräftige Leute, sie tragen die Ärmel über ihren athletischen Armen hochgestreift und phrygische Mützen auf dem Kopf. Einer hält gewöhnlich eine Rose zwischen den Zähnen. Sanson sorgt gut für sie und beantragt unaufhörlich Gehaltserhöhungen zu ihren Gunsten, da sie ein schweres Leben haben und sich die Schuhe und Kleider mit dem Blut verderben. Man muß zugeben, daß sie geschickt und rasend schnell arbeiten. Niemals tun sie einen verkehrten Griff, niemals läßt das maschinentaktfeste Tempo ihrer Arbeit nach. Jede Hinrichtung nimmt noch nicht eine volle Minute in Anspruch.

Der Abbé Carrichon, der die Frauen der Familie Noailles zur Richtstätte begleitet, um ihnen von fern die Absolution zu erteilen, kann sich, nachdem er seine fromme Pflicht erfüllt hat, von dem weiteren Verlauf des grausigen Schauspiels nicht losreißen.

»In Strömen und scharlachrot stürzte das Blut aus dem Halse hervor«, sagt er. Wie verzaubert starrt er auf die Schlächterei und ist doch ein frommer und guter Mann! Er beschreibt, wie es weitergeht: »Ich war schon im Weggehen, aber das Aussehen, die Züge und der Wuchs des Nächsten lassen mich einen Augenblick verweilen. Es ist ein Mann von fünf Fuß acht bis neun Zoll, stark gebaut, mit sehr imposantem Gesicht. Er ist beiseite getreten, während man die anderen hinschlachtete, um zu sehen, wie es vor sich ging. Sein hoher Wuchs erregt Neugier. Er steigt mit Festigkeit hinauf, betrachtet die Henker, das Liegebrett und das Todesinstrument mit unerschrockenen, vielleicht sogar mit zu stolzen Blicken.« Dann ist ein Greis an der Reihe. »Der Henkermeister nimmt ihn am linken Arm, der große Gehilfe am rechten Arm, der zweite packt ihn an den Beinen, er wird auf den Bauch gelegt, der Kopf fällt, dann wird der Körper, ganz angezogen, in einen Karren geworfen, wo alles in Blut schwimmt. Und so weiter.«

Ja, so ist es. Sanson ruft die Opfer auf. Der erste steigt die Stufen zum Schafott hinauf, sein Umriß erscheint über den Köpfen der Menge. Stille breitet sich aus, die Zeitungsrufer schweigen, die republikanischen Rundgesänge, mit denen man sich die Zeit verkürzt hat, brechen ab, die Leute in der ersten Reihe nehmen die Hüte ab – nicht aus Ehrfurcht, sondern damit die anderen besser sehen können, die Schelle des Limonadenhändlers, die Ausrufe der Kuchenfrau sind verstummt. Das ist der Augenblick, den die Taschendiebe benutzen, um den Neugierigen ihre Uhren und Geldbörsen zu stehlen, denn jedermann saugt sich mit seinem Blick an dem Unglücklichen fest, der zum letzten Male das Licht der Welt sieht. Die Henker packen einen nach dem anderen, schnallen ihn auf das Brett, das in die Waagerechte wippt, die eisernen Halbmonde klappen um den Hals zusammen, eine winzige und wahnsinnige Sekunde lang sieht er mit entschwindendem Bewußtsein in den schrecklichen Sack hinab, in dem, mit Blut überströmt, mit aufgerissenen Mündern und weit geöffneten Augen, die bereits abgeschnittenen Köpfe liegen – dann saust das schwere Messer herab, »ein stählerner Wind«, und schon ist das Brett hochgewippt, der kopflose Körper abgeschnallt, in einen großen Korb geworfen, und während Sanson das dreieckige Messer wieder hochwindet, ergreifen seine Gehilfen den Nächsten. Und aufs neue erschallen in rascher Folge die drei schweren Schläge, das Kippen des Brettes, das Zusammenklappen der eisernen Halbmonde, das Aufschlagen des Messers, drei schnelle Takte – der Tod.

Der erste stirbt schnell, aber wie ertragen die anderen, die sterben sollen, das Warten? Madame Elisabeth, des Königs Schwester, soll als die letzte eines umfangreichen Schubes sterben. Madame de Crussol, die zuerst aufgerufen wird, verbeugt sich tief vor ihr und bittet sie um die Gnade, sie küssen zu dürfen. »Sehr gern und von ganzem Herzen«, erwidert die Prinzessin, und so reicht sie jedem Opfer, das vor ihr die blutigen Stufen hinaufsteigt, die Wange zum Abschiedskuß. Mit fester Seele nimmt sie den Tod entgegen. Der Henker will ihr das Tuch abreißen, das ihre Brust bedeckt. »Im Namen Ihrer Mutter, mein Herr, bedecken Sie meine Blöße!« Das ist ihr letztes Wort. Viele sterben so tapfer, daß eine revolutionäre Zeitung ausruft: »Die Unerschrockenheit, mit der die Gegenrevolutionäre, die durch Gesetz verurteilt sind, in den Tod gehen, ist geradezu unglaublich und beweist, daß das Verbrechen ebensogut seine Helden hat wie die Tugend.« Dem uralten Marschall de Mouchy ruft ein Leidensgefährte zu: »Mut, Herr Marschall!« Der Alte antwortet ihm gelassen: »Mit fünfzehn Jahren habe ich für meinen König die Schanzen erklettert, mit achtzig steige ich für meinen Gott aufs Blutgerüst.«

Der Mainzer Adam Lux, der einst mit Forster als begeisterter Revolutionär nach Paris gekommen war und den nun seine fast religiöse Schwärmerei für Charlotte Corday das Leben kostet, steigt in Verzückung auf das Schafott, das für ihn seit Charlottes Hinrichtung »nur noch ein Altar ist, auf welchem Opfer geschlachtet werden«. Ehe er stirbt, gibt er dem Scharfrichter den Friedenskuß, was diesen in eine nicht geringe Verwirrung bringt. Dantons Donnerwort an Sanson ist bekannt: »Du wirst meinen Kopf dem Volke zeigen. Es ist der Mühe wert!« Nicht jeder ist einer solchen Haltung fähig, aber auch nur wenige haben das Bewußtsein, daß die Welt auf sie blickt. General Custine legt keinen Wert mehr darauf, der Nachwelt zu imponieren, das schreckliche Unrecht, das ihm angetan worden ist, bricht ihm das Herz, bis zum letzten Augenblick weint er bittere Tränen still in seinen Schnurrbart hinein. Glücklich jene, die vor Angst schon fast tot sind und nicht wissen, was ihnen geschieht. Es gibt auch Verurteilte, die vor Alter verblödet oder gelähmt sind, einige muß man auf die Seite legen, um die Hinrichtung vollziehen zu können. Madame du Barry leistet bis zum letzten Augenblick Widerstand. »Bitte, noch eine Minute, noch eine Minute, Herr Henker!« schreit sie gellend, und das Schrecklichste ist, daß der Kopf nicht sofort fällt, das Messer ist vielleicht schon stumpf geworden, jedenfalls muß ein Beil die grausige Arbeit vollenden.

Das Gerüst fließt von Blut über, auf dem Erdboden bildet sich eine große Lache. Ein Gehilfe namens Jacot fegt mit einem Reiserbesen jedesmal die Planken und schwenkt ihn zum Spaß über den Zuschauern, auf die es in roten Tröpfchen herniederregnet. Wenn der letzte Kopf gefallen ist, rückt die Abteilung Gendarmerie ab, die Menge verläuft sich, die Körbe mit den Leichen werden auf einen Wagen geladen, und dann geht es auf irgendeinen Friedhof, wo die Gehilfen des Scharfrichters entsprechend ihrem Vorrecht die Kleider der Opfer unter sich verteilen. Eine Grube ist inzwischen ausgeworfen worden, die nackten Leichen werden hineingewälzt und mit einer Schicht ungelöschten Kalks überschüttet. So geschieht es auf dem Friedhof der Madeleine, im Park Monceau und an der Rue Pigalle. Am Abend vor dem Fest des Höchsten Wesens wird die Guillotine an den südöstlichen Stadtrand verlegt. Irgendwo im Stadtteil Picpus wird ein Stück Garten ausgesucht, in dem eine neue Grube angelegt wird. Dort werden einst Rosen stehen.

Die Bürokratie des Todes

»Wer zittert, ist schuldig!« – Dieses Wort Robespierres erklärt die unaufhaltsame Gewalt des Terrors. Je stärker der Schrecken wirkt, um so mehr zittert Frankreich, und je mehr es zittert, um so stärker wird der Schrecken. Das Land fühlt sich ratlos dieser tödlichen Staatsgewalt ausgeliefert, es gibt keine Möglichkeit mehr, sie zu versöhnen, denn die Idee, für die Robespierre kämpft, ist allen Nicht-Jakobinern schon längst unzugänglich geworden. Er selbst beginnt unter dieser erbarmungslosen Mechanik zu leiden, und seine Seele ist zu Tode traurig. Nicht daß er im Glauben an seine Wahrheit wankend würde, aber er hätte nie geglaubt, daß die Menschheit ihr so stark widerstehen würde. Es ist kein tätiger Widerstand, es ist die bloße Undurchdringlichkeit, die zähe Dichtigkeit der menschlichen Natur, die ihn überrascht. Die schärfste Sense erlahmt schließlich im dichten und wuchernden Kraut, das sich zusammenknäuelt. Robespierre meint es so bitter ernst! Er glaubt, daß die Menschen nicht gut sein *wollen*, daß sie boshaft und träge dem Glanz seiner Erkenntnis widerstehen, daß ihre Trägheit ihn schließlich wie ein Sumpf hinabziehen wird. Was er nicht versteht, der arme Mann, ist, daß die Menschen glücklich sein wollen, daß sie leben wollen und daß dieser Lebenstrieb, wenn er nicht geachtet oder mindestens in Rechnung gesetzt wird, sich stärker erweist als alle diese ganze, so gut durchdachte und aufrichtige politische Doktrin.

Wäre es diesem Mann, der nun ein nahezu unbeschränkter

Herrscher über Frankreich ist, auch nur für eine Stunde gegeben, als Seelsorger mit einem ihm grenzenlos vertrauenden Menschen zu sprechen, so würde er erschüttert sein von der Einfachheit der menschlichen Natur und von der gebieterischen Macht, die im Leben steckt. Aber da er seine Heilslehre durch die schreckliche Maschine der Politik laufen läßt, da er sich mit organisatorischen Mitteln größten Stils um das Heil der Menschen – anstatt einfach um ihr Glück – müht, so erzeugt er nichts als Tod. Mit aller Kraft stemmt er sich gegen dies Verhängnis, aber es umschlingt ihn immer fester. Vom Frühling dieses Jahres 1794 an bricht in allen seinen Reden immer wieder dieser jammervolle Schrei durch: Die Menschen wollen nicht gut sein, sie wollen lieber *leben*! »Meine Vernunft, nicht mein Herz, ist so weit gekommen, an dieser Republik der Tugend, die ich mir vorgenommen habe, zu zweifeln!« Gerade dein Herz, armer Robespierre! Du täuschst dich selbst. Niemals war dein Herz einsamer und verzweifelter als in diesen Tagen des täglich an Sonne, Wärme und Fruchtbarkeit zunehmenden Jahres, und du fühlst in deinem Inneren, daß nur der Fährmann des Todes dich über diesen See von Blut wird rudern können.

Robespierre ist viel allein in diesen Wochen, es kann ihm geschehen, daß er auf seinem harten Rohrstuhl vor dem leeren Schreibpapier stundenlang wie erstarrt sitzt, ohne sich zu seiner Arbeit aufraffen zu können. Oder es mag sein, daß er in der heißen Mittagsstunde allein auf der Terrasse des Feuillants sitzt und wie von einem Zauber gelähmt ist. Die bestaubten Bäume des Tuileriengartens stehen regungslos, kein Mensch ist weit und breit, keine Stimme, kein Laut, nicht einmal ein Vogelruf ist zu hören, der Sitzende mag glauben, er sei allein auf der Welt. Die Sonne glüht, und die Dinge sind ohne Schatten. Es ist, als ob die Klage eines Gottes erstarrt, versteinert in der Luft hinge. Es ist die Stunde Pans, in der die Vergangenheit verständlich und die Zukunft sichtbar wird. Robespierre weiß in dieser Minute mittäglicher Einsamkeit, daß die Nachwelt ihn verwerfen und sein Streben verkennen wird. Die Ungerechtigkeit, die er wie den bitteren Geschmack des Lorbeers fast auf der Lippe fühlt, will schier sein Herz sprengen. Und doch versteht er das harte Urteil, weil er mit einem Schlage die Ursache seiner Verdammnis erkennt – die Unfähigkeit zum reinen Denken. Er geht an dem Fluch zugrunde, alles Denken auf die menschliche Gesellschaft beziehen zu müssen. Ihm ist es nicht gegeben, eine nichtbezogene Idee zu hegen, die nicht nach Anwendung drängt, sondern frei im Raumlosen schwebt und in sich selbst genug ist. Alle Erkenntnis ist in seiner Hand materialisiert, in Organisation und Staat umgesetzt worden. Und was ist die Folge? Tod! In dieser Stunde panischer Sonnenglut, die den Träumenden tiefer als schwärzeste Nacht vereinsamt, geht ihm die unbekannte Wonne des absoluten Denkens auf. Ach, wenn der Himmel ihm doch dieses Glück geschenkt hätte! Vielleicht säße er dann heute in einem unbekannten Winkel und niemand hörte sein Wort, aber sein Gedanke würde trotzdem die Reise ins All antreten und das Sternbild der göttlichen Wahrheit um einen Stern vermehren!

Schmerzliche und doch selige Stunde der Erkenntnis! Mit der Einsicht in den Irrtum erscheint auch schon ein schwacher Glanz der Versöhnung. Wer so geirrt hat, der stirbt gern. Wer so viel Leben ausgelöscht hat, der empfängt in der Ahnung des eigenen Todes fast schon die Lossprechung. Hinter dem Tod als politischer Einrichtung taucht der Tod als Erlösung und als Pforte zu neuen Erkenntnissen auf. Das reine Denken – es ist da, er kann es fast mit Händen greifen. Es erfüllt den Träumenden mit unaussprechlichem Glück, seine Lippen murmeln bewußtlos die Worte, die spätere Dichter finden werden, wenn sie den Grund des nichtbezogenen Gedankens erreichen. Was schön ist, selig erscheint es in sich selbst. Manchmal kommt eine Stunde, da bist du – der Rest ist das Geschehen. Manchmal erstarrt die hochschlagende Flut zum Traum, manchmal rauscht es – wenn du zerbrochen bist. Wie war es doch, bin ich nicht über ein Trümmerfeld hinabgestiegen, suchend zwischen Agaven und Mohn, einer Stimme nach, dem Ruf einer Flöte nach, dem Blitzen des Meeres nach? Da sitze ich am Ufer, spreche mit meiner Spiegelung und erwarte die Stunde, wo ich als Opfer brennen kann. Denn ich kann mich nicht mehr ändern. Ich bleibe, was ich bin, ein Prophet, der Gesetze macht.

Robespierre kämpft unaufhörlich gegen die sinnlosen Grausamkeiten und Ausschreitungen, die im Namen des Terrors verübt werden, aber den Grundsatz des Schreckens selbst hält er mit vollem Bewußtsein und ohne Einschränkung aufrecht. Man muß ihm die Gerechtigkeit widerfahren lassen, daß die Schärfe des Gesetzes nicht nur Unschuldige trifft. Es *gibt* Verräter, es *gibt* Verschwörer, es gibt Kreise, die mit dem äußeren Feind in Verbindung stehen, es gibt mitten in Paris, zwei Schritt vom Wohlfahrtsausschuß, kühne und entschlossene Männer, die mit dem englischen Kabinett und mit den geflüchteten Bourbonen einen regelmäßigen Briefwechsel unterhalten, die Kuriere nach Preußen und London senden und von dort Agenten mit Geld und Briefen empfangen. Es gibt Komplotte, die auf Wachhaltung des Bürgerkrieges in der Vendée oder auf Befreiung des Dauphin abzielen. Es gibt eine Korruption, die sich bis in die innersten Zirkel der Revolution durchgefressen hat, es gibt betrügerische Kriegslieferanten, welche die Soldaten umkommen lassen, es gibt Spekulanten, die am Hunger des Volkes Vermögen verdienen. Es ist wahr, daß das Land von außen bedroht und im Inneren zerrissen ist. »Ihr wißt nicht«, ruft er den Jakobinern zu, »daß in euren Armeen der Verrat umgeht. Ihr wißt nicht, daß mit Ausnahme einiger treuer Generale nur der Soldat etwas taugt. Im Inneren ist die Aristokratie gefährlicher denn je, denn nie war sie perfider. Früher griff sie euch in geordneter Schlacht an, heute ist sie mitten unter euch, sie ist unter dem Deckmantel des Patriotismus in eurer Mitte.«

Man kann nicht sagen, daß das Bild der Gefahren übertrieben wäre, es ist nur unvollständig, soweit es den Terror erklären soll. Denn für Robespierre ist der Terror ja nicht nur eine Kampfmaßnahme, sondern auch ein Grundsatz. Er wütet zwar gegen Leute, die Anschläge gegen die Republik aushecken, aber noch mehr gegen solche, die niemandem etwas zuleide tun, sondern lediglich die falsche Gesinnung oder die republikanische nicht in ausreichender Stärke haben. Insofern sind alle Versuche Robespierres, den Terror zu kanalisieren, Selbstbetrug. Denn gerade die im strafrechtlichen Sinne Unschuldigen sterben auf Grund seiner Auffassung von Strafwürdigkeit.

Seine wilde Abneigung gegen die Prokonsuln, die als Abgesandte des Konvents in den Provinzstädten wüten, hat etwas Tragisches. Er läßt den aufrechten Dubois-Crancé bei den Jakobinern hinauswerfen, »weil er die Lyoner hat schonen wollen«, aber aus seiner Verachtung gegen Fouché und Collot, welche die Lyoner nicht geschont haben, macht er kein Hehl. Er läßt sie ebenso zurückrufen wie Tallien, der sich in Bordeaux, seine schöne Theresa zur Seite, als Triumphator hat umherfahren lassen, wie Barras und Fréron, die im Süden in Gold und Blut schwelgten, wie Lebon, der Arras und Cambrai in Schrecken versetzte. Aber haben diese Kreaturen nicht seine Idee ausgeführt, indem sie nicht bestraften, sondern vernichteten? Der Konvent besteht eben nicht aus lauter Unbestechlichen, sondern zum Teil aus recht minderwertigen und gierigen Kerlen, die vielleicht nicht einmal so großen Schaden anrichten würden, wenn man ihnen nicht die unbegrenzte Vollmacht erteilte, zwischen guten und schlechten Patrioten blutig zu scheiden.

Die Rache der Republik an den aufrührerischen Provinzen stellt alle Greuel von Paris in den Schatten. In den letzten Tagen des Jahres 1793 floß das Blut in Rennes in solchen Strömen, daß die Bauern aus der Stadt mit blutigen Schuhen zurückkamen. In den Weihnachtsfeiertagen wurden neunzig Personen geköpft, auf dem Friedhof Saint-Etienne wurden die Verhafteten reihenweise erschossen, und zwar hatte man zu diesem Zweck Abteilungen von Halbwüchsigen zusammengestellt, die mit Mühe ein Gewehr halten konnten und wieder von vorne anfangen mußten, wenn sie vorbeigeschossen hatten. Die sogenannte Kommission Félix, die zwischen Laval und Saumur tätig war, sandte die Aufrührer ohne Prozeß zum Tode. Die Gefangenen wurden aussortiert und mit einem Stück Kreide markiert. »F« hieß: füsilieren, »G« hieß: guillotinieren. In der Vendée wüteten die sogenannten Höllenkolonnen und verwandelten ganze Kantone in Wüstenstriche. In Nantes erklärte der geisteskranke Carrier: »Lieber machen wir einen Friedhof aus Frankreich, als es nicht nach unserer Art und Weise zu regenerieren.« Er lud die gefangenen Priester von ihren verpesteten Kerkerschiffen auf angebohrte Kähne, die in der Loire untergingen. Der blutige Mensch teilte seine Leistungen in folgenden Wendungen mit: »Ein Ereignis von anderer Art hat, so scheint es, die Zahl der Priester verringern wollen. Neunzig von denen, die wir als Eidesverweigerer bezeichnen wollen, waren auf ein Schiff auf der Loire gesperrt. Ich erfahre in diesem Augenblick, und zwar aus sehr zuverlässiger Quelle, daß sie alle im Fluß umgekommen sind. Welch traurige Katastrophe!« Diese Ertränkungen setzte er monatelang fort, ohne daß ihm jemand von Paris aus in den Arm fiel. Mehrere tausend Menschen gingen auf diese Weise zugrunde, und Carrier rief freudig aus: »Welch ein revolutionärer Strom ist doch diese Loire!«

Barras und Fréron, die in Marseille zweihundertfünfzig Menschen hatten hinrichten lassen, waren dadurch für Toulon richtig eingespielt. Am 11. Dezember wurden zweihundert Einwohner und Matrosen, die ihnen mit Fahnen und Musik entgegengezogen waren, erschossen; am 20. kamen achtzehn Artillerieoffiziere an die Reihe, am 22. fielen zweihundert Einwohner unter den Kugeln der Hinrichtungsabteilungen, zwei Tage später dreihundert. Dann begann die Guillotine ihr Werk, wobei das älteste Opfer der Schreckensherrschaft, ein Mann von vierundneunzig Jahren, geköpft wurde. Die Strecke der beiden Volksvertreter betrug insgesamt ungefähr tausend Menschen. Fouché und Collot verstanden es noch besser, sie richteten mit Kanonen hin. Am 4. Dezember wurden auf der Ebene von Brotteaux vierundsechzig junge Leute, zu zweit aneinandergefesselt, vor den aufgeworfenen Massengräbern aufgestellt und mit Kartätschen zusammengeschossen. Viele lebten noch und wurden mit Säbelhieben umgebracht. Am folgenden Tage wurden zweihundertneun Menschen auf diese Weise hingerichtet, die Soldaten mußten nachher lange mit Säbeln, Beilen und Hacken auf das gräßliche Gebirge verstümmelter Sterbender einschlagen. Einer der Gehilfen Fouchés, Achard, schrieb begeistert seinem Freunde Gravier: »Immer wieder und jeden Tag fallen Köpfe. Welche Wonnen hättest du gekostet, wenn du vorgestern dieses nationale Gericht über zweihundertneun Verbrecher gesehen hättest! Welche Majestät! Welch imposanter Ton! Alles war erhebend. Wie viele große Halunken haben an diesem Tage auf dem Blachfeld von Brotteaux ins Gras gebissen! Welch ein Mörtel für die Republik!«

Robespierres ganzer Instinkt sträubt sich gegen diese Terroristen. Er wittert in ihnen eine Art Wollust der Grausamkeit, er weiß von ihren Gelagen und Weibern, von ihrem prahlerischen Auftreten, von ihrem lasterhaften Satrapentum. Entweder sind diese Kerle freche Gottesleugner wie Fouché, der einen Esel aus dem Meßkelch trinken läßt, oder sie sind Hurer wie Barras und Tallien, auf jeden Fall eine Menschenart, deren grobe Diesseitigkeit sich mit dem asketischen Mystizismus Robespierres schlecht verträgt. Aber sind sie nicht vollgültige Vertreter des Konvents, und wird ihr Vorgehen nicht in den meisten Fällen gebilligt? Léonard Bourdon stößt auf der Durchreise in Orléans nachts mit der Wache zusammen, weil er und seine Bande betrunken sind. Es kommt zu einer Schlägerei, Bourdon trägt einige Schrammen davon. Der Konvent verfügt, daß Orléans als im Zustand des Aufruhrs betrachtet wird, solange »die sechsundzwanzig Mörder« nicht an das Revolutionstribunal in Paris ausgeliefert sind. Dreizehn Personen werden nach Paris geschafft, keiner von ihnen hat die Volksvertreter je in seinem Leben gesehen, neun werden zum Tode verurteilt und »im roten Hemde der Vatermörder« hingerichtet. Der Bürger Dartigoeyte, ebenfalls ein hervorragendes Mitglied der Bergpartei, ist in Auch auf Dienstreise, meistens ist er betrunken, am liebsten fährt er im offenen Wagen, ein Frauenzimmer im Arm, durch die Stadt. Es kommt auch vor, daß er sich im Weinrausch öffentlich seiner Kleider entledigt und nackt in der Theaterloge erscheint. Eines Abends, während er im Jakobinerklub spricht, fällt ein Ziegelstein vor seine Füße, ohne ihn zu treffen. Der mutmaßliche Urheber »dieses schrecklichen Attentates auf unseren braven und würdigen Dartigoeyte« wird vor Gericht gestellt, mit ihm acht Personen, die seit Monaten im Gefängnis sitzen und die willkürlich ausgelesen werden. Alle neun werden »wegen Verschwörung« zum Tode verurteilt und geköpft. Der Abgeordnete Javogue, der in Feurs die Aristokraten von piemontesischen Kriegsgefangenen auf öffentlichem Platz erschießen läßt, wobei er, zwischen zwei hochbusigen Göttinnen der Vernunft thronend, zusieht, ist ebenfalls mit »der Bekämpfung der Vorurteile« beschäftigt. Er zeigt sich von Zeit zu Zeit den Bürgern »im Zustande der Nacktheit, um die alte republikanische Schlichtheit wieder aufleben zu lassen«.

Lebon ist weder lasterhaft wie Barras noch gottlos wie Fouché. Er ist beinahe ein guter Kerl, der mit seiner Gattin Mimie in der zärtlichsten Gemeinschaft lebt und einen wohlgedeckten Tisch über alles liebt. Aber gerade dieser biedermännische Einschlag macht sein Wüten so entsetzlich. Dies gemütliche, fast patriarchalische Hinmetzeln unschuldiger Menschen ist schlimmer als Carriers kranke Raserei, als Fouchés methodische Grausamkeit oder Talliens feierliche Tyrannei. In Arras und Cambrai lebt dieser Lebon häuslich mit den Richtern, den Geschworenen, den Gefängniswärtern, ja mit den Henkersknechten zusammen. Die gutgelaunte Mimie schöpft ihnen die Suppe aus und erkundigt sich nach der Zahl der Hingerichteten mit den Worten: »Wieviel Kalbsköpfe haben wir heute abend?« Sie geht ihrem Mann überhaupt tüchtig zur Hand, schlägt ihm Namen von Verdächtigen vor, berät ihn bei der Aufstellung der Listen, sieht allen Hinrichtungen vom Balkon aus zu und lädt Bekannte dazu ein, auf den guten Aussichtspunkt hinweisend: »Von hier aus können wir die Aprikosen fallen sehen.« Lebon gestaltet jede Exekution zu einem Volksfest, was besagen will, daß Arras und Cambrai aus den Festen acht Monate lang gar nicht mehr herauskommen. Das Schafott wird weniger abgesperrt als eingerahmt, und zwar von einer Abteilung Kinder, die mit dreifarbigen Schleifen geschmückt sind. Die Musik spielt patriotische Stücke, außerdem hat der hausväterliche Blutmensch dafür gesorgt, daß auf dem Platze Erfrischungen für die Zuschauer zu haben sind. Er selbst hat auf dem Balkon Platz genommen und läßt sich, umgeben von seiner Frau und seinen Höflingen, in seinem Putz, seinem stolzen Federhut, seiner breiten Schärpe und seiner ungeheuren Halsbinde, bewundern. Seine Laune ist immer hervorragend, er kennt die meisten Verurteilten beim Vornamen und macht ihre Sprache und ihre Bewegungen nach, so daß auf dem Balkon oft die größte Heiterkeit herrscht.

Wie sehr diese Terroristen aus dem Gefühle einer neuen Gerechtigkeit heraus handeln, zeigt der Umstand, daß sie die Scharfrichter, die ihre Befehle ausführen, als politische Instrumente gelten lassen, denen man nicht mit »aristokratischen Vorurteilen« entgegentreten dürfe. Das Blutgerüst wird in Lyon der Altar des Vaterlandes genannt, die scharfe Linie zwischen dem politischen Ausrottungskampf und der unpersönlichen Vollstreckung der Gesetze ist damit überschritten. Der Abgeordnete Lequinio ruft Freiwillige zur Henkersarbeit auf: »Wir wollten den Patrioten von Rochefort den Ruhm lassen, sich aus freien Stücken als Rächer der Republik zu erweisen; wir setzten das Bedürfnis der Volksgesellschaft auseinander. ›Ich‹, rief mit edler Begeisterung der Bürger Ance aus, ›ich strebe nach der Ehre, den Kopf der Mörder meines Vaterlandes abzuschlagen.‹ Kaum hatte er diesen Satz ausgesprochen, als andere sich aus demselben Grunde erhoben und die Gunst erbaten, ihm wenigstens helfen zu dürfen. Wir haben ihn eingeladen, mit uns zu Abend zu essen, seine Bestallung schriftlich entgegenzunehmen und sie mit einem Umtrunk zu Ehren der Republik zu begießen. Wir hoffen, daß die Richter ihm in wenigen Tagen Gelegenheit geben werden, den Beweis seines Patriotismus auch praktisch zu geben.« Später berichtet Lequinio: »Wir haben dem Patrioten, der es in so großherziger Weise übernommen hat, die Urteile des Revolutionsgerichtes zu vollstrecken, den Namen ›Rächer des Volkes‹ gegeben.« In einer Beschwerde aus Laval über das anstößige Benehmen eines Henkers bedienen sich die Volksvertreter, die ihn tadeln, ebenfalls des Ausdruckes »Rächer des Volkes«.

Es besteht also kein Zweifel, daß sich das Rechtsgefühl der Revolution in einer tiefgehenden Krise befindet und daß Robespierre zwischen brutaler Volksjustiz und den Langwierigkeiten des ordentlichen Verfahrens den richtigen Weg sucht. Die Massentötungen des September 1792, bei denen die Insassen der Pariser Gefängnisse den Spießen und Beilen eines bezahlten Pöbelhaufens ausgeliefert wurden, waren der Teil einer durch das Heranrücken des Feindes erklärten Panik, die von Marat gesteigert und von Danton begünstigt wurde. Robespierre hat mit ihnen nichts zu tun, ja er verurteilte sie. Er kämpft dafür, daß die Guillotine das »Schwert des Gesetzes« bleibt. Er klammert sich an die gesetzliche Prozedur bis zum äußersten und kann sich nicht davon losmachen, in der Justiz etwas Abstraktes zu verehren, das mit römischer Unerbittlichkeit funktioniert. Dieses Streben nach Legalisierung des Schreckens zwingt ihn dazu, immer neue Gesetze zu schaffen und die Umschreibung des Strafbaren unaufhörlich weiterzutreiben. Dies wird um so schwieriger, je mehr er dazu übergeht, die Schuldigen nicht an ihren Taten, sondern an ihren Gedanken zu erkennen. Mit einer endlosen Verlängerung der Liste strafbarer Handlungen ist ihm schließlich nicht mehr gedient, statt ihrer setzt er die strafbare Haltung ein. Und gerade in diesem Punkt wird er dem französischen Geist unverständlich, denn es entspricht dem Wesen dieses Landes, die Strafe nur bei einer solchen Handlung für gerecht zu halten, die ausdrücklich vom Gesetz erfaßt und bezeichnet wird. Der streitsüchtige Formalismus des französischen Rechtsempfindens geht von dem Gefühl aus, daß es darauf ankommt, sich mit allen Mitteln gegen die Obrigkeit zu wehren, und tatsächlich ertragen der Freiheitsdrang und die fast anarchische Selbständigkeit der Franzosen keine Form von Justiz, die einen allgemeinen Begriff des Schädlichen zu schaffen und danach zu urteilen versucht.

Was Robespierre unternimmt, wird überhaupt nur von ihm und seiner nächsten Umgebung verstanden. Die Ausbeuter der Revolution nehmen das terroristische Recht zum Vorwand, um sich gemeiner Willkür hinzugeben, sich die Taschen zu füllen und ihrer blutigen Wollust zu frönen. Die Gegner der Revolution sehen in diesem Recht nichts weiter als einen heuchlerischen Vorwand, um Andersgesinnte brutal auszurotten. Beide sind in ihrer Art guten Glaubens, die einen sind ebensogut wie die anderen davon überzeugt, daß die Nacht völliger Gesetzlosigkeit angebrochen ist. »Denen, die im Sinne der Republik handeln, ist alles erlaubt« – dieser Satz aus den von Collot und Fouché unterzeichneten Instruktionen der Lyoner Kommission erscheint beiden Meinungsgruppen als der Kern der ganzen terroristischen Rechtsauffassung, aber während die einen in ihm den Ausdruck letzter Willkür sehen, begrüßen die anderen in ihm den endgültigen Durchbruch eines neuen, ausschließlich auf politische Gesinnung aufgebauten Rechtes. Die Urteilsformel des Revolutionsgerichtes ist in den letzten Monaten seiner Tätigkeit stets die gleiche:

»Es liegt eine Verschwörung gegen das französische Volk vor mit dem Ziel, die republikanische Regierung zu stürzen und das Königtum wiederherzustellen. Soundso ist überführt, Urheber oder Mitschuldiger dieser Verschwörung zu sein.«

»Die revolutionäre Regierung schuldet ihren Feinden nichts weiter als den Tod«, erklärt der Unbestechliche in einer großen Rede am 5. Nivôse. Diese Kampfparole wird in den Augen der Nachwelt dadurch zu einem unverzeihlichen Rechtsbruch, daß er das ausschließliche Recht und die ausschließliche Fähigkeit in Anspruch nimmt, zu bestimmen, wer ein »Feind« ist. An sich ist nichts dagegen einzuwenden, daß ein Staat sich das Recht nimmt, »Egoisten« zu bestrafen, wie Robespierre dies tun möchte. Aber die Voraussetzung dafür ist eine genaue Definition derjenigen Handlungen, die den Menschen zum »Egoisten« stempeln. Robespierre nimmt eine solche Definition jedoch nie vor, statt dessen beansprucht er für sich, darüber zu befinden, wer diese Bezeichnung verdient und wer nicht. Wenn seine ganze Rechtsprechung schließlich nur noch eine einzige strafbare Handlung kennt, nämlich die Verschwörung, so ist damit der Beweis erbracht, daß seine Justiz nicht gegen Verbrechen, sondern gegen Gesinnungen, ja gegen bestimmte Menschentypen vorgeht. Erst in den letzten Augenblicken seiner Laufbahn entschließt er sich, dies zuzugeben, und zwar läßt er es Couthon aussprechen. Das Bekenntnis, daß der Terror ausrotten und nicht bestrafen will, kommt indessen zu spät. Noch wenige Monate vorher hat Robespierre zu behaupten versucht, daß seine Regierung die öffentlichen Freiheiten nicht gefährde. Welche Schwäche! Niemals war er unsicherer und zweideutiger als in jenem Augenblick. Man darf annehmen, daß Saint-Just den Kopf geschüttelt hat. Zu spät rafft er sich zur brutalen Wahrheit auf. Die Verwüstung des alten, royalistischen Rechtsbegriffes ist so weit fortgeschritten, daß Frankreich für die Herrschaft der Kriegsgewinnler und Opportunisten reif ist.

Das erste Ausnahmegericht – nach dem Aufstand des 10. August, der das Königtum beendet – wird von Robespierre gefordert und durchgesetzt. Er weigert sich jedoch, den Vorsitz zu übernehmen: »Ich könnte nicht der Richter derjenigen sein, deren Gegner ich gewesen bin.« Am 10. März 1793 wird das Revolutionstribunal geschaffen, ein Geschworenengericht, gegen dessen Urteil es keine Berufung gibt und das praktisch nur eine Strafe verhängen kann: den Tod. Schon wenige Wochen später setzen Robespierres Bemühungen ein, diesem Gericht größere Handlungsfreiheit zu geben und die Gesetzgebung elastischer zu machen. Am 8. Mai verlangt er im Anschluß an die Unruhen, von denen die Truppenaushebungen für die Vendée begleitet sind, die Verhaftung aller »Verdächtigen«. Am 17. September setzt er ein Gesetz in diesem Sinne durch, das allein schon genügt, den bisherigen Rechtsschutz zu beseitigen und jede gewünschte Verhaftung zu rechtfertigen. Als verdächtig werden diejenigen bezeichnet:

»1. die sich durch ihre Führung oder durch ihren Umgang oder durch ihre mündlichen oder schriftlichen Bemerkungen als Anhänger der Tyrannei oder des Föderalismus oder als Feinde der Freiheit gezeigt haben,

2. die außerstande sind, auf dem durch Dekret vom 21. März vorgeschriebenen Wege ihre Existenzmittel oder die Erfüllung ihrer Bürgerpflichten nachzuweisen,

3. denen der Bürgerausweis verweigert worden ist,

4. die in ihrer Eigenschaft als ehemalige Adlige – also die Gatten, Gattinnen, Väter, Mütter, Söhne, Töchter, Brüder, Schwestern von Emigrierten oder Beauftragte von solchen – nicht dauernd ihre Verbundenheit mit der Revolution kundgetan haben.«

Mit Hilfe dieses Gesetzes ist es eine Kleinigkeit, die Pariser Gefängnisse zu füllen, zumal da in den Ausführungsbestimmungen erläutert wird, daß allein schon die Nichtausübung des Wahlrechtes, überhaupt jeder Mangel an Eifer und sichtbarer Gesinnungstüchtigkeit den Begriff der Verdächtigkeit erfüllt. Die Dehnbarkeit der Bestimmungen hat zur Folge, daß die Volksgesellschaften und Überwachungsausschüsse damit beauftragt werden müssen, die Listen der Verdächtigen anzulegen und sie dem Konvent zu übergeben.

Anläßlich des Prozesses gegen die 21 Girondisten – die Blüte der liberalen Intelligenz – setzt Robespierre eine weitere Ausdehnung des terroristischen Rechtes mitten in den Verhandlungen durch. Diese Verhandlungen ziehen sich hin, die Beklagten spannen ihre weltberühmte Beredsamkeit aufs äußerste an, mit Leichtigkeit zerstreuen sie das Belastungsmaterial des Anklägers. Wenn das so weitergeht, wird sich der eine oder andere Freispruch nicht vermeiden lassen. Fouquier-Tinville sendet dem Konvent angstvolle Zettel: »Wir werden durch die gesetzlich vorgeschriebenen Formen aufgehalten ... jeder ist in seinem Inneren davon überzeugt, daß sie schuldig sind ... Es ist Sache des Konvents, alle die Formalitäten zu beseitigen, die den Gang des Gesetzes hemmen.«

Bei den Jakobinern wird das Gericht wegen seiner Langsamkeit heftig getadelt. Chaumette sagt: »Es verhandelt gegen Verschwörer, als ob es gegen Taschendiebe verhandle.« Schließlich erklärt Robespierre im Konvent: »Ich schlage vor, zu verordnen, daß der Gerichtspräsident nach drei Verhandlungstagen die Geschworenen fragt, ob ihr Gewissen hinreichend aufgeklärt ist. Wenn sie verneinend antworten, werden die Verhandlungen so lange weitergeführt, bis sie sich imstand erklären, Stellung zu nehmen.« Damit ist der Prozeß beendet; ehe die Angeklagten noch einmal den Mund öffnen können, sind sie sämtlich zum Tode verurteilt. Erst ist alles von Entsetzen wie gelähmt, dann setzt ein ungeheurer Tumult ein, Valazé stößt sich blitzschnell den Dolch ins Herz, die übrigen werden von den Gendarmen hinausgezerrt, sie werfen ihre Verteidigungsschriften, ihr Geld und ihre Papiere ins Publikum, rufen »Es lebe die Republik!« und versuchen, das Pfeifen und Toben der Zuschauer mit einem gemeinsamen Lied zu übertäuben. Man hört sie den hallenden Korridor entlang verschwinden. Fouquier-Tinville wischt sich blaß und erleichtert den Schweiß von der Stirn. Der Vorsitzende Herman ist kalt und unbeweglich, ruhig liegt seine Hand auf dem Dekret des Konvents.

Ähnlich ist die Lage im Prozeß gegen Danton, Camille, Fabre, Hérault und Genossen, aber sie ist noch dadurch verschärft, daß die Löwenstimme eines Danton weiter trägt als die Fanfare eines Brissot oder das Cello eines Vergniaud. Danton ruft donnernd das Volk zum Zeugen seiner Unschuld auf, man hört den vertrauten Klang dieser Stimme, die Frankreich so oft befeuert hat, durch die geöffneten Fenster des Saales bis über den Fluß hinweg. Hastig gekritzelte Zettel gehen zwischen Fouquier-Tinville und Herman hin und her. Schließlich sendet der öffentliche Ankläger einen Hilferuf an den Konvent. Der läßt sich nicht lange bitten. Saint-Just ersteigt die Tribüne und verlangt ein Dekret, mit dessen Hilfe die Richter das Verfahren abkürzen und die »erschreckenden Stimmen« ersticken können. Der junge Terrorist macht mit dem Konvent nicht viel Umstände, er droht ihm einfach: »Markiert den Abstand, der euch von den Schuldigen trennt!« Das Dekret, das sofort genehmigt wird, besagt, daß jeder, »der die nationale Justiz beleidigt oder ihr widersteht, auf der Stelle außer Verhandlung gesetzt wird«. Mit dieser Waffe schneidet das Gericht jede weitere Beredsamkeit ab, Danton erstickt fast vor Raserei, aber Herman hebt die Sitzung auf, die Geschworenen ziehen sich zur Beratung zurück und empfangen den geheimen Besuch Fouquiers, der ihnen ein neues Belastungsdokument mitteilt.

Die Verkündigung des Todesurteils ist ein fast unerträglicher Augenblick. Der ganze Saal, Ankläger, Richter und Geschworene, Schreiber und Zuschauer ducken sich unter dem Gewitter dieser Empörung. Danton bebt wie ein von der Axt getroffener Urwaldbaum, Camille knüllt seine Verteidigungsschrift zusammen, wirft sie den Richtern ins Gesicht und bricht in wildes Schluchzen aus. Diesmal wird selbst der unbewegliche Herman ein wenig blaß.

Die gesamte terroristische Gesetzgebung wird von dem Triumvirat Robespierre, Saint-Just, Couthon ausgearbeitet. Dieser Couthon ist der sanfteste und geräuschloseste Inquisitor, den die Welt je gesehen hat. Er hat eine Familie, die er über alles liebt. Mit seinem Söhnchen zu spielen, ist ihm das höchste Vergnügen. Für Tiere hat er ein zärtliches Herz, ein Besucher trifft ihn, ein weißes Kaninchen fütternd. Auf seinen Knien schläft oft ein winziges Windspiel. Er ist sehr leidend, beide Beine sind ihm von der Hüfte ab völlig gelähmt, er fährt in einem Rollstuhl, den er selbst bewegt. Ein Gendarm trägt ihn auf dem Arm in den Konvent, auf die Tribüne, an seinen Schreibtisch im Wohlfahrtsausschuß. Fast immer plagen ihn gräßliche Kopfschmerzen, ein schmerzhafter Schluckauf quält ihn beinahe ununterbrochen. Trotzdem ist er nicht unliebenswürdig, seine Umgangsformen sind gewählt, nie erhebt er die Stimme. Die drei Männer des Triumvirats sind überhaupt die besterzogenen Leute im ganzen Konvent.

Um so lähmender wirkt der mörderische Inhalt ihrer Anträge. Saint-Just hatte schon am 23. Ventôse erreicht, daß »zu Verrätern am Vaterland alle diejenigen erklärt und als solche bestraft werden, die überführt sind, in der Republik, auf welche Weise auch immer, die Korruption der Bürger, die Zerrüttung der Gewalten und der öffentlichen Stimmung gefördert zu haben ...« und so fort. Am 26. Germinal entreißt er dem Konvent, diesmal als Schlußfolgerung eines grundsätzlichen Berichtes über »Die allgemeine Polizei«, neue Erweiterungen des Strafbaren. Den Bürgern wird befohlen, alle Personen mit Zeichen unrepublikanischer Gesinnung zur Anzeige zu bringen. Alle der Verschwörung Angeklagten aus dem gesamten Gebiet der Republik sind in Paris zu sammeln und von dem Revolutionstribunal abzuurteilen. Der entscheidende Vorstoß bleibt indessen dem sanften Couthon vorbehalten.

Der Urheber des am 22. Prairial von Couthon beantragten Gesetzes ist Robespierre. Sein Antrag vom 5. Nivôse, den Wohlfahrtsausschuß mit der Vervollkommnung, das heißt also mit der Vereinfachung des Gerichtsverfahrens zu beauftragen, war zwar angenommen worden, hatte aber zu keinen greifbaren Ergebnissen geführt. Ende Germinal machte er einen zweiten Versuch in diesem Sinne, ohne daß der Wohlfahrtsausschuß ihm recht folgte. Dagegen wurde am 21. Floréal die Bildung des sogenannten Ausschusses von Orange beschlossen, der in dieser Stadt und ihrer Umgebung die Gegenrevolution bekämpfen sollte und von Robespierre mit Vollmachten ausgestattet wurde, die nahezu die Verhängung der Todesstrafe auf dem Verordnungswege ermöglichten. Des Todes schuldig war jeder, »der den Gang der Revolution zu stören und die Festigung der Republik zu hindern sucht«. Als ausreichende Beweise galten »alle Auskünfte, welcher Art auch immer, die einen vernünftigen Menschen und Freund der Freiheit überzeugen können«.

Auf diesem Vorgang ist das Gesetz vom 22. Prairial aufgebaut. Er räumt die letzten Überbleibsel eines normalen Gerichtsverfahrens beiseite und überläßt dem Gericht eigentlich nur noch eine Arbeit, nämlich die Identität dessen, der zum Tode verurteilt werden soll, festzustellen. Die Pflicht zur Denunziation wird diesmal ganz unzweideutig festgelegt:

»Jeder Bürger hat das Recht, die Verschwörer und Gegenrevolutionäre zu ergreifen und den Strafbehörden zuzuführen. Er ist verpflichtet, sie anzuzeigen, sobald er sie kennt.«

Die Voruntersuchung wird abgeschafft. Zeugen werden nicht mehr geduldet: »Wenn Beweise materieller oder moralischer Art vorliegen, werden Zeugen nicht mehr vernommen, es sei denn, daß diese Formalität notwendig erscheint, um Mitschuldige zu entdecken.«

Die Verteidigung wird ebenfalls abgeschafft: »Die natürlichen Verteidiger und notwendigen Freunde angeklagter Patrioten sind die patriotischen Geschworenen. Die Verschwörer sollen keine finden.«

Wer ist strafbar? »Die versucht haben, den Konvent aufzulösen oder zu entwürdigen. Die die revolutionären Grundsätze mißbraucht haben. Die falsche Nachrichten verbreitet, die öffentliche Meinung irregeführt, die Aufklärung des Volkes verhindert, die Sitten verdorben, das öffentliche Gewissen zerrüttet haben. Die, auf welche Weise auch immer, der Freiheit, der Einheit, der Sicherheit der Republik Abbruch tun und ihre Festigung verzögern.«

Es gibt nur eine Strafe, den Tod. Auf Grund welcher Beweise darf er verhängt werden? »Der zur Verurteilung des Volksfeindes notwendige Beweis ist jede Art von Dokument, sei es materieller, sei es moralischer, sei es mündlicher, sei es schriftlicher Art, welches natürlicherweise die Zustimmung jedes gerechten und vernünftigen Sinnes erlangen kann. Die Richtschnur der Urteile ist das Gewissen der durch die Liebe zum Vaterland erleuchteten Geschworenen, ihr Zweck ist der Triumph der Republik und das Verderben ihrer Feinde. Die Prozedur besteht in den schlichten Mitteln, die der gesunde Sinn angibt, um in den vom Gesetz bestimmten Formen zur Kenntnis der Wahrheit zu gelangen.«

Das Tribunal wird reorganisiert, seine zwei Sektionen werden auf vier erhöht, die Anzahl der Richter wird vermehrt, die Geschworenen werden gesiebt, neunundzwanzig der bisherigen werden beibehalten, die übrigen werden vom Wohlfahrtsausschuß neu ernannt, und Robespierre wendet dieser Neuordnung seine persönliche Sorgfalt zu. Er sortiert zuerst die »Schwachen« aus, also diejenigen, die sich entweder mit Formalitäten aufhalten oder mit ihrem Gewissen nicht fertig werden, dann sucht er aus der Blüte des Jakobinerklubs solche Persönlichkeiten zusammen, die ihm blind folgen. Sein Hauswirt, der Tischlermeister Duplay, steht als erster auf der Liste der sicheren Männer, dann kommt Didier, der Sekretär Robespierres, dann Villers, der die gleiche Stellung bei Saint-Just einnimmt. Nicolas, Gravier, Pigeot, Masson, Fillon, Fauvety sind bedingungslose Gefolgsleute des »Unbestechlichen« und verkehren mehr oder weniger intim im Hause Duplay. Einige von ihnen haben das Geschworenenamt schon vorher ausgeübt und sich dabei glänzend bewährt. Auch auf Trinchard und die beiden Maler Châtelet und Prieur ist unbedingt Verlaß, selbstverständlich auch auf Leroy, der sogar als der ideale Geschworene dieses Gerichtes gelten darf, denn er ist taub. Der Präsident Dumas, der Vizepräsident Coffinhal, der Richter Garnier-Launay, sie alle gehen für Robespierre durchs Feuer. Mit einem Wort, das Gesetz vom 22. Prairial darf als sein ganz persönliches Instrument gelten und ist von ihm in allen Einzelheiten geschmiedet worden. Es macht ihm den Weg zur offenen Diktatur frei, aber es ist auch die einzige politische Handlung in seinem Leben, die auch seinen begeistertsten Jüngern wie Buonarroti ernste Zweifel an seiner Gutgläubigkeit einflößt.

Couthon erklärt: »Es handelt sich weniger darum, zu bestrafen, als zu vernichten.« Und Saint-Just ist nicht minder deutlich, wenn er sagt: »Das Gesetz vom Prairial schafft Gespenster ab.« Solcher Worte bedarf es, ja sie könnten ruhig noch schärfer sein, denn es ist Zeit, daß die Gerichtsbarkeit des Schreckens ihr wahres Antlitz zeigt. Insofern also sind die früheren Rechtsbrüche viel schlimmer und viel verderblicher für das menschliche Gewissen. Aber es gibt in diesem neuen Gesetz Einzelheiten, welche die furchtbare Heuchelei eines als Justiz auftretenden Ausrottungssystems in einer Weise bloßstellen, daß die Welt vor Entsetzen aufschreit. Dies gilt vor allem für die Bestimmung, durch welche die Verteidiger abgeschafft werden. Die verleumdeten Patrioten, so heißt es, haben in den Geschworenen die besten Verteidiger und Freunde, die Verschwörer haben auf solche kein Anrecht. Damit wird der Gedanke fallengelassen, daß die Verhandlungen zu erweisen haben, wer schuldig ist und wer nicht. Die Bestimmung setzt voraus, daß die Schuldigen schon vorher kenntlich sind. Ja, Robespierre geht so weit, zu behaupten, daß die Angeklagten damit nur Geld sparen, da die Verteidiger ihre Klienten oft »in einer geradezu skandalösen Weise gebrandschatzt« hätten! Man fragt sich, warum er überhaupt noch die Einrichtung der Geschworenen beibehält. Offenbar will er immer noch an der Vorspiegelung eines Volksurteiles im alten Sinne festhalten, obwohl einzig und allein er das Dogma »Volk« verwaltet und obwohl er soeben hat verkünden lassen, daß der Feind des Volkes nicht gerichtet, sondern ausgerottet werden soll.

Der Maler Topino-Lebrun, der während des Prozesses gegen Danton unter den Geschworenen sitzt, findet ein bemerkenswertes Wort, welches das ganze Gerichtsverfahren umreißt. Souberbielle, ein anderer Geschworener, vertraut ihm seine Gewissensqualen angesichts der schwachen Beweise gegen Danton an und erhält folgende Antwort: »Das ist kein Prozeß, das ist eine Maßnahme. Wir sind keine Geschworenen mehr, wir sind Staatsmänner ... zwei sind unmöglich, einer muß weg. Willst du Robespierre töten? Nein? Nun also, damit hast du ja Danton schon verurteilt.« Staatsmänner – nichts ist wahrer als das. Die Geschworenen sind tatsächlich Beamte. Die Verurteilung ist eine Verwaltungsmaßnahme, und Dumas, der jetzt an

Stelle von Herman den Vorsitz führt, übt eine ebenso bürokratische Tätigkeit aus wie der öffentliche Ankläger Fouquier-Tinville. Und wenn später nach dem Fall Robespierres dem Tribunal der Prozeß gemacht wird und einer der Angeklagten ausruft: »Wir waren nur das Beil! Sitzt man über das Beil zu Gericht?«, so steckt in diesem Schrei ein wenig von der ganzen schrecklichen Wahrheit.

Fouquier und seine Leute sind schwer überarbeitet, sie haben kaum Zeit, die Vorführungsbefehle, die Anklageschriften, die Urteile und die Instruktionen an den Henker auszufertigen. Die Aufnahme der Personalien allein schon ist eine Arbeit, bei der die kräftigste Schreiberhand erlahmt. Die Zahl der Angeklagten wächst dauernd, aus der Anklagebank ist ein ganzes Amphitheater von Bänken geworden, auf denen fünfzig Personen mit Leichtigkeit Platz nehmen können, um sich in rasender Geschwindigkeit zum Tode verurteilen zu lassen. Die Schreiber haben dabei am meisten, die Geschworenen am wenigsten zu tun, denn letztere können alle diese Leute doch nicht auseinanderhalten. Da sich unter den Geschworenen einige Maler befinden, ist es natürlich, daß die vom Staate gelieferten Löschblätter voll von Kritzeleien sind. Châtelet zeichnet von den Angeklagten wohlgelungene Karikaturen, Prieur porträtiert die Leute, die er freisprechen will, sonst malt er »Schweinereien und kleine Dummheiten« auf die Schreibunterlage. Muß man hinzufügen, daß er nur wenig Gelegenheit zu Porträts hat? Die Beamten von der Justiz sind natürlich ernster. Der öffentliche Ankläger in seinem Hut mit schwarzen Federn sieht recht eindrucksvoll aus, doch hat der neue Präsident Dumas leider die Angewohnheit, seine Pistolen vor sich auf dem Richtertisch liegen zu haben.

Später werden diese Einzelheiten einmal alle zur Sprache kommen, nämlich in jenen Prozessen nach dem 9. Thermidor, welche Fouquier, Dumas, Herman, Coffinhal und manche Geschworenen – auch unsere Zeichner – das Leben kosten werden. In diesen Verhandlungen erklärt ein Gerichtssekretär:

»Während mindestens sechs Wochen habe ich gesehen, wie man in diesem Tribunal öffentlich mordete. Wenn man den Beweis dafür haben will, braucht man den Geschworenen nur die Kanzlei, wo die Prozeßakten aufbewahrt werden, als Beratungszimmer zu geben. Einer von ihnen soll mit verbundenen Augen den ersten Aktendeckel nehmen, der ihm unter die Hände gerät, er wird darin die Urteile über vierzig, fünfzig Personen finden, die nach einer halbstündigen Verhandlung in den Tod geschickt worden sind; man hätte mehr Zeit gebraucht, um nur die Personalien der Angeklagten zu lesen. Mehrere Tage wären nötig gewesen, um die Schriftsätze kennenzulernen. Ich habe gesagt, man solle den ersten besten Aktendeckel nehmen: wenn man in ihm nicht den Beweis von Verbrechen findet, wie sie ähnlich nie die Erde besudelt haben, so bin ich bereit, mich auf jener Bank auf den Platz der Angeklagten zu setzen.«

Der schon verschiedentlich erwähnte Geschworene Prieur, welcher der Nachwelt eine Reihe schöner und dramatischer Zeichnungen revolutionärer Feste, Ereignisse und Personen hinterlassen wird, erklärt gelegentlich mit einer präzisen Formel, deren Orthodoxie Robespierre gefallen müßte: »Es kommt mir gar nicht darauf an, daß die Angeklagten der Handlungen, die man ihnen zur Last legt, überführt werden. Ausschlaggebend ist, daß sie Adlige, Priester, mit einem Wort keine guten Republikaner sind. Es ist ein Mittel, um sie loszuwerden.« Eine Gruppe von Geschworenen antwortet auf die Frage eines Beamten, wessen die heute verurteilten Leute schuldig seien: »Lieber Gott, wir haben keine Ahnung. Aber wenn du es so gerne wissen willst, brauchst du nur hinter ihnen herzulaufen, die Karren fahren sie gerade weg.« Fouquier selbst ist ein Mann, der seine Zeit ausnutzt und keine vergebliche Arbeit liebt. Eines Tages ist eine Verhandlung mit hundertachtundfünfzig Angeklagten angesetzt, die Papiere sind fertig, aber im letzten Augenblick wird der Schub in drei Teile geteilt, es wird nur gegen sechzig verhandelt, trotzdem unterzeichnen die Richter das bereits ausgefertigte, auf sämtliche Angeklagten lautende Urteil.

Am 1. Thermidor wird ein Junge von siebzehn Jahren namens Saint-Pern aus Versehen vorgeführt. Man hat ihn nämlich mit seinem fünfundfünfzigjährigen Vater verwechselt. Obwohl die Anklageschrift sich nicht mit ihm befaßt, wird das Verfahren auf ihn ausgedehnt. Er wird zum Tode verurteilt. Es gibt »Verschwörer«, die blind, taub, völlig gelähmt oder geistesschwach sind und doch dem »Rächer des Volkes« überantwortet werden. Madame de Maillé hätte mit ihrem sechzehnjährigen Sohn, der dem Gefängniswärter einen faulen Hering an den Kopf geworfen hat, vor dem Tribunal erscheinen sollen. Beim Aufruf meldet sich infolge des Gleichklangs eine Madame de Mayet. Das Gericht erkennt die Verwechslung und verurteilt sie trotzdem, »weil sie einmal da ist«. Ein Mann namens Deselle wird gefragt, ob er etwas von der Verschwörung in den Gefängnissen wisse, was er mit Nein beantwortet. »Ich erwartete diese Antwort«, erklärt der Vorsitzende, »warst du nicht Graf?« – »Man gab mir früher diesen Titel.« – »Der Nächste!« ruft der Vorsitzende aus, und damit ist ein Leben ausgelöscht. Ein Verwalter namens Balthazar Cart wird gefragt: »Warst du nicht Intendant der ehemaligen Prinzessin de Marsan, deren Kinder emigriert sind?« – Cart erklärt, daß es sich um eine Dame handle, die nicht Marsan, sondern Morsan hieß und keine Kinder hatte. Er wird am gleichen Tag hingerichtet. Der alte Loizerolles kann sich nur deshalb für seinen Sohn opfern, weil niemand mehr hinhört, wenn ein Schriftsatz verlesen oder eine Antwort gegeben wird. Auf die Frage, ob er »François Simon Loizerolles, Alter zweiundzwanzig Jahre« sei, antwortet der weißhaarige Greis »Ja«, ohne daß jemand dies auffallend findet.

Es muß eben schnell gehen, »im Rottenfeuer«, wie Dumas sagt. Fouquier, der pflichttreue Bürokrat, der eine Marienmedaille unter dem Hemd auf der Brust trägt, donnert die Geschworenen an: »Ich werde euch auf den Trab bringen, ich brauche zweihundert bis zweihundertfünfzig pro Woche.« Und er bekommt sie. Vom 23. Prairial bis zum 8. Thermidor – also in ungefähr sechs Wochen – fällt das Tribunal 1285 Todesurteile. Fast alle diese Sterblichen hören sich ihr Urteil mit der größten Ergebenheit an – »das Urteil schien auf sie eine Art von Verzauberung ausgeübt zu haben, die sie unbeweglich machte«, sagt ein Beobachter –, sie antworten mit leiser Stimme Nein auf die Frage, ob sie noch etwas zu sagen haben, und verlassen gefügig an der Seite des Gendarmen den Saal. Das Urteil wird in den letzten Wochen der Schreckensherrschaft in ihrer Abwesenheit ausgesprochen. Sie sind die Statisten ihres eigenen Unterganges. Sie sind müde. Die Welt ist müde. Die Götter haben keinen Durst mehr.

Wie ein Tyrann aussieht

Will Robespierre Diktator von Frankreich werden? Will er die Alleinherrschaft, die er tatsächlich bereits ausübt, zum Kern des Regierungssystems machen und seine Person in den Mittelpunkt dieses Systems stellen? Die Verfassung von 1793 ist auf seinen Wunsch nicht in Kraft gesetzt worden, das Land hat »eine revolutionäre Regierung bis zum Friedensschluß«. Solange diese Regierungsform besteht, ist es möglich, den Terror als ein wesentliches Element des Staates weiterzuführen. Der Terror ist das Kennzeichen dieser diktatorischen Regierung. Robespierre, Herr und Seele dieser Regierung, möchte dem Blutvergießen gerne ein Ende bereiten und den Frieden zwischen Frankreichs Bürgern wieder aufrichten, aber er müßte dann die Regierungsform ändern und wahrscheinlich sogar die Verfassung von 1793 in Kraft setzen. Das Meer von Menschenblut steigt immer höher und droht den Sockel zu überfluten, den das revolutionäre Frankreich dem Unbestechlichen als Sitz errichtet hat. Daß er von irdischen Paradiesen träumt, daß er – wenn auch mit täglich mehr erlahmender Kraft – die gewaltlose und gleiche Gemeinschaft aller tugendhaften Bürger vor sich sieht, ist sicher. Aber mischt sich in diesen Traum, der kalte Farben trägt und peinlich genau durchdacht ist, nicht auch die Lust an der Macht?

Keine Spur in diesem Leben erlaubt es, diese Frage ohne Zögern zu bejahen. Robespierre ist kein Machtmensch, er ist bloß ein Besserwisser. Sein Trieb geht nicht dahin, Menschen,

Schicksale, Massen und Existenzen in Bewegung zu setzen und nach seinem Willen zu lenken, er will vielmehr recht behalten und den Beweis führen, daß seine Idee richtig, durchführbar und heilsam ist. Ein Wahrheitstrieb waltet hier, der nicht nach Genuß und Gewinn, nicht einmal nach Erfüllung der eigenen Persönlichkeit drängt, der aber darum nicht minder verderblich wirkt als der einfache Machthunger. Wenige Tage vor seinem Fall, während die hoffnungsloseste Traurigkeit ihn niederdrückt, kommt es ihm gleichzeitig so vor, als sei Frankreich nun bald von allen jenen Elementen gereinigt, die nicht »Volk« sind, als seien »nur noch fünf bis sechs Schurken« aus der Welt zu schaffen. Muß er nicht traurig sein, indem er dies feststellt? Muß ihn die Verzweiflung nicht übermannen, wenn er fühlt, daß er nichts gebaut, nichts gepflanzt, nichts geschaffen, sondern nur ausgerissen, weggehauen, aufgeräumt, gesäubert hat? Nur noch fünf bis sechs Schurken, und das Leben im Paradiese kann beginnen: armer, unfruchtbarer und geradliniger Robespierre! Bei seinem Meister Rousseau findet er die Ermutigung: »Wenn die Gefahr derartig ist, daß der Gesetzesapparat einen Schutz gegen sie verhindert, dann ernennt man einen obersten Führer, der die Gesetze zum Schweigen bringt und ihre souveräne Autorität aufhebt.« Und ermutigt der größte aller Republikaner, Saint-Just, ihn nicht mit den Worten: »In jeder Revolution ist ein Diktator nötig, um den Staat durch die Gewalt zu retten!« Und schließlich schreibt er selbst in sein Tagebuch mit feiner, fast zögernder Schrift: »Ein einziger Wille tut not.«

Ein Besserwisser, ein sehr großer, ja großartiger Besserwisser! Auch Moses, der Priester und Führer seines Volkes, war ein Besserwisser, aber er empfing sein Wissen unmittelbar von dem, der da ist. Fast alle Züge, die Robespierre das Aussehen eines Diktators geben, sind religiöser Herkunft. Er allein glaubt, das Geheimnis zu kennen, nur ihm sind die Gesetzestafeln zugänglich, nach denen die Republik zu regieren ist. »Im Schweigen der Leidenschaften«, wie Jean-Jacques gesagt hat, erscheinen ihm diese Tafeln, vor denen er demütig ins Knie fällt und deren Abglanz auf seinem Gesicht ruhen bleibt, wenn er sich vor das Volk begibt. Es ist richtig, daß er in diesen Wochen vor seinem Untergang zahlreiche Maßnahmen ergreift, die seine politische Allmacht befestigen sollen, aber alles das wiegt nichts im Vergleich zu dem Dogma von der Tugend, das er allein und ausschließlich verwaltet, das ihm eine fast maßlose Autorität und jenes moralische System an die Hand gibt, dessen Kehrseite der Tod ist. Er ist in die Politik geraten, wie ein tibetanischer Mönch auf den Marktplatz einer großen Stadt oder an die Spitze einer modernen Armee gerät. Der schreckliche Todesstrahl seiner Tugend trifft nicht die Schlechten – denn diese halten sich im Dickicht der Politik versteckt –, sondern die Andersgläubigen. Die sittliche Verwüstung wächst wie ein Brand. Auf der Uhrscheibe der Zeit ziehen die Schatten der Toten entlang, die wieder ans Licht wollen. Der Samen in der Erde, das Ei im Nest, die Blüte am Baum, die Infusorie im Wassertropfen, der mit Pollen gefüllte Maienwind, das Gestein, das in den Bergen wächst, alles, was lebt und wachsen will, alles erhebt die lautlose Stimme und sagt: Es ist genug.

Der Aufruhr, dem er zum Opfer fällt, ist die Folge seiner Rousseauschen Politik, die auf Schritt und Tritt zur Vernichtung des Lebens führt. Es ist ein Aufruhr des Lebens selbst, aber es ist bezeichnend für die Zerstörung, die Robespierre bereits angerichtet hat, daß sich nur noch die Lebensgierigen gegen ihn zu erheben wagen, während die Lebenswürdigen nicht mehr die Kraft haben. Der 9. Thermidor, der vor der Tür steht, ist ein Naturereignis. Der Drang der Menschen, lieber in einer ungerechten und ungleichen Weltordnung am Leben zu sein, als sich durch eine Vision der Gleichheit und Brüderlichkeit zerschmettern zu lassen, steht gegen diesen Propheten auf. Die schlichte Lehre des 9. Thermidor ist: Das Leben fordert sein Recht. Ist es wahr, daß die Menschen weniger der absoluten Wahrheit als der praktischen Güte bedürfen? Der Abbé Sieyès, der nach der Beendigung der Schreckensherrschaft auf irgendeiner Bank des Konvents gleichsam entdeckt wird – denn er hat während der ganzen Zeit den Mund nicht aufgemacht –, antwortet auf die Frage, was er denn eigentlich getrieben habe: »Ich habe überlebt!« Hier spricht keine Kämpfernatur, aber die Stimme der menschlichen Existenz selbst. Und er ist obendrein noch ein alter Mann! Was sollen erst jene antworten, denen die Natur befiehlt, um jeden Preis zu überleben! Noch regiert der Schrekken, noch rollen die Todeskarren durch Paris, aber zwischen blühender Erde und unruhigen Maisternen schweben schon die unbesiegbaren Kräfte des Wachstums. Noch ist das Ende aller Tage nicht gekommen. Robespierre fühlt den Ansturm jener Kraftströme, die er nie studiert, nie in Rechnung gestellt hat. Seine Idee schickt sich an, diese Erde zu verlassen, die sich geweigert hat, sie in ihren fruchtbaren Schoß aufzunehmen.

Daß Robespierre nach inneren Gesetzen fällt, daß er an sich selbst zugrunde geht, daß er nicht im Kampf mit einer anderen Wahrheit, sondern mit seiner eigenen Idee unterliegt, geht aus der unbestreitbaren Tatsache hervor, daß der 9. Thermidor durch das zufällige Zusammenwirken ganz entgegengesetzter Elemente zustande kommt. Zu den in ihrem niedrigen Leben bedrohten Genießern wie Barras und Tallien treten ehrliche Republikaner, welche die Diktatur kommen fühlen, wie Billaud, Romme, Ruhl, und mit diesen mischen sich seit langem totgeglaubte politische Gegner, die in Robespierre die Revolution zu erschlagen hoffen, nämlich die Männer der Rechten, die seit Jahren schweigend auf ihren Bänken sitzen und die man ebenso verächtlich den Sumpf nennt, wie man die Partei der Linken achtungsvoll als den Berg bezeichnet.

Der Mann, der diese widerstrebenden Teile zusammenführt und zu einer handlungsfähigen Einheit verschmilzt, ist Joseph Fouché, der einzige unter den zahlreichen Gaunern des Konvents, der ein Genie ist. Allerdings ist dieser Zerstörer Lyons und Erfinder gottloser Festveranstaltungen auch besonders bedroht. Unter den »fünf bis sechs Schurken«, die dem Unbestechlichen noch die Aussicht auf das Paradies verstellen, nimmt er den ersten Platz ein. Für niemand stärker als für ihn gilt der Satz: »Er oder ich.« Dieses Bewußtsein erhöht noch die Fähigkeiten dieses an sich schon hochbegabten Mannes, der zwar nicht das Zeug zum Staatsmann, aber wohl zum größten Polizisten der Geschichte hat. »Er intrigiert aus ganzer Seele und mit Emsigkeit«, wie Barras anerkennend sagt, er bohrt im Konvent, oben auf dem Berg und unten im Sumpf, er bohrt bei den Sektionen, in der Kommune, ja er bohrt bei den Jakobinern. »Ganz Frankreich weiß noch«, so wird er später, wenn alles vorbei ist, ausrufen, »daß ich, während Robespierre euch als Herr behandelte, während ihr vor seinen Erfolgen und Verbrechen sklavisch das Haupt beugtet, während ihr seiner wilden und mörderischen Tyrannei die erniedrigendsten Huldigungen darbrachtet, beinahe allein kämpfte!« Eine maßlose Übertreibung, denn andere kämpften nicht weniger heftig gegen den Unbestechlichen, aber es ist wahr, daß er es ist, der die zerstreuten Aktionen zum entscheidenden Stoß versammelte.

Robespierre ist kein Mann der Tat. Aktion um jeden Preis, Tätigkeit um ihrer selbst willen, Kampf aus überströmendem Lebensgefühl sind seine Sache nicht. Er kann eine unerhörte Energie und einen fast übermenschlichen Fleiß entfalten, wenn es gilt, ein Prinzip zur Geltung zu bringen. Aber es ist ihm nicht gegeben, Titanenkräfte zu entfalten, wenn es um das nackte Leben geht. Seine letzten großen Reden sind mindestens zur Hälfte bewegliche Klagen über die Schlechtigkeit der Menschen, er fühlt sich unverstanden, er erklärt, rechtfertigt und verteidigt sich und ergeht sich in bitteren Vorwürfen gegen Feinde, deren Namen er um keinen Preis nennen will. Bis zum letzten Augenblick bleibt er dieser Taktik treu, die nur dazu beiträgt, seinen Untergang zu beschleunigen. Denn nach und nach fühlt sich jeder bedroht, jeder glaubt, daß er gemeint ist – da jeder ein schlechtes Gewissen hat –, jeder glaubt, daß die Ankündigungen neuer und strengerer Maßnahmen auf ihn gemünzt sind. Der Kreis derer, die ihr Leben in Gefahr glauben, wächst dadurch ungeheuer schnell und umfaßt bald den ganzen Konvent.

Fouché kann sich keine bessere Unterstützung wünschen als diese Angst. Es gibt Abgeordnete, die jeden Abend ihre Schlafstelle wechseln, es gibt andere, die sich überhaupt nicht mehr im Konvent sehen zu lassen wagen, andere suchen ihre Freunde nur noch in Verkleidung auf, einige setzen ihre Hoffnung auf die Flucht und lassen sich falsche Pässe machen. Barras, Merlin de Thionville, Tallien und Bourdon de l'Oise gehen nur noch bewaffnet aus, Robespierres Spitzel folgen ihnen auf Schritt und Tritt. Im Café Carozza und im Restaurant Doyen auf den Champs-Élysées, die jetzt gerade im Schmucke blühender Kastanien stehen, versammeln sich die Bedrohten, die langsam zu Verschworenen werden. Sie wissen nicht, daß Robespierre in sein Taschenbuch notiert hat – wozu eigentlich? –: »Die Abgeordneten, welche die Verschwörung führen, verfolgen und um jeden Preis belangen.« Aber sie sehen es, denn draußen vor dem Fenster wird ein Umriß sichtbar, der niemand anderem als seinem Leibspion Guérin gehört. Man muß die Stimmen dämpfen und später durch die Hintertür verschwinden, aber dort wird wahrscheinlich auch so ein Mensch stehen. Die Abgeordneten finden keine rechte Ruhe, die Listen derjenigen zu studieren, die gefährdet sind und deren Namen Robespierre hartnäckig verschweigt. Aber auf jeden Fall wird die Liste jeden Tag länger.

Der Wohlfahrtsausschuß ist nach und nach zur eigentlichen Regierung geworden und hat zahlreiche Vorrechte des Konvents an sich gerissen. Die Abgeordneten in Mission, die bei dem Zentralismus der Revolution eine gewaltige Rolle spielen, unbeschränkte Vollmachten haben und die Exekutive in der reinsten Form verkörpern, berichten nicht mehr an den Konvent, sondern an den Wohlfahrtsausschuß, der schließlich sogar das Recht erhält, sie abzuberufen, wovon Robespierre einen fleißigen Gebrauch macht. Laut dem Gesetz vom 27. Germinal, das Saint-Just mit so viel apokalyptischer Beredsamkeit durchgesetzt hat, darf der Wohlfahrtsausschuß verdächtige Personen vor Gericht bringen und eine Reihe von Polizeifunktionen übernehmen. Der nächste Schritt ist, daß Robespierre sich ein eigenes Polizeibüro schafft, das hauptsächlich die Verwaltung überwachen, aber auch die »allgemeine Polizei« übernehmen soll. Leiter ist Saint-Just, aber da er in diesen Wochen meistens an der Front ist, so übt Robespierre diese Tätigkeit aus. Sie hat eine große Bedeutung für ihn, denn sie ermöglicht es ihm, die Berichte der Überwachungsausschüsse als erster einzusehen, mit dem Vorsitzenden des Tribunals, Dumas, in dauernder Fühlung zu bleiben, mit Payan, dem Staatskommissar bei der Stadt Paris, und mit dem Bürgermeister Lescot-Fleuriot die Verbindung aufrechtzuerhalten.

Auf die Kommune legt er den größten Wert, denn es ist ihm klar, daß die entscheidenden Vorstöße der Revolution fast alle ihr zu verdanken sind. Aber er kann sich nicht von der unbehaglichen Empfindung befreien, daß es nicht genügt hat, die Leitung der Kommune seinen beiden Freunden anzuvertrauen. Das Volk setzt sich nicht mehr so vollständig mit der Kommune gleich wie in alten Tagen, wo Jacques Roux noch an den Straßenecken den Kommunismus predigte und wo Chaumette, der nun schon lange im Massengrab liegt, die Sansculotten auf patriarchalische Weise zur Gottlosigkeit einlud. Auch Hanriot, Oberbefehlshaber der Nationalgarde und der 17. Militärdivision, kommt manchmal in die Amtsräume der neuen Polizei, die im zweiten Stock der Tuilerien liegen. Dieses dürre und eigentlich höchst unkriegerische Männchen ist ganz zuverlässig und geht für den Unbestechlichen, der sich mit seinem geputzten Adjutantenschwarm und seinem Galoppieren durch die Hauptstraßen nachsichtig abfindet, durchs Feuer. Aber auch die Nationalgarde ist kein so einheitliches Gebilde mehr wie am 2. Juni vorigen Jahres, wo sie den Konvent in die Knie zwang. Manche Sektionen sind ganz in den Händen von trägen Spießbürgern, die endlich Ruhe haben wollen, andere wieder sind mit proletarischen Schwärmern kräftig durchsetzt.

Robespierre versucht die Macht des Wohlfahrtsausschusses so zu erweitern, daß der Ausschuß für Allgemeine Sicherheit, dem bisher das gesamte Polizei- und Gerichtswesen unterstand, allmählich eine Unterabteilung des Wohlfahrtsausschusses wird. Er hat kaum einen Freund dort außer Lebas, der meistens bei den Armeen ist, und natürlich den Maler David, der sich bereit erklärt, mit ihm »den Schierlingsbecher zu trinken«. Den Vorsitz führt Vadier, ein dürrer Voltairianer mit einem vor Bosheit funkelnden Komödiantengesicht. Dieser Mann, der einen gewissen politischen Sinn hat und sich als echter, von Leben und Schwatzhaftigkeit überströmender Gascogner aufs Händedrücken, Schulterklopfen und auf gemütliche kleine Geschäfte versteht, hat vom »Volk« eine ganz andere Vorstellung als der starre Schüler Rousseaus. Und da er obendrein, gemessen am Durchschnittsalter des »Berges«, ein geradezu biblischer Greis, nämlich fast sechzig Jahre ist, so erlaubt er sich, den Unbestechlichen als einen lebensfremden Schwärmer zu belächeln und ihn für einen verkappten Pfaffen zu halten. Mit Ärger bemerkt er die Schwächung des von ihm geleiteten Ausschusses, der bisher unumschränkt über das gesamte Polizeiwesen gebot und dem Konvent über alle großen Fälle Bericht erstattete. Seitdem Robespierre sich erlaubt hat, dem Konvent zu erklären, daß der Bericht des Sicherheitsausschusses über den Fall Chabot erst von ihm korrigiert werden müsse, ehe er veröffentlicht werden könne, fühlen Vadier und seine Leute sich wie kleine Schreiber behandelt. Die neue Verwaltungspolizei verhaftet Leute, die der Sicherheitsausschuß gerade in Freiheit gesetzt hat, und setzt umgekehrt diejenigen auf freien Fuß, die soeben von Vadier eingesperrt worden sind. Dieser sieht die Dinge ganz klar, er weiß, daß sich im Wohlfahrtsausschuß ein Triumvirat herausgearbeitet hat – Robespierre, Saint-Just und Couthon –, welches, ob nun automatisch oder absichtlich, der Diktatur zusteuert. So wird der Kampf des Sicherheitsausschusses um seine Selbständigkeit schnell zum Kampf gegen die Diktatur Robespierres.

Drei Männer! Also auch im Wohlfahrtsausschuß herrscht Zwist. Ja, in diesem Kreis, dessen Mitglieder alle – vielleicht mit Ausnahme von Collot und Barère – tüchtige, ja bedeutende

Charaktere und glühende Republikaner sind, wird Robespierres Aufstieg zur Allmacht doppelt peinlich empfunden. Er ist nicht mehr der gutgelaunte Gefährte fieberhafter Nachtarbeit, der alte Genosse aus angstvollen Stunden gewaltiger nationaler Entscheidungen. Diese Billaud, Carnot, Prieur, Cambon, Lindet, Jeanbon fühlen sich als Kameraden eines Feldlagers, dessen Horizont von Brand, Tod und Gefahr umstellt ist. Bis zur Morgendämmerung sitzen sie an ihren Pulten und reichen einander ein Stück Brot und einen Hühnerflügel zu. Dann werfen sie sich auf eine auf dem Boden ausgebreitete Matratze, um Seite an Seite ein Stündchen zu ruhen, ehe neue Akten, neue Kuriere, neue Besuche, neue Hilfeschreie, neue Aufträge, neue Pflichten kommen. Wie oft haben sie nicht das verzweifelte: »Es geht nicht!« der Verwaltungen mit einem wilden: »Es muß gehen!« übertäubt! So haben sie Armeen aus dem Boden gestampft, Flotten geschaffen, so haben sie Transporte in Bewegung gesetzt, Verpflegung, Kleidung, Waffen, Maschinen, Wagen, Gerät, Arbeitskräfte aufgebracht. Ja, sie sind Tyrannen, aber erst einmal gegen sich selbst, dann gegen die Beamten und Lieferanten und zuallerletzt gegen das Volk. Nach und nach ist Robespierre mit seinen zwei Getreuen aus diesem Stromkreis männlicher Vertrautheit herausgerückt und hat damit einen deutlichen Gegensatz zu denen geschaffen, die noch an dem Gedanken festhalten, daß der Konvent die eigentliche Exekutive und der Wohlfahrtsausschuß nur sein Instrument sei. Die Mehrheit des Ausschusses beginnt daran zu glauben, daß der praktisch schon bestehende Despotismus Robespierres sich bald in eine offene Diktatur verwandeln werde. Von allen Seiten treibt der Wind das Gewölk zusammen, aus dem der Blitz kommen wird.

Schon im Frühling hat Carnot in einem Berichte erklärt: »Wehe einer Republik, in der das Verdienst eines einzelnen Mannes oder selbst seine Tugend notwendig werden sollten!« Und bald darauf verdichten sich die Anspielungen. Billaud mahnt: »Jedes auf seine Freiheit bedachte Volk muß sogar vor den Tugenden der Männer, die hervorragende Posten bekleiden, auf der Hut sein.« Und im Geschmack der Zeit fügt er ein antikes Bild hinzu: »Der arglistige Perikles benützte volkstümliche Farben, um die Ketten zu verdecken, die er für die Athener schmiedete. Lange Zeit machte er glauben, daß er nie auf die Tribüne steige, ohne sich selbst daran zu erinnern, daß er nun zu freien Männern sprechen werde. Und dieser gleiche Perikles, dem es gelungen war, sich der unumschränkten Obergewalt zu bemächtigen, wurde der blutdürstigste Despot.« Im Sitzungssaal des Ausschusses kommt es oft zu so heftigen Zusammenstößen, daß die Leute sich im Tuileriengarten unter den Fenstern ansammeln, um die schallenden Stimmen der großen Männer zu hören. Ja, man erwägt ernstlich, ob es aus diesem Grunde nicht besser sei, in ein höher gelegenes Stockwerk überzusiedeln. Die Luft zwischen diesen Menschen ist mit einer Spannung geladen, deren Ursache weit über den persönlichen Zwist hinausgeht. Es ist die Gewitterspannung zwischen der Realität, deren stärkster Vertreter Carnot ist, und der orthodoxen Unnachgiebigkeit der Grundsätze, wie Robespierre sie darstellt.

Dieser ist wenigstens eines Zornausbruches fähig, aber noch schlimmer ist es, wenn zwei Männer wie der steinerne Saint-Just und der eherne Carnot aufeinanderstoßen, die kaum die Stimmen erheben und sich die beleidigenden Worte wie lautlose Dolche ins Herz stoßen. Eines Tages geraten sie wegen der Verhaftung eines Beamten in der Kriegsverwaltung in Streit. Carnot hört sich Saint-Justs Vorwürfe eine Weile geduldig an und erwidert dann, daß jeder im Ausschuß gleiche Rechte habe und daß dem »Triumvirat« keine größere Macht zukomme als den übrigen. Er fügt hinzu, daß bald niemand außer den dreien mehr übrigbleiben werde, wenn man fortfahre, alle Patrioten anzuschwärzen und unmöglich zu machen. Saint-Just blickt dem »Organisator des Sieges« kalt ins Auge und erklärt ihm mit höflicher Stimme, daß es ihm ein leichtes sei, seine hochverräterischen Verbindungen mit den Aristokraten, ja mit dem

Feinde aufzudecken, und fügt hinzu: »Wisse, daß ich nur einige Zeilen zu schreiben brauche, um ein Anklagedekret zu machen und dich innerhalb zwei Tagen köpfen zu lassen.« Carnot blickt verächtlich von seiner Schreibarbeit auf, betrachtet den Sprecher einen kurzen Augenblick, taucht dann seine Feder aufs neue in die Tinte und antwortet weiterschreibend: »Ich bitte darum, ich fordere deine ganze Strenge gegen mich heraus. Ich habe keine Angst vor dir. Ihr seid ja lächerliche Diktatoren!« Jetzt wird Saint-Just endlich zornesrot und verläßt eilig den Saal, Drohungen gegen Carnot und die übrigen Mitglieder ausstoßend, welche die beiden Gegner vergeblich zu beruhigen versuchen. Am anderen Tage erscheint er wieder, und zwar mit Robespierre, den er an der Hand nimmt und zu Carnot führt: »Hier hast du meine Freunde, hier sind sie, die du gestern angegriffen hast.« Aber Carnot nimmt kein Wort zurück. Schlimmer noch ist der Zusammenstoß nach Fleurus. Der eben von der Front kommende Saint-Just tadelt Carnot wegen einer Truppenverschiebung. Robespierre mischt sich ein, die Stimmen schwellen an, die Auseinandersetzung wird allgemein, jemand beeilt sich, die Fenster zu schließen. Diesmal sind es Billaud und Collot, die Robespierre als Diktator beschimpfen.

Zarte Maitage, fast schon zu mild für den Monat. Kleine Wolken wandern durch das Blau, und die Menschen in den Straßen von Paris sehen ihnen sehnsüchtig nach. Die Bäume zeigen frisches Grün, die Vögel hüpfen auf die Fensterbretter, und es riecht gut, nach Ferne und Zärtlichkeit. Es ist bitter, jetzt ins Gefängnis gehen zu müssen. Talliens Geliebte, die schöne Theresa Cabarrus, wird in Versailles verhaftet und in einer Droschke in ein Pariser Gefängnis gebracht. Als der Wagen mit der Gefangenen über den Revolutionsplatz rollt, zeigt ihr der Gendarm die Guillotine, die sich dort erhebt, und fügt hinzu: »In drei Tagen wirst du persönlich in dem Stück da auftreten!« Tallien erfährt die Verhaftung nicht sogleich, er ist ja den ganzen Tag unterwegs, nirgendwo fühlt er sich mehr sicher. Die Nachricht stürzt ihn in Verzweiflung. Diese Frau ist sein ganzes

Leben. Das Dasein ist nur durch sie schön und begehrenswert. Ach, dieser Robespierre, wie geschickt und grausam er einem das Leben raubt! Theresa darf nicht sterben, schnell, schnell zu Barras, zu Fouché, sie zur Eile anzutreiben! Tallien tastet nach dem Dolch unter seinem Rock, er blickt sich ängstlich um und setzt seine ruhelose Wanderung fort. Er wird sie retten, und koste es die ganze Republik!

Auf der Rue de la Lanterne wohnt ein braver Handwerker, Antoine Renault. Er lebt mit seinem Sohn Jacques und seiner Tochter Cécile, die beiden anderen Söhne sind an der Front. Cécile ist zwanzig Jahre alt, sie ist ein recht hübsches Mädchen, das sich zu putzen und zu pflegen liebt und dafür sogar kleine Schulden macht. Ende Floréal bringt sie der Schneiderin Dematin einige Meter weißen Musselin für ein Sommerkleid. Aber sie hat es sehr eilig damit.

»Sie sollen wohl zu einer Hochzeit, Fräulein?« fragt die Schneiderin.

»Das geht dich nichts an ... Übrigens, beeile dich. Man weiß nicht, was geschehen kann. In acht Tagen kann ich guillotiniert sein. Ich will vorher meine Sachen in Ordnung haben.«

Ungefähr eine Woche später, gegen neun Uhr abends, erscheint Cécile mit einem Bündel unterm Arm im Torbogen des Hauses Duplay auf der Rue Honoré. Im Hofe sitzt Eleonore mit einigen Freunden des Hauses, um den schönen Maienabend zu genießen. Die junge Fremde fragt nach Robespierre; sie nimmt den Bescheid, daß er abwesend sei, übel auf:

»Das ist doch sonderbar, daß er nie zu Hause ist. Seit drei Uhr suche ich ihn schon. Er ist doch öffentlicher Beamter, da hätte er die Pflicht, jeden Bürger, der ihn sprechen will, zu empfangen.«

Die Männer im Hof finden die Antwort etwas schnippisch und führen sie auf die Straße. Cécile ruft zornig aus:

»Wenn man sich in der alten Zeit beim König meldete, wurde man sofort vorgelassen.«

»Es tut dir also leid, daß die Zeit der Könige vorbei ist?«

»Ach, ich gäbe mein Blut her, um wieder einen König zu haben. Da habt ihr meine Meinung. Ihr seid Tyrannen!«

Das Mädchen wird zum Sicherheitsausschuß gebracht und dort verhört. Sie antwortet mit großer Genauigkeit und Ruhe. Auf die Frage, was sie bei Robespierre gewollt habe, erwidert sie, daß sie habe sehen wollen, »wie ein Tyrann aussieht«. In ihrem Bündel finden sich zwei kleine Taschenmesser vor, das eine in Schildpatt, das andere in Elfenbein, mit Silber ausgelegt. Sie macht darauf aufmerksam, daß sie unterwegs in einem Café ein Paket hinterlegt habe. Man holt es schnell herbei, es enthält Leibwäsche und ein Kleidchen. Wozu? Damit es ihr da, wohin man sie bringen werde, nicht an dem Nötigen fehle.

»Von welchem Ort sprichst du?« fragt der Beamte.

»Vom Gefängnis, und von da geht's auf die Guillotine.«

Der Vorsitzende des Tribunals, Dumas, wohnt in Person einem Teil des Verhörs bei, er stellt fest, daß dieses Mädchen entweder verrückt ist oder einen geheimen Grund hat, den Tod zu suchen. Um elf Uhr abends liegt sie auf dem fauligen Stroh einer Zelle in der Conciergerie, eine Stunde später verhaftet Héron vom Sicherheitsausschuß den Vater, der über das Ausbleiben seiner Tochter sehr besorgt ist, den Sohn und die zufällig anwesende Tante. Alle haben ein gutes Gewissen, der Sohn begibt sich zu einer Nachbarin, die ihn fragt:

»Ist Cécile endlich nach Hause gekommen?«

»Nein, Frau Papin. Ich bringe Ihnen unsere Katze ... Man hat uns soeben verhaftet.«

»Verhaftet? Warum denn?«

»Ich weiß nicht ... Wollen Sie unsere Katze solange aufbewahren? Und sorgen Sie dafür, daß ihr nichts abgeht.«

Noch in der Nacht verbreitet sich in Paris das Gerücht von der Ermordung Robespierres. Eine neue Charlotte Corday, so heißt es, ist erschienen, um dem Volke seinen besten und letzten Freund zu nehmen. Daß die rasende Mörderin ihre Tat nicht habe ausführen können, wird erst später erzählt. Im Konvent ist am anderen Tage große Bewegung. Aber es ist seltsam, die

Begeisterung, mit der man den geretteten Volksfreund begrüßt, klingt geübten Ohren wenig überzeugend. Robespierres mißtrauische Blicke erkennen in der wogenden Versammlung wie Flecken auf einem Spiegel die kleinen Gruppen der Verschwörer. Überall sitzen sie, auf dem »Berg«, im »Sumpf«, rechts und links. Talliens Augen glühen aus einem vor Kummer blassen Gesicht. Der grobe Lecointre zuckt ganz deutlich mit den Achseln, Collot, auf den soeben auch ein Attentat verübt worden ist – aber ein richtiges, denn ein Mann hat auf ihn zu schießen versucht –, teilt sich nur unwillig mit Robespierre in den Märtyrerruhm.

Barères Bericht über den Anschlag gegen Robespierre ist voll von Zweideutigkeiten. Er zitiert lang und breit aus englischen Zeitungen, wo von Robespierre wie von einem König gesprochen wird, wo immer nur von Robespierres Soldaten und Robespierres Allmacht die Rede ist. Scheinheilig und umständlich nimmt er den Unbestechlichen gegen diese Auffassungen des Auslandes in Schutz, »... man könnte daraus folgern, daß es den Konvent nicht mehr gibt, daß er nichts mehr bedeutet, daß die Armeen sich nur noch für einen einzigen Mann schlagen, dem wir keine Gerechtigkeit mehr schuldig sind. Nein, dieser Mann ist rein.« Jeder in dieser Runde versteht. Unsichtbar schließt sich der Ring. Das von Staub und Stimmengebraus erfüllte weite Haus erscheint Robespierre plötzlich seltsam unwirklich, er muß sich zusammenraffen, um ganz zu ermessen, wo er sich eigentlich befindet. Irgend etwas ist in der Welt geschehen, ein Faden ist gerissen, ein großer Schatten lauert hinter dieser Helligkeit, die durch die Fenster dringt. Robespierre fühlt sich sehr einsam, er hat die Tür zur Zukunft einen winzigen Spalt breit geöffnet, und eisig strömt es herein.

Nach der Sitzung geht er in sein Büro im Wohlfahrtsausschuß und schreibt an Saint-Just, der bei der Nordarmee ist, einen Brief: »Komm schnell! Hilf mir!« Aber er zerreißt ihn wieder. Er wagt nicht, allein zu unterschreiben, es wird bekannt werden, und man wird sagen, er habe Furcht. Wenn Saint-Just doch hier wäre! Der Konvent, die Ausschüsse, sie alle würden verstummen, wenn jetzt dieser schweigsame und düstere Jüngling vor ihnen erschiene und seine ruhige Stimme gegen die Verschwörer erhöbe. Schließlich schreibt er den Brief doch, er faßt ihn ganz kurz, spricht von dantonistischen und hébertistischen Umtrieben und läßt Carnot, Billaud, Prieur und Barère mitunterzeichnen. Der reitende Kurier jagt damit nach Norden. Robespierre zählt im Geiste die Hufschläge, die Stunden, die Tage.

Bei den Jakobinern geht es hoch her. Dort ist Robespierre noch ganz zu Hause, ganz unter Freunden. Oder doch nicht mehr? Auf jeden Fall ist die Begeisterung, mit der er empfangen wird, geradezu rasend. Alle sind überzeugt, daß er mit knapper Not dem Stahl einer wildentschlossenen Mörderin entkommen ist. Teilt er diese Überzeugung, ist er guten Glaubens, wenn er erklärt: »Niemals haben die Verteidiger der Freiheit geglaubt, daß ihnen ein langes Leben beschieden ist. Ihr Dasein ist ungewiß und gebrechlich. Ich glaube nicht an die Notwendigkeit zu leben, sondern nur an die Tugend und die Vorsehung. Der Stahl des Mörders hat mich freier und unerbittlicher gegen alle Volksfeinde gemacht ... Wir schwören bei den Dolchen, die vom Blute der Revolutionsmärtyrer gerötet und seitdem gegen uns geschärft worden sind, daß wir die Schurken, die uns das Glück und die Freiheit rauben, bis zum letzten Mann ausrotten werden.«

In dieser Weise geht es eine Stunde lang, manchmal spricht er wie ein Verblutender, manchmal wie einer, der traurig ist, daß der Dolch ihn nicht getroffen hat, und manchmal wie einer, der weiterkämpfen will. Die Jakobiner sind so ergriffen, als wenn ihr großer Mann schon auf einem von David entworfenen Prachtkatafalk zwischen rauchenden Fackeln ruhte. Ein Mann namens Rousselin, ehemaliger Dantonist und später Sekretär Barras', erhebt sich ehrfürchtig und schlägt vor, eine bewaffnete Leibgarde zu schaffen, welche die kostbare Person des Unbestechlichen überall umgeben soll. Dieser Rousselin scheint trotz seines demütigen Gesichtes ein gerissener Bursche zu sein, der so tut, als ob eine solche Veranstaltung der wahren Stellung Robespierres durchaus angemessen sei. Der Unbestechliche gerät über den Antrag in einen Zorn, der von den Jakobinern nicht recht verstanden wird. Trotzdem geben sie Robespierre recht, als er sich gegen den Antrag zur Wehr setzt, weil er den gegen ihn umlaufenden Verleumdungen nur noch mehr Nahrung gebe. Rousselin wird ausgepfiffen und sucht schleunigst das Weite, um seinen Auftraggebern Bericht zu erstatten.

Robespierre fühlt deutlich, daß in allen Ecken gegen ihn geraunt und geflüstert wird, daß überall große und kleine Rousselins lauern, um seine Politik scheinheilig zu überbieten und ihn dadurch bloßzustellen. Langsam, fast unwillig setzt er sich zur Wehr, aber er verfolgt seine alte Taktik, niemals einen Namen zu nennen, sondern täglich neue und immer drohendere Anspielungen zu machen. Er hält dies für klug, er glaubt, daß die Allgemeinheit seiner Angriffe eine Stimmung der ungreifbaren Befürchtungen schaffen werde, die genüge, um den Konvent zu bändigen. Niemals hat er sich entscheidender vergriffen als in diesem Augenblick. Er kennt die Menschen nicht, er hat kein Gefühl für die Wucht des schlichten Lebenswillens. Je größer der Kreis derer wird, die seine ewigen Anspielungen und Drohungen auf sich beziehen, um so größer wird auch die Schar derjenigen, die sich sagen: »Er oder ich!« Er weiß nicht, daß Lecointre heimlich ein Anklagedekret gegen ihn umlaufen läßt und schon neun Unterschriften gesammelt hat. Er weiß nicht, daß ein ehemaliger Mitarbeiter Desmoulins an einem Aufruf an die Pariser Sektionen arbeitet, in dem es heißt: »Wenn es diesen gerissenen Demagogen nicht gäbe, wenn er seine ehrgeizigen Umtriebe mit seinem Leben bezahlt hätte, wäre die Nation frei, und jeder könnte öffentlich seine Meinung sagen. Dann brauchte Paris nicht in seiner Mitte diese Mörderbande zu dulden, die gemeinhin unter dem Namen Revolutionsgericht bekannt ist.« Er weiß nicht, daß in der Sektion »Berg« eine Liste für die Inkraftsetzung der Verfassung von 1793, also für die Beendigung des Terrors und die Rückkehr zu gesetzlichen Zuständen vorbereitet wird. Er ermißt nicht genau die Stimmung der Kommune, die zwar von seinen Freunden verwaltet wird, deren Massen darum doch enttäuscht sind, daß die wahre Gleichheit auf sich warten läßt. Vor allem aber unterschätzt er den Widerstand im Konvent, seine unsägliche Verachtung dieser »Lebemänner und feigen Intriganten« macht ihn blind für die Energie eines Barras, für den Rachedurst eines Tallien, für die Intelligenz eines Fouché, ja, für den hartnäckigen Selbsterhaltungstrieb der Lecointre, Bourdon und Courtois. Erst beim Fest des Höchsten Wesens gehen ihm die Augen auf.

Die rote Messe

Welche Macht trieb Robespierre, das Dasein Gottes und die Unsterblichkeit der Seele auf dem Gesetzeswege zu verkünden? Wollte er seinem politischen Gedanken die äußerste Totalität geben und ihn auf den Bereich des Übervernünftigen ausdehnen, oder ist es ein unwiderstehlicher Ausbruch seiner ratlosen und von religiösen Nöten gequälten Seele? Sein plötzlicher Appell an das menschliche Bedürfnis, eine Gottheit zu verehren, erfolgt mit der Gewalt eines Naturereignisses. Es ist, als ob er ein Licht über dem Abgrund entzündet hätte, und da die Sterblichen an Gott nicht denken können, ohne seine Güte zu verehren und in ihm den Schöpfer und Verteidiger allen Lebens anzubeten, so ist es natürlich, daß die Ahnung vom Ende des Schrekkens und Blutvergießens sich wie ein Frühlingshauch über Frankreich verbreitet. Trauriger Irrtum, niemals ist mehr Blut auf dem Richtplatz geflossen als in diesen Tagen. Wie sollte es auch anders sein, denn Robespierre kommt zum Höchsten Wesen, weil die Einbeziehung der Gottheit am Ende des Systems der öffentlichen Tugend steht. Der wahre Glaube wird erst lebendig durch die göttliche Kirche oder die Glaubensgemeinschaft in Gott. Hier aber ist die Kirche höchst ungöttlich, sie ist jakobinisch. Nein, das Höchste Wesen ist nicht jener Gott, den die Frommen und die zur ewigen Seligkeit Berufenen demütig verehren, es ist vielmehr eine Einrichtung, welche die übrigen staatlichen Einrichtungen krönen soll.

In diesem Streben ist wenig von jener ergreifenden Gewissensnot spürbar, die Robespierre so oft durchwühlt und die einen traurigen, aber versöhnlichen Schatten über sein Wesen wirft. Christliche Glaubensglut an eine irdische Einrichtung, die französische Republik, gewandt, mystische Innigkeit, in den Kreislauf seiner politischen Bemühungen geflößt, Unruhe zu Gott, in den Dienst der weltlichen Macht gestellt, das sind die Irrtümer, Brüche und bitteren Mischungen seines inneren Lebens. Vielleicht hat er oft sein Gesicht betend in beide Hände gelegt, aber er hat die Erleuchtung, die ihm in dieser Dunkelheit wurde, dazu mißbraucht, dem Gesetz einen göttlichen Glanz zu geben. Jetzt, wo er das Höchste Wesen proklamiert, irrt seine Seele ratlos und stumm an dem Abgrund hin, den er durch ein Dekret in fünfzehn Artikeln zu überbrücken versucht. Am stärksten ist noch sein Abscheu vor den Kirchenschändern erlebt, denn in ihnen sieht er nicht nur soziale Schädlinge, sondern auch angstlose, flache und zum Leiden unfähige Wesen. Sonst aber ist seine große Rede vom 18. Floréal weniger von religiösen Schauern berührt und ausschließlicher staatsmännisch als die meisten seiner Kundgebungen.

Was in dieser Rede besonders spürbar wird, ist das Bewußtsein von der welthistorischen Bedeutung der Revolution. »Die Welt hat sich verändert!« so ruft er aus, und zum einzigen Mal vielleicht bricht bei ihm der echte, von der Universalität seiner nationalen Idee trunkene Franzose durch:

»Das französische Volk ist, so scheint es, dem übrigen Menschengeschlecht um zweitausend Jahre vorausgeeilt, ja man ist versucht, es im Vergleich damit für eine andersartige Gattung zu halten!«

Und jäh überfällt ihn jene Form von Frömmigkeit, die auch dem ungläubigen Franzosen so geläufig ist:

»Ja, diese köstliche Erde, welche wir bewohnen und welche die Natur mit Vorliebe zu hätscheln scheint, ist dazu geschaffen, die Domäne der Freiheit und des Glückes zu sein, dieses gefühlvolle und stolze Volk ist wahrlich für den Ruhm und die Tugend geboren. O mein Vaterland, wenn das Schicksal mich in einem fremden Lande hätte geboren werden lassen, hätte ich das Los deiner Mitbürger und deiner Vertreter beneidet. Ich bin Franzose, ich bin einer deiner Vertreter. Erhabenes Volk, empfange das Opfer meines ganzen Wesens. Glücklich, wer in deiner Mitte geboren ist! Glücklich, wer für dein Wohl sterben darf!«

Dieser glühende Ton ist ihm versagt, wenn er das Höchste Wesen feiert. Ausdrücklich verwahrt er sich dagegen, daß er zwischen Glauben und Unglauben eine andere als eine politische Entscheidung treffen wolle: »Es handelt sich darum, den Atheismus lediglich als national, als in Verbindung mit einem System der Verschwörung gegen die Republik zu betrachten.« Die Glaubenslehre, die er zum Gesetz machen will, ist in seinen Augen kein absoluter Wert, sie ist eine Dienerin der Politik, sie soll die Autorität der Gesetze erhöhen und die Ordnung im Staate erleichtern. »Die Idee des Höchsten Wesens und der Unsterblichkeit der Seele ist ein unaufhörlicher Appell an die Gerechtigkeit, sie ist also sozial und republikanisch.« Mit einem Wort, Robespierres Vorstoß gegen die Gottlosigkeit geschieht keineswegs zugunsten des reinen Glaubens und um den Menschen wieder den Zugang zum Reich der religiösen Wahrheiten zu öffnen, er will vielmehr ein neues Element des sozialen Nutzens schaffen, einen weiteren Stützpunkt für die Gesetzgebung errichten und die Zuständigkeit der Republik auch auf Gott ausdehnen. Die Verkündigung des Höchsten Wesens ist ein ebenso unfruchtbares Mißverständnis wie früher die Huldigungen an die Gottheit Volk.

Der erste Artikel des vom Konvent angenommenen Dekretes lautet:

»Das französische Volk erkennt das Dasein des Höchsten Wesens und die Unsterblichkeit der Seele an.«

Und der Artikel 15 enthält folgende Bestimmung:

»Am 20. Prairial wird ein Nationalfest zu Ehren des Höchsten Wesens gefeiert.«

Am Sonntag, dem 20. Prairial, dem 8. Juni nach der alten

Zeitrechnung, verkündet ein Kanonenschuß um acht Uhr morgens den Beginn des Festes. Es ist Pfingstsonntag, Fest des Heiligen Geistes. Der blaue Himmel steht wie ein unermeßliches Gewölbe der Zuversicht über Paris. Die Stadt ist ein holder Rausch von Fahnen und Blumen, um jedes Fensterkreuz ist eine Rosenranke geschlungen, über jeden Balkon hängt die schmale Zunge des trikoloren Tuches herab. Die Straßen sind mit Menschen in Festkleidern gefüllt, die aus allen Himmelsrichtungen dem Tuileriengarten zuströmen. Wie kristallen leicht sich die Luft atmet, wie hoffnungsvoll der Wind die Gesichter liebkost! Ist es so spät erst Frühling geworden? Eine Grabeslast scheint von Paris weggewälzt zu sein. Da hat man geweint, da hat man gezweifelt und Not gelitten, und nun fühlt sich das Leben leicht und freundlich an. Die Frauen haben aus ihren Schränken längstvergessene Sommerkleider hervorgesucht, die Männer erscheinen im Festgewand, und die Kinder sind auf das hübscheste hergerichtet. Eilig traben frohe Füße, lebhafte Stimmen erschallen, Grüße und Lächeln überfliegen hell die gefüllten Straßen. Im Tuileriengarten nehmen die Truppen Aufstellung, in zwölf Glieder tiefen Abteilungen treten die Jünglinge an, in Waffen oder mit Eichenzweigen in der Hand, die Frauen nehmen an der Uferseite Aufstellung, die Mütter tragen Rosensträuße, die Mädchen halten Körbe mit Blumen gefüllt. Um elf Uhr vormittags sind alle Sektionen aufmarschiert, die Trommeln dröhnen, die Messinghörner erschüttern mit ihrem hellen Schrei die Luft. Der weite Garten ist ein Meer an Farben und Bewegung, die weißen Kleider und die Fahnen bauschen sich im Wind, die blauroten Uniformen, das Aufblitzen der Flintenläufe, das Steigen der Pferde, das Drängen der Nachzügler brandet gegen die geschmückten Fronten der schmalen Häuser.

Auf der Hauptkuppel der Tuilerien ist eine ungeheure phrygische Mütze aus Blech angebracht, über ihr weht ein zehn Meter langes Fahnentuch im Wind. Vor der Hauptfront des Gebäudes ist ein Amphitheater aufgebaut, das zweitausend Personen fassen kann. Sein oberer Teil ist für die Mitglieder des

Konvents bestimmt, während sich auf den unteren Rängen achthundert Sänger, Sängerinnen und Musiker mit ihren Instrumenten versammeln. Die Geigen werden gestimmt, Flötenläufe werden laut, dumpf grollen die Pauken unter den prüfenden Schlägen.

Punkt zwölf Uhr mittags donnert eine Artilleriesalve und übertönt das frohe Gebrause, erschreckt fliegen die Tauben hoch, dann ist Stille, die Mitglieder des Konvents erscheinen im blauen Frack und breitkrempigen Federhut, um ihre Plätze einzunehmen. Die Stille dauert an, denn in der Mitte steht ein leerer Sessel auf einer mit einem dreifarbigen Teppich überdeckten Stufe. Es ist der Sessel Robespierres. Aber Robespierre ist nicht da.

Robespierre ist verspätet, nichts weiter. Die Abgeordneten blicken auf den erhöht stehenden leeren Sitz, einige Boten gehen hin und her, das Fest stockt. Die Spannung lockert sich, die Gruppen geraten ein wenig in Unordnung, die Abgeordneten nehmen ihre Hüte ab und machen es sich auf ihren Bänken bequem.

So vergeht eine halbe Stunde, und plötzlich ist Robespierre da. Klein und starr steht er vor seinem Sessel, in himmelblauem Frack und weißen Kniehosen, den Kopf wohlfrisiert und schneeweiß gepudert, die trikolore Seidenschärpe in breiten Falten um die Hüften gespannt. Unter dem linken Arm trägt er seinen Hut mit blauweißroten Straußenfedern, die rechte Hand hält einen großen Strauß von Ähren, Mohn und Kornblumen. Mit seltsamem, fast seligem Lächeln blickt er einige Sekunden unbeweglich auf das schöne Bild.

Bei seinem Anblick ist das Feld wie unter dem Einfluß eines ungeheuren Magneten wieder in die vorgeschriebene Ordnung gerückt. Die Federbüsche und Fahnen, die Trompeterkorps der Reiterei, die Trommler und Pfeifer, die starrenden Waffen, die mit Laub geschmückten Spieße, die grünen Eichenzweige der Männer, die roten Blumen der Frauen, dahinter die blühenden Kastanienbäume, das ferne Grün der Champs-Élysées und schließlich der holde, silbrig-blaue Himmel der Ile-de-France – Robespierre umfaßt dies alles mit einem Blick. Schüchterne Freude wärmt sein Herz, das Paradies kann nicht mehr ferne sein, das Höchste Wesen wird seinen Segen nicht versagen. Ja, dies ist sein Tag! Für einen Augenblick vergißt er die Angst um die Zukunft, die Verschwörer und Verräter, das Blut, den Tod. Er lenkt so selten seinen Blick in die Welt, er erfährt so selten, was das ist: Paris, Frankreich, die Menschen. Hier liegt alles vor ihm, strahlend, hoffnungsvoll, seines Winkes gewärtig, froh und aufblickend. Welch ein Tag, das harte Leben schmilzt wie Wintereis hinweg, eine köstliche Träne füllt den Blick und macht die Sicht trunken und unwirklich. Welch ein Tag! Vielleicht wird doch noch alles gut werden.

Das Fest geht nun wie am Schnürchen, genau nach Davids Plan, der viele Kartons mit Skizzen für die Gruppen, Statuen, Dekorationen, Aufmärsche, Kostüme gefüllt und ausführliche Beschreibungen dazu gegeben hat. Die Chöre sind von Méhul und Gossec, mit Texten von Desorgues und J. M. Chénier. Sie sind am Abend vorher in allen Sektionen geprobt worden, und niemals waren die Versammlungen so gut besucht. Robespierre erhebt sich, das Summen der Stimmen reißt ab, er hält eine kurze Ansprache, sein Organ ist heute klar und trägt weit. Er spricht vom Höchsten Wesen: »Alles, was gut ist, ist sein Werk oder es selbst. Das Schlechte gehört zum verderbten Menschen, der seinen Nächsten unterdrückt oder unterdrücken läßt.« Dann setzt tausendstimmig der Chor ein. Während die letzten Töne verhallen, ergreift Robespierre eine Fackel, steigt langsam und zierlich die steilen Stufen hinab und nähert sich dem Standbild des Atheismus.

Laut David sollte es so weitergehen: »Die Gruppe geht in Flammen auf, sie geht ebenso schnell ins Nichts ein wie die Verschwörer, die vom Schwert des Gesetzes getroffen sind. Aus ihren Trümmern erhebt sich die Weisheit mit ruhiger und lauterer Stirn. Bei ihrem Anblick fließen Tränen der Freude und Dankbarkeit aus allen Augen.« Es geht jedoch nicht ganz nach

Wunsch, der Atheismus verbrennt nur mühsam, und die Weisheit, die zum Vorschein kommt, ist von Ruß geschwärzt. Die Abgeordneten gewinnen sogleich ihre gute Laune wieder, und als Robespierre aufs neue das Wort ergreift und sagt: »Es ist ins Nichts zurückgetreten, das Ungeheuer, das der Geist der Könige über Frankreich ausgespien hatte ...«, da ist die Heiterkeit groß und wird kaum noch verborgen.

Gemäß Davids Programm bildet sich nun der Zug, der zum Marsfelde geht. Hundert Trommler, riesige Trompeterkorps, Kavalleriefanfaren, Feldbatterien, Feuerwehrabteilungen, die Sektionen, die Gruppe der Bevölkerung, das alles bewegt sich in ungeheurer Kette flußabwärts. David eilt wie ein Schäferhund ordnend und mahnend hin und her, schwenkt seinen Federhut und treibt die Säumigen an. Dann kommt der Wagen des Ackerbaus, gezogen von acht Kühen – David wollte eigentlich Stiere haben – und umgeben von Abgeordneten, die durch ein von Kindern getragenes blauweißrotes Band zusammengehalten werden. Zwanzig Schritte vor ihnen geht der Unbestechliche, rings um ihn ist leerer Raum. Die Menge drängt sich an die Soldatenkette, um ihn zu sehen. Eltern heben ihre Kinder hoch, Frauen, die nicht über die Menge hinwegblicken können, nehmen ihre Taschenspiegel zu Hilfe, um einen Eindruck von dem großen Mann zu erhaschen. Aber Robespierre lächelt nicht mehr, sein Gesicht ist starr, seine Wangenmuskeln spielen. Er fühlt die geschlossene Feindschaft des Konvents hinter sich, er braucht sich nicht umzublicken, er erkennt die Stimmen, die ihn schonungslos verspotten und beschimpfen, er hört Bourdon de l'Oise, der ihn als Diktator, als Scharlatan bezeichnet, er hört Courtois, er hört Ruamps, Thirion, und am deutlichsten hört er die grobe Stimme Lecointres, der sich einen Spaß daraus macht, pöbelhafte Worte zu gebrauchen und dem »Diktator« sogar mit dem Tode zu drohen. Merlin de Thionville stößt eine Frau zurück, die »Es lebe Robespierre!« ruft, und zischt ihr zu: »Kannst du nicht lieber die Republik hochleben lassen!« Jetzt endlich wendet Robespierre sich um und sagt mit sanfter, fast süßer Stimme: »Wozu diese brave Frau mißhandeln?«, aber sein Blick ist so hart und eisig, daß es Merlin kalt über den Rücken läuft.

Nein, Robespierre fühlt, daß die kurze Seligkeit da oben auf der Höhe des Festgerüstes eine Täuschung war. Die Menschen wollen einfach nicht tugendhaft sein, er hat sie nicht ändern können, es ist zu spät, und somit wird sich auch die Welt nicht ändern. Dies Fest mußte sein, es war der folgerichtige Abschluß eines jahrelangen Kampfes für die Herrschaft des Volkes. Aber es gibt gar kein Volk, es gibt nur Menschen, unverbesserliche, lebensgierige Menschen. Dies herrliche Paris im trunkenen Juniglanz ist nichts weiter als eine Höhlenstadt gefräßiger und zeugungslustiger Tiere. Wer sie satt macht, den lieben sie. Wer sie gut machen will, den schlagen sie ans Kreuz. Robespierre sieht nicht mehr das brausende Mittagslicht und das frohe Gewimmel, er hört nicht mehr die frische Musik und die lebendigen Schreie. Die Welt erscheint ihm erloschen, in tote Schwärze getaucht, und aus den Schatten dringen zischelnde Stimmen.

Jetzt ist der ungeheure Zug auf dem Revolutionsplatz angelangt und schickt sich an, die Brücke zu überschreiten, um am linken Ufer das Marsfeld zu erreichen. Die Guillotine ist am Abend vorher entfernt worden, aber man erkennt deutlich die Stelle, wo sie gestanden hat. Ein Aufgebot von Arbeitern hat während der Nacht mit Strömen von Wasser die Blutpfütze wegzuwaschen versucht und ihre Spuren mit Sand bedeckt. Der feuchte Sandfleck strömt einen seltsam süßlichen Geruch aus, aber glücklicherweise bläst der Wind von Osten und trägt den faden Duft vor dem Zuge her. Die Menschen bemerken weniger den nassen Sand als das Fehlen der Guillotine. Viel denken sie nicht darüber nach, aber vielleicht ist es wahr, daß sie für immer niedergelegt ist. Die Rosen in den Händen der lachenden und singenden Frauen sind ja viel röter als der häßliche Fleck, der durch den Sand schlägt. Nur die Tiere, die den Festwagen ziehen, erschrecken vor dem feuchten Sand und seinem Geruch, sie weigern sich weiterzugehen, werfen unruhig die Köpfe, schnuppern mit verdrehten Augen den Schlachthausduft ein, drängen beiseite und bringen Unordnung in den Zug. David eilt besorgt herbei und ist jetzt froh, daß es wenigstens keine Stiere sind. Die Treiber schwingen Peitsche und Stachel, und so geht es vorbei, während die Fanfaren der Reiterei erneut einsetzen und die Menschen trunken machen.

Auf dem Marsfelde ist ein künstlicher Berg mit einer Säule errichtet, eine Huldigung an die Bergpartei des Konvents, die Robespierre so oft als das Fundament der Republik bezeichnet hat. Volk und Konvent leisten hier den Schwur zum Höchsten Wesen, die Kanonen donnern, die Klingen blitzen auf, Schreie, Signale, hochgeworfene Blumen und aufgereckte Arme erfüllen die Luft. Es ist der Höhepunkt des Festes, aber Robespierre hört und sieht nichts mehr als den Haß der Männer des Konvents. Er steht auf der Spitze des Berges, um ihn ist freier Raum, er sieht aus wie ein gehetztes Wild, das sich auf die äußerste Klippe geflüchtet hat und nun seine Verfolger erwartet. Einige Abgeordnete haben sich unter die Menge gemischt und predigen gegen den Diktator. Maximilien hört deutlich, wie ein alter Arbeiter sagt: »So ein Sch . . . kerl! Es ist ihm nicht genug, daß er der Herr ist. Jetzt will er auch noch der liebe Gott sein!« Der Rückmarsch des Konvents zu den Tuilerien wird zu einer Art Jagd hinter Robespierre her. Dieser eilt mit seinen schnellen Schritten voran, er ballt seine Fäuste, den Kopf hält er auf die Brust gesenkt. In einem gewissen Abstand folgt die Gruppe der Abgeordneten, die kaum Schritt halten können. Folgen sie ihm oder verfolgen sie ihn? Ein Wind hat sich aufgemacht, am Himmel sammeln sich Wolken, der Staub wirbelt hoch, Robespierre flüchtet, der Schwarm der Rachegeister stürmt hinter ihm her.

Spät am Abend kommt er nach Hause zurück. Dort sind noch alle auf und in der Wohnstube versammelt. Sie wissen bereits, daß der Festtag mißlungen ist. Der junge Lebas hat seine Frau, die schwanger ist, vor Schluß der Veranstaltung vom überfüllten Marsfelde nach Hause geführt, hat ihr das

Verhalten der Abgeordneten geschildert und hinzugefügt: »Das Vaterland ist verloren!« Robespierre tritt müde ein, sein schönes Festgewand ist mit Staub bedeckt, die Federn am Hut sind zerdrückt. In seiner Hand hält er noch immer den Strauß, er hält ihn wie eine Waffe umklammert, Eleonore nimmt mit sanfter Gewalt die vertrockneten Blumen an sich. Ehe Robespierre in sein Zimmer hinaufgeht, sagt er als Gutenachtgruß zu seinen Freunden: »Ihr werdet mich nicht mehr lange sehen!« Droben steht er eine Weile am Fenster, ohne Licht zu machen. Der Himmel ist vom Feuerwerk gerötet, das man über den Tuilerien abbrennt. Die Raketen steigen blendend hoch und erlöschen schnell. Noch einmal flammt ein roter Schein auf, beleuchtet taghell den Himmel, die Dächer und das Gesicht des Einsamen. Dann erlischt auch dieser Glanz. Die Dunkelheit ist tief und ohne Stern.

Gleich einem Meteor ist dieses Fest über Frankreich, ja über Europa dahingegangen, einen Augenblick hat die Welt gedacht, daß der Schrecken zu Ende sei, daß Robespierre den Tag dazu benützen werde, ein Wunder an Menschlichkeit zu vollbringen und die zahllosen zu ihm emporgerichteten Gesichter mit dem vergessenen Licht der Versöhnung zu überschütten. Nichts davon! Die Guillotine ist zwar abgebrochen, aber wieder aufgebaut worden, und zwar im Südosten, am Rande der Stadt, weil die Behörden glauben, daß die Vorstadt Antoine, welche die Kerntruppe der Sansculotten stellt, den täglichen Anblick der Todeskarren besser ertragen könne als die bürgerliche Rue Honoré. Die Behörden täuschen sich, das Volk ist zwar roh, aber es ist auch mitleidig, und vor allem die Frauen schlagen ärgerlich die Fenster zu, wenn die Fuhren mit ihrer traurigen Last in Sicht kommen. Es verletzt sie, daß man ihnen einen Anblick zumutet, den man den »besseren Leuten« ersparen zu müssen glaubt, und sie sagen grollend zu ihren Männern: »Wenn wir auch arm sind, so sind wir doch keine Unmenschen.«

Saint-Just ist einige Tage in Paris gewesen und hat lautlos, aber keineswegs unbemerkt seinen Platz im Wohlfahrtsausschuß eingenommen. Was hat er mit Robespierre gesprochen? Niemand weiß es. Hat er ihn ermutigt, hat er ihm Ratschläge gegeben? Sicher ist nur, daß Saint-Just die politische Lage sehr schwarz sieht. Er weiß Frankreich am Vorabend großer militärischer Erfolge, aber für die »Reinigung« des Wohlfahrtsausschusses und des Konvents hat er wenig Hoffnung. Er verschweigt nicht, daß die offene Einsetzung der Diktatur noch alles retten könne, aber er lebt so stark in der Zukunft, daß er für die Entwirrung der gegenwärtigen Intrigen nicht die nötige Betriebsamkeit aufzubringen vermag. Am Fest des Höchsten Wesens nimmt er nicht teil. Er drängt nach der Front zurück, dort draußen ist das wahre Frankreich, dort draußen weht die scharfe Luft der Gefahr. Ungeduldig bestellt er Postpferde, er wird nicht eher ruhig sein, bis er wieder in dieser männlichen Zone des Krieges ist. Fast unbemerkt verläßt er Paris.

Robespierre bleibt allein zurück, nur Couthon in seinem Rollstuhl hilft ihm die täglich steigende Gefahr verfolgen. Die Blumenkränze vom Fest des Höchsten Wesens sind noch nicht abgenommen, da läßt sich der Lahme auf die Tribüne tragen und bringt das Gesetz vom 22. Prairial ein, jenes Gesetz, das allen Rechtsschutz beseitigt und die Hinrichtung mißliebiger Personen auf dem Verwaltungswege ermöglicht. In tödlichem Schweigen hört der Konvent sein eigenes Todesurteil an, denn dies Gesetz hebt die früheren auf, laut denen die Verhaftung eines Abgeordneten nur durch die Versammlung selbst verfügt werden kann, und gibt dem Wohlfahrtsausschuß das Recht, eine solche Verhaftung vorzunehmen und das verhaftete Konventsmitglied vor Gericht zu bringen. Damit ist die dünne Wand durchstoßen, welche die Volksvertretung gegen die Tyrannei Robespierres schützt. Ruamps schreit auf: »Wenn das Dekret durchgeht, schieße ich mir eine Kugel durch den Kopf!« Auch andere raffen sich aus ihrer tödlichen Lähmung auf und verlangen die Vertagung. Aber schon ist Robespierre auf der Tribüne, er hat seine Brille auf die Stirn geschoben, seine harten, hellen Augen mustern die Reihen. Knapp und scharf wie das Messer der Guillotine fallen die Worte: »Ich verlange sofortige Verabschiedung!« Und widerstandslos, willenlos verabschiedet der Konvent das tödliche Gesetz.

Der Wettlauf mit dem Tode hat begonnen, und es ist Robespierre, der die Rennenden dahinpeitscht. Im Wohlfahrtsausschuß greift Billaud das Triumvirat an, denn das Gesetz ist eingebracht worden, ohne daß die übrigen Mitglieder vorher um ihre Meinung gefragt worden sind. Robespierre antwortet ein wenig verlegen, »daß bisher alles auf Grund von Vertrauen gemacht worden ist und daß er gedacht hat, er könne mit Couthon allein vorgehen«. Billaud ist vor Wut blaß geworden, mit geballten Fäusten geht er auf seinen Kollegen zu: »Du willst wohl den ganzen Konvent köpfen!« Robespierres fahles Gesicht zuckt, die Wangenmuskeln vibrieren fieberhaft: »Es gibt im Konvent eine Clique, die mich verderben will.« Er kreischt es fast, Billaud schlägt mit der Faust auf den Tisch: »Du bist ein Tyrann!« – »Ich kenne dich jetzt!« schreit Robespierre. »Und ich dich auch!« ruft der andere. »Du bist ein Konterrevolutionär!«

Während dieses Wortwechsels, der die sorgfältig geschlossenen Fenster erklirren läßt, benutzen Bourdon und Merlin im Konvent die Abwesenheit des Unbestechlichen, um einen Zusatz zu dem gestrigen Gesetz durchzubringen, der die alten Bestimmungen über den Rechtsschutz für die Abgeordneten wiederherstellt. Aber das Aufatmen ist von kurzer Dauer. Am nächsten Tag ist Robespierre da und schwingt von seinem Präsidentenstuhl aus aufs neue die unsichtbare Peitsche. Der gestrige Zusatz ist ein Zeichen des Mißtrauens; wenn der Konvent kein Vertrauen hat, sind Robespierre und Couthon bereit, ihre Ämter niederzulegen. Die Peitsche knallt, keuchend rasen die Abgeordneten mit dem Tod um die Wette. Bourdon erhebt sich, er kann vor Angst kaum sprechen, er rechtfertigt sich: »Ich habe immer gesagt, daß die beiden Ausschüsse die öffentliche Sache retten werden. Aber es ist doch kein Verbrechen, wenn man ein Gesetz erklärt haben will ... Ich achte Couthon, ich achte den Ausschuß, ich achte den unerschütterlichen ›Berg‹, der die Freiheit gerettet hat.« Auch Merlin bittet um Gnade: »Wenn mein Verstand geirrt hat, so doch nicht mein Herz!« Die Zusätze werden zurückgezogen, aber Robespierre ist noch nicht zufrieden; Bourdon scharf anblickend, warnt er den Konvent davor, »Intriganten, entarteten und verächtlichen Parteihäuptlingen« zu folgen. Bourdon erhebt sich und ruft:

»Niemals ist es mir in den Sinn gekommen, mich zum Häuptling einer Partei machen zu wollen!«

Robespierre blickt verächtlich weg und fährt fort: »Es wäre der Gipfel der Schande, wenn einige unserer Kollegen sich durch Verleumdungen über unsere Absichten und den Zweck unserer Tätigkeit irreleiten ließen und ...«

Bourdon fällt ihm ins Wort: »Ich verlange, daß man beweist, was man behauptet, man hat eben ziemlich deutlich gesagt, ich sei ein Übeltäter.«

»Ich verlange im Namen des Vaterlandes, das Wort zu behalten. Ich habe Bourdon nicht genannt. Wehe dem, der sich selbst nennt!«

Und über Bourdon hinwegblickend, als sei er durch diese Antwort für immer erledigt und aus der Welt geschafft, fügt Robespierre hinzu: »Der ›Berg‹ ist rein, er ist erhaben. Die Intriganten gehören nicht zu ihm.«

»Die Namen! Die Namen nennen!« rufen einige Stimmen.

»Ich nenne sie, wenn der Augenblick gekommen ist.«

In diesem Augenblick ist das Schicksal Robespierres besiegelt. Hätte er die Namen jener »fünf bis sechs Schurken« genannt, der Konvent hätte sie ihm wahrscheinlich aufatmend zum Opfer gebracht, um endlich in Ruhe weiterleben zu können. Aber diese Ungewißheit ist jetzt, wo das Gesetz vom 22. Prairial vorliegt, nicht länger zu ertragen: Wer wird als erster drankommen? Wann wird der Lahme sich von seinem Gendarmen auf die Tribüne tragen lassen, um mit milder Stimme neue Verhaftungen zu verlangen? Die Verschwörung gegen das Triumvirat, die bisher unzusammenhängend und ohne Entschiedenheit geführt wurde, wird mit einem Schlag planmäßig. Fouché ist tätig, er macht sich an die Männer der Rechten heran, sucht Durand-Maillane, Boissy d'Anglas und Palasne auf, sendet Barras geheimnisvolle Botschaften, bestellt Tallien oder Rovère bei Nacht und Nebel an eine Straßenecke in der öden Vorstadt und ist seiner Sache bald so sicher, daß er auf zwei oder drei Tage genau sagen zu können glaubt, wann der Albdruck behoben sein wird.

Fühlt Paris das Fieber mit? Fast sollte man es glauben, die Menschen haben die Ahnung, daß bald etwas Entscheidendes geschehen wird, sie sind unruhig, es hält sie nicht im Haus, die Theater sind jeden Abend überfüllt, die Zeitungen werden wieder stärker gelesen, und die Listen der Hingerichteten, die täglich länger werden und die eine Zeitlang niemand kaufen wollte, finden aufs neue Absatz.

Schlimm sind die Mitglieder des Konvents daran, am liebsten möchten sie aus Paris fliehen oder sich wenigstens zu Hause vergraben, aber es ist besser, an den Sitzungen teilzunehmen, da weiß man wenigstens, wie die Dinge laufen, und ist vor Überraschungen sicher. Viele von ihnen geben ihren gewohnten Platz in den Bankreihen auf und suchen sich einen anderen Sitz, damit sie sich dem Gedächtnis des Tyrannen nicht einprägen können, andere setzen sich überhaupt nicht mehr, sondern bleiben in der Nähe des Ausgangs stehen, um im Notfalle schnell verschwinden zu können. »Man muß so etwas wie gute Laune zeigen«, sagt der Abgeordnete Baudot, »wenn man nicht sein Leben riskieren will, man muß mindestens einen zufriedenen und unbefangenen Ausdruck annehmen wie zur Zeit Neros.« Es ist, also ob die Erde, auf der man lebte, abschüssig geworden sei, und wenn einer von dem spricht, was in acht Tagen sein mag, so lachen ihn die anderen aus. Acht Tage! Wo der Schatten, den der Tod auf Frankreich wirft, täglich länger wird!

In diesem erbitterten Entscheidungskampf versucht der Ausschuß für Allgemeine Sicherheit eine neue Waffe gegen Robespierre einzusetzen, die Lächerlichkeit. Der alte Gottesleugner Vadier ist einem Kreis von Schwärmern auf die Spur gekommen, die sich bei einer alten Frau namens Catherine Théot versammeln, um gemeinsam die Heilige Schrift, insbesondere die Apokalypse, auszulegen. Diese Frau, welche die »Gottesmutter« genannt wird, hat schon einmal in der Bastille gesessen, weil sie behauptet hat, »keiner Sakramente mehr zu bedürfen und von Gott unmittelbar geführt zu werden«. Sie liest in der Zukunft und ist überzeugt, daß Gott ihr die Gnade verliehen habe, unsterblich zu sein. Dieses köstliche Geschenk gibt sie an jene weiter, die zu ihr kommen, sich von ihr »einweihen« lassen und an ihren Andachtsstunden teilnehmen. Man versammelt sich in ihrer ärmlichen Wohnung in der Nähe des Panthéons, in einer jener düsteren Gassen, deren spärlicher Himmel von der gewaltigen Kuppel Soufflots fast ausgefüllt ist. Ihr ergebenster Schüler ist Dom Gerle, einst Prior und ehemaliger Abgeordneter des Klerus in der Versammlung der Generalstände. »Es ist Zeit, daß unsere Plagen ein Ende nehmen«, erklärt er dem Polizisten, der sich, als Gläubiger verkleidet, in die fromme Versammlung geschlichen hat, »Gott hat sich verborgen. Aber er hat sich auf unsere Mutter herabgesenkt, um in ihr Wohnung zu nehmen. Sie ist es, die Mutter und Tochter Gottes, die das Universum regieren wird. Nach der Auferstehung werden wir alle verjüngt sein.«

Gott hat sich verborgen – welch ein erschütterndes Wort! Ja, so ist es. Der Himmel hat sich unerbittlich über dieser Menschheit geschlossen, Gott spricht nicht mehr zu ihr. Sie will ihre eigene Stimme hören, und trunken von ihr stürmt sie dahin. Was aber wird aus denen, die nicht aufgehört haben, nach der himmlischen Gnade zu lechzen, die nicht ohne Sakrament und die Gemeinschaft der Gläubigen leben können? Es gibt keine richtigen Priester mehr, zu denen man Vertrauen haben könnte, die Kirchen sind geschlossen, und das ernste Licht am Tabernakel glüht nicht mehr. Gott hält sich verborgen! Und nun sucht das allzu schlichte Herz allenthalben, um nur ein Fünkchen von der versprochenen und unerkennbaren Herrlichkeit des himmlischen Reiches zu gewahren. Propheten erheben ihre Stimmen, in vielen Orten des Landes stehen die Toten wieder auf, und in den verödeten Kirchen ertönen um Mitternacht himmlische Engelschöre. Eine Sibylle namens Suzette Labrousse erscheint und pilgert nach Rom, um den Papst zu bekehren. Die Somnambulen, die Medien, die Wahrsagerinnen werden bestürmt, der Magnetismus hat eine gute Zeit, Saint-Martin, »der unbekannte Philosoph«, schafft zahlreiche Gemeinden von Illuminierten im Lande, in Straßburg wirbt Silferhjelm mit größtem Erfolg für das Evangelium Swedenborgs. Der Vater Raphael im breiten Hut und Pilgerstab predigt geheimnisvolle Lehre, der Prophet Elias bereitet Zaubermittel und hat ein Rezept, das denjenigen, der ein Mitglied des Konvents umbringt, unsichtbar macht. Aus allen diesen Fratzen und Verzerrungen leuchtet der verworrene und unterdrückte Drang nach Anbetung, nach Versenkung, nach Trost in Gott. Die »Gottesmutter« verspricht Unsterblichkeit, während da draußen die Todeskarren zum Blutgerüst rollen, während täglich neue Bataillone nach Osten und Norden an die Front marschieren. Und ihre Gläubigen, die dem Wort Gottes zu lauschen vermeinen, vernehmen nicht mehr die Donnerstimme der erbarmungslosen Gegenwart.

Vadier, der die Alte und ihre Gläubigen gefangennehmen läßt, hat den Einfall, Robespierre mit den Veranstaltungen dieses Aberglaubens in Verbindung zu bringen und dadurch nicht allein den Kult des Höchsten Wesens, sondern den ganzen Mann lächerlich zu machen. Dom Gerle, der den Unbestechlichen aus der Zeit der Generalstände kennt, hat von diesem einen Bürgerausweis erhalten, der sich in seiner Tasche vorfindet. Die Haussuchung in der Wohnung der »Gottesmutter« fördert aus der Matratze einen von ihr an Robespierre gerichteten Brief zutage, in dem dieser als »Sohn des Höchsten Wesens«, als »Erlöser des Menschengeschlechtes« und als »der von den Propheten verkündete Messias« bezeichnet wird. Die Alte kann gar nicht schreiben, wahrscheinlich haben Vadiers

Polizisten den Brief verfaßt und in die Matratze geschmuggelt. Wie dem auch sei, sein Wortlaut ist gut ersonnen, die darin gebrauchten Wendungen liegen den Menschen, die Robespierres halb mystische, halb politische Macht zu umschreiben versuchen, auf den Lippen.

Der dürre Vadier trägt seinen Bericht »über die Verschwörung der Gottesmutter« dem Konvent mit so viel pfiffigen Grimassen seines beweglichen Gesichtes vor, daß er den schönsten Heiterkeitserfolg erzielt. Alle diese seltsamen Zeremonien und noch seltsameren Gläubigen, unter denen sich auch einige hübsche Mädchen befinden, machen dem Konvent großes Vergnügen. Die Anspielungen auf Robespierre sind sehr vorsichtig, kaum verständlich, aber Vadier hat seine Zuhörer vorher unterrichtet, und so werden auch die dunkelsten Andeutungen in dem von ihm gewollten Sinne aufgefaßt. Da Robespierre an der Sitzung nicht teilnimmt, ist es Vadier ein leichtes, die Drucklegung seines Berichtes zu erreichen. In sechzigtausend Abzügen wird er morgen ins Land hinausgehen und auf allen Straßen verkauft werden. Ein hübscher Erfolg für den findigen Gottlosen, aber weiter kommt er nicht. Robespierre läßt abends den öffentlichen Ankläger zu sich in den Wohlfahrtsausschuß kommen, zieht den Gerichtspräsidenten Dumas zu und blickt in die Akten »Théot«. Fouquier macht darauf aufmerksam, daß er die Absicht habe, die Gesellschaft morgen früh aburteilen und am Nachmittag hinrichten zu lassen. Robespierre entreißt ihm das Aktenstück, erklärt die Verhafteten für eine belanglose »Bande bigotter Dummköpfe« und verbietet ihre Aburteilung, obwohl ein Konventsbeschluß vorliegt. Billaud tobt über den Rechtsbruch, aber es hilft nichts, Fouquier muß ohne Aktenstück abziehen und sich nach anderen Angeklagten umsehen. Enttäuscht begibt er sich zum Sicherheitsausschuß und erklärt dort: »Er, er, er ist dagegen! Er, er, er will nicht!«

Aber der Sicherheitsausschuß und der unversöhnliche Fouquier haben noch andere Mittel bereit, um Schande auf den großen Mann zu häufen. Der Prozeß gegen die kleine Renault, die mit zwei Taschenmessern in Robespierres Wohnung gegangen war, »um zu sehen, wie ein Tyrann aussieht«, steht bevor. Man hat ihn lange hinausgezögert, es soll ein großer Tag werden, ein richtiges Opferfest für Robespierre. Die Kleine wird der Mittelpunkt eines »Amalgams«, das heißt einer Zusammenstellung von Angeklagten, die keinerlei Verbindung miteinander haben und trotzdem der gleichen Verschwörung angeklagt werden. Vierundfünfzig Personen, Cécile und ihre Familie, Madame de Sainte-Amaranthe mit ihrem Sohn und ihrer schönen Tochter, der Prinz von Saint-Mauris, ein Laval-Montmorency, Sombreuil Vater und Sohn, dazu zwei Kammerdiener, ein Bankier, ein Wechselmakler, ein Gemischtwarenhändler, ein Hauspförtner, eine Nonne, ein Priester, kurzum ein Durchschnitt durch die französische Bevölkerung erscheint vor dem Tribunal. Cécile antwortet auf die Frage des Vorsitzenden, ob sie Robespierre habe töten wollen: »Ich habe niemals die Absicht gehabt, Robespierre zu töten. Ich betrachte ihn lediglich als einen der Haupttyrannen meines Landes!« Allen übrigen Angeklagten wird die gleiche Frage vorgelegt, denn das Gericht arbeitet ja nach der neuen Methode des Gesetzes vom 22. Prairial. Das »Amalgam« wird am Nachmittag auf acht Karren geladen, und schon schwingt der erste Kutscher seine Peitsche, als der Befehl eintrifft, zu warten. Was ist geschehen? Die Verurteilten werden wieder abgeladen und in die Kanzlei des Gefängnisses zurückgeführt. Die Gehilfen des Henkers, die Kerkermeister eilen hin und her. Man hat vergessen, daß die vierundfünfzig »Mörder Robespierres« in roten Hemden zur Richtstätte geführt werden sollen.

Eine lange, qualvolle Stunde vergeht, bis die vierundfünfzig roten Überwürfe fertiggestellt sind. Der Sicherheitsausschuß hat es so verlangt, denn diese Verurteilten haben den Vater des Volkes umzubringen versucht, und so sollen sie denn auch in der Tracht des Vatermörders sterben. Als der Zug sich endlich in Bewegung setzt, gleicht er einem barbarisch-feierlichen Opferzuge. Die acht Wagen sind von einer Schwadron Reiter umgeben, hinter ihnen rollt eine Abteilung Artillerie, die Trommeln dröhnen, das Stimmengebraus der Menge erfüllt die sommerliche Luft. Hoch über den dichtgedrängten Köpfen der Zuschauer schweben die Gestalten in leuchtendem Scharlach dahin. Niemals seit der Hinrichtung des Königs ist ein solcher Aufwand entfaltet worden. Es ist, als sollte dem Götzen Robespierre eine Hekatombe von nie dagewesener Pracht und Feierlichkeit dargebracht werden. Jeder von diesen Tausenden, die dem unerhörten Zuge folgen, hat den gleichen Gedanken: »Ist das möglich? Alles das für einen einzigen Mann?« Und hat der Sicherheitsausschuß, der diesen Pomp befohlen hat, eine solche Wirkung nicht gewollt? Robespierre, der am Tage des Höchsten Wesens auf einem Throne die Huldigung des Volkes empfing, scheint heute schon in die Wolken entrückt zu sein und, einer übermenschlichen Erscheinung gleich, die Todesschreie und den Blutdampf wie eine Huldigung entgegenzunehmen. Die roten Opfer schwanken dahin, die Trommel dröhnt. Wie lange noch, Gott, wie lange noch?

Um sieben Uhr abends kommen die Karren in der südöstlichen Vorstadt an, wo seit einigen Tagen die Guillotine steht. Voulland vom Sicherheitsausschuß hat im Gericht einem Kollegen zugerufen: »Beeilen wir uns, zum Hochaltar zu kommen, um die rote Messe zu sehen!« Viele haben sich beeilt, das Blutgerüst ist eng von Neugierigen umstellt. Cécile stirbt als erste. Mit Lust und Grauen betrachten die Menschen die blitzschnelle Folge der Hinrichtungen. Es gibt so viele junge Frauen unter den Opfern, ist es da erstaunlich, daß man von verliebten Racheakten spricht? Fräulein de Sainte-Amaranthe ist so schön in ihrem roten Überwurf! Sie muß vor ihrer Mutter sterben, obwohl die arme Frau den Henker mit gräßlichen Schreien anfleht, zuerst dranzukommen. Zum letzten Male erscheint das Gesicht der Schauspielerin Grandmaison vor dem Publikum, es geht so schnell, man hat kaum Zeit, ihre verzerrten Züge über dem roten Tuch zu gewahren, da wird sie schon ergriffen, und die drei schweren Schläge erschallen. Die kleine Nicole ist knapp siebzehn Jahre alt, sie hat der Grandmaison heimlich Essen gebracht und muß nun mit ihr sterben. Aber sie begreift nichts. Sie hat Achtung vor der Obrigkeit. Sie betrachtet mit Respekt alle die edlen Herren und schönen Damen, mit denen sie zusammen ist, nie hat sie ein saubereres und schöneres Kleid getragen als diesen roten Überwurf. Gelehrig legt sie sich auf dem vom Blut schlüpfrigen Wippbrett zurecht und fragt den Henker, der sie festbindet, mit schüchterner Stimme: »Liege ich richtig so, Herr Henker?« Die Menge ist still geworden. Vierundfünfzig Menschenleben: In genau achtundzwanzig Minuten ist alles vorbei.

Der 9. Thermidor

Fleurus! Freudentag für die Nation. Zum sechstenmal haben die Truppen der Revolution die Sambre überschritten. Charleroi kapituliert, Koburgs Truppen werden von der zerlumpten und schlecht genährten Infanterie Klébers, Marceaus und Lefebvres mit dem blanken Bajonett verjagt und von der Kavallerie Hautpouls zusammengehauen. Das kaiserliche Heer löst sich auf, Saint-Just führt die verfolgenden Republikaner an, seinen Federhut auf der Spitze des Säbels emporhaltend. Hoch über dem Pulverdampf und den zerfetzten Trikoloren erschüttert der Klang der Marseillaise unwiderstehlich die Luft. Am 11. Messidor, noch keuchend vom Siege, trifft Saint-Just in Paris ein. Warum atmet Frankreich jetzt nicht auf? Der Feind ist vertrieben, und mit der Vendée wird man wohl auch bald fertig werden. Die Stunde ist gekommen, das unerbittliche Rad des Todes anzuhalten und zu den Franzosen zu sprechen: Lebt!

Aber es ist zu spät. Vom 23. Prairial bis zum 8. Thermidor werden 1285 Hinrichtungen vollzogen. Der Konvent ist in Bewegung geraten – endlich – und wird nicht wieder zur Ruhe kommen, bis Robespierre gefällt ist. Die Feindschaft schlägt ihm allenthalben wie ein schwerer Dunst entgegen. Er flüchtet sich immer wieder zu den Jakobinern, aber seine Traurigkeit wird täglich stärker und vernichtet seinen Kampfeswillen. Er beklagt sich vor der Volksgesellschaft, daß er bei den Ausschüssen alle Autorität verloren habe: »In London stellt man mich der französischen Armee als einen Diktator dar, die gleichen

Verleumdungen werden in Paris ausgestreut. Ihr würdet schaudern, wenn ich euch sagte, wo. In London sagt man, daß man in Frankreich Mordanschläge erdichtet, um mich mit einer militärischen Leibwache zu umgeben. Hier erzählt man, wenn von der Renault die Rede ist, daß sicher eine Liebesgeschichte dahintersteckt und daß man glauben muß, ich habe ihren Liebhaber köpfen lassen. Was sagt ihr, wenn ich euch mitteile, daß diese Scheußlichkeiten gewisse Leute, die ein geheiligtes Amt bekleiden, keineswegs abgestoßen haben, daß selbst unter meinen Kollegen sich Leute gefunden haben, sie zu verbreiten... Wenn man mich zwingt, auf einen Teil der mir übertragenen Funktionen zu verzichten, so bleibt mir noch meine Eigenschaft als Volksvertreter, und ich mache den Tyrannen und Verschwörern einen Krieg auf Leben und Tod.«

Nein, es ist umgekehrt. Es sind die anderen, die ihm den Kampf bis aufs Messer angesagt haben. Robespierre erscheint vom 15. Messidor an nicht mehr im Wohlfahrtsausschuß. Noch sind die Feste, die den Sieg von Fleurus feiern, nicht vorüber, noch hängen die Fahnen aus den Fenstern, noch schlingen sich Blumen und Bänder um die Tribünen des Konvents. Frankreich ist dieses Sieges froh, nun wird bald Friede sein, und die Männer werden nach Hause kommen, mit Ruhm bedeckt, mit ihren Fahnen und erhobenen Stirnen, auf denen ein neues Selbstgefühl glänzt. Bald wird Frankreich das erste Volk der Welt sein, und die Könige werden ehrfürchtig ihre Häupter entblößen, wenn die Marseillaise erklingt. Robespierre sieht diese Siegesfreude fast mit Trauer, er fühlt, daß hier ein nationaler Schwung waltet, der über ihn hinwegdrängt. Noch lebt er, aber Frankreich hat ihn schon halb vergessen. Im Lichte dieser Siege erscheint eine andere Zukunft als die von ihm erträumte. Die Menschen brauchen ihn nicht mehr. Froh greifen sie nach dem Lorbeer, ihre Herzen schlagen den Männern entgegen, die bald vom Schlachtfelde heimkehren werden. Er wollte diesem Lande die Tugend bringen, aber es ist mit dem Siege zufrieden. Aus tausend Kehlen erklingt der Chant du Départ. Die Flaggen blähen sich in einem neuen Wind. Es ist der Wind von Fleurus. Inmitten aller dieser Menschen, die für einen Tag den Druck der Gegenwart vergessen, ist nur einer traurig: Robespierre.

Wochenlang setzt er seinen Fuß nicht mehr in den Wohlfahrtsausschuß. Geschieht es aus Trotz, aus Berechnung oder aus Entmutigung? Man sagt, daß er zu Hause sitzt und an einer großen Rede arbeitet. Das ist wahr, aber er findet doch Zeit, manchmal die Stadt zu verlassen und in den Feldern umherzustreichen. Vielleicht wandert er auch noch einmal nach Ermenonville hinaus, zum Grabe Jean-Jacques Rousseaus. Spricht er mit dem Schatten des toten Meisters? Dankt er ihm für das Licht, das er ihm geschenkt hat, oder richtet er die letzte Frage an ihn, die er damals zu stellen vergessen hat – auf welche Weise ein Volk nicht nur tugendhaft, sondern auch glücklich zu machen ist? Ach, es ist nicht die selige Zwiesprache des tätigen Menschen mit seinem Genius, es ist die wortlose Klage des Einsamen, der die Hoffnung verloren hat. Die Bitterkeit, die er bald – und zum letztenmal – aussprechen wird, weht ihm von diesem steinernen Grabe entgegen, das keine Antwort gibt. »Sie nennen mich einen Tyrannen!« flüstert er in unsäglichem Schmerz. Aber keine Stimme, kein Wort, kein Lufthauch spricht ihm Trost zu. Die Stunde der Gnade ist für immer vorüber.

Bis zum 5. Thermidor bekommen weder der Konvent noch die Ausschüsse den Unbestechlichen zu sehen. Er erscheint erst wieder auf Drängen des Wohlfahrtsausschusses, um seinen Kollegen Rede zu stehen, und zwar »über die Verschwörungen, von denen er unaufhörlich bei den Jakobinern in unbestimmten Wendungen spricht, über die Gründe seines Fernbleibens vom Ausschuß seit vier Dekaden und über seine intimen Verbindungen mit den Geschworenen und Richtern, die nur davon sprechen, den Konvent zu säubern und die Abgeordneten zu guillotinieren«. Die Sitzung, an der auch die Mitglieder des Sicherheitsausschusses teilnehmen, verläuft im Sande. Jeder fühlt, daß das Hindernis nicht mehr in den Meinungen, sondern in den

Personen liegt. Saint-Just erzählt von der Aussage eines feindlichen Offiziers, der in Gefangenschaft geraten ist und über die Hoffnungen der Koalition auf einen baldigen Sturz Robespierres berichtet hat. David gibt dem Jüngling rückhaltlos recht, nur die Feinde Frankreichs können hinter der Verschwörung stecken, die sich gegen das Triumvirat anzuzetteln scheint. Billaud beginnt zu schwanken, er ist ein schroffer, aber aufrichtiger Mensch, ihm geht es nur um die Revolution, nicht um ihre Träger. Es sieht so aus, als sei zwischen den Mißtrauischen jetzt Frieden geschlossen. Couthon kündigt dies sogar bei den Jakobinern an. Allerdings fügt er im unbestimmten und drohenden Stil Robespierres hinzu, daß es dem Konvent jetzt ein leichtes sein werde, »die fünf oder sechs kleinen Figuren zu zerschmettern, deren Hände voll von den Reichtümern der Republik sind und vom Blute der Unschuldigen triefen, die sie geopfert haben«. Also doch! Fouché, Barras, Tallien und Genossen lassen es sich gesagt sein. Und was ist mit Carnot, der stets so unangreifbar korrekt handelt? Carnot hat soeben die Hälfte der in Paris stehenden Artillerie an die Front in Marsch gesetzt, und Hanriot hat das Nachsehen. Aber Carnot ist in seinem guten Recht, er hat vorher die Bestimmungen nachgesehen oder vielmehr, er weiß sie auswendig.

Am gleichen Tage schreibt Fouché an einen Bekannten folgenden Brief: »Freund und Bruder, sei ruhig; der Patriotismus wird über die Tyrannei und über alle feigen und erbärmlichen Leidenschaften, die sich zu seiner Versklavung verbünden, triumphieren. Noch einige Tage, und die Schurken und Verbrecher werden bekannt sein. Die Rechtschaffenheit der redlichen Menschen wird triumphieren. Heute schon werden wir die Verräter entlarvt sehen.« Dieser Fouché ist wirklich kaltblütig. Wenn man bedenkt, daß dieser skrupelloseste Mensch der Revolution gegen den tugendhaftesten Mann des Konvents konspiriert und sich dabei der gleichen Ausdrücke bedient, die dieser auf ihn anwendet, so muß man zugeben, daß die Erregung der letzten Tage ihn nicht gerade aus der Fassung gebracht hat.

Da ist noch ein anderer Brief, aber in ihm ist kein Fünkchen Heuchelei. Im Gegenteil, er ist ein Schrei, freilich ein unterdrückter Schrei, aber man versteht, daß der Empfänger, Tallien, von ihm wie vom Blitz getroffen wird. Er findet ihn, als er nachts nach Hause kommt, unter seiner Tür stecken. Ohne richtig einzutreten und die Tür zu schließen, reißt er den gefalteten Zettel auf und liest:

»Eben war der Polizeiinspektor bei mir. Er kam, um mir anzuzeigen, daß ich morgen vor das Gericht, das heißt aufs Schafott soll. Das hat wenig mit dem Traum gemein, den ich diese Nacht träumte: Robespierre existiert nicht mehr, und die Gefängnisse waren geöffnet. Aber dank Eurer hervorragenden Feigheit wird sich bald niemand mehr in Frankreich finden, der ihn erfüllen kann. Theresa.«

Tallien steht wie betäubt, er hält den geöffneten Zettel in der Hand, er starrt auf die eilig gekritzelten Buchstaben. Ja, es ist Theresas Handschrift, die Worte wehen ihn mit dem Hauch des Todes an. Es ist schon spät, Mitternacht ist vorüber, die Öllampe im Hausflur flackert, Tallien dreht sich um und verläßt wie gejagt das Haus. Wohin? Zu Fouché!

Nacht oder Tag, Tag oder Nacht, denen in den Gefängnissen ist es gleich. Das Messer der Guillotine fällt im Takt der Stunden. Am 1. Thermidor achtundzwanzig Hinrichtungen, darunter zehn Frauen, am 2. Thermidor vierzehn Hinrichtungen, am 3. fallen achtundzwanzig Köpfe, am 4. nicht weniger als sechsundvierzig, darunter die Damen Noailles, am 5. gar fünfundfünfzig Hinrichtungen, zwei Prinzen, ein Rohan und ein Deutscher namens Salm-Kirburg, dessen reizendes Palais am Seineufer erst seit kurzem fertig steht, dann der General Alexandre de Beauharnais und auch der Verfasser der »Actes des Apôtres«, Champcenetz, der sich dadurch unbeliebt gemacht hat, daß er den Gerichtspräsidenten gefragt hat: »Sagen Sie mal, Präsident, ist das hier wie bei der Bürgerwehr, kann man sich hier vertreten lassen?« Am 6. Thermidor steigen sechsunddreißig Menschen aufs Blutgerüst, der Jüngste ist sechzehn, der

Älteste vierundachtzig Jahre alt, am 7. sind es siebenunddreißig, darunter der berühmte Baron von der Trenck, der einst in den Kerkern des großen Friedrich geschmachtet hat, und schließlich André Chénier, Frankreichs großer Dichter. Aber die Gefängnisse sind immer noch überfüllt, die Kommissare leeren die Zellen, gehen mit ihren Schreiben und Listen von Kerker zu Kerker, die Lockspitzel sägen die Gitterstäbe durch und stecken den Gefangenen Zettel in die Taschen, Fouquier-Tinville schläft nicht mehr, Sanson hat jetzt elf Gehilfen. Aber wer will noch dieses Blut? Wen dürstet noch danach? Götter und Menschen wenden sich ab. Es fließt wie von selbst. Es fließt wie ein Strom, der sein Meer nicht findet.

Wo ist unterdessen Robespierre? Plötzlich, am 7. Thermidor, steht er auf der Tribüne. Das Haus, das zu Beginn der Sitzung, als Barère die Einnahme von Antwerpen ankündigte, nur dünn besetzt war, füllt sich schnell. Während die Tritte der Nachzügler zwischen den Bankreihen erschallen, das laute Summen der Gespräche abebbt und die Saaldiener den Schwarm der Neugierigen auf die Tribünen jagen, hört man die farblose, eifernde Stimme des Unbestechlichen. Ein dickes Manuskript liegt vor ihm, er hat es in vielen einsamen Nächten, über seinen kleinen Tisch gebeugt, niedergeschrieben, es ist sein Testament; niemand hat er es gezeigt; nicht einmal Saint-Just und Couthon haben gewußt, daß er sprechen werde. Seine Augen sind von der grünen Brille verdeckt, seine Hände tasten unruhig auf dem Pult hin und her. Mit Nachdruck wendet er sich gegen die Verleumdung, die ihm und seinen Freunden Diktatorengelüste nachsagt. Nicht er ist der Mann, der die Gefängnisse füllt und den Platz der Revolution mit Blut überschwemmt. »Ist es wahr, daß man einer gewissen Anzahl untadeliger Abgeordneter vorgeredet hat, ihr Untergang sei beschlossen? Hat man wirklich mit List und Frechheit den Schwindel verbreitet, daß eine große Zahl unserer Kollegen nachts nicht mehr in ihrer Wohnung zu schlafen wagt?« Aber er weiß wohl – und hier schwillt seine Stimme drohend an – es gibt Verschwörer in diesem Hause, es gibt »nächtliche Zusammenkünfte, wo die Perfidie den Gästen die Gifte des Hasses und der Verleumdung darreicht«. Der Sicherheitsausschuß muß dem Wohlfahrtsausschuß förmlich unterstellt werden, aber auch dieser bedarf einer gründlichen Reinigung. Jeder bekommt seinen Hieb ab, Vadier, Amar, Billaud, Callot, Barère und besonders Cambon und Carnot.

Die Rede ist lang, wie ein Webschiffchen läuft ihr Grundgedanke von Gegenstand zu Gegenstand. Jetzt werden die Schurken, Verräter und Verschwörer angeklagt – niemals hat er diese seine Lieblingsworte öfter gebraucht als heute –, jetzt verteidigt er seine politische Arbeit, jetzt richtet er den Blick auf das Ausland, jetzt auf die Vergangenheit. Er zieht die Summe seiner politischen Tätigkeit: die Intrige und die Selbstsucht triumphieren, das Vaterland ist wie eine Beute aufgeteilt, die Welt von Narren und Schurken bevölkert, die Tugend verfolgt und verleugnet, die Verwaltung bestochen und unfähig, die Gesetzgeber heruntergekommen, das Volk verkannt oder verachtet. Mit einem Wort, vor Robespierres Augen breitet sich ein Trümmerfeld aus: die Republik.

Er bekennt seine ungeheure Müdigkeit: »Wenn ich diese Wahrheiten verheimlichen soll, reicht man mir besser den Giftbecher. Meine Vernunft, nicht mein Herz verliert die Hoffnung auf die Republik der Tugend, deren Plan ich entworfen hatte. Seit über sechs Wochen haben mich die Art und Gewalt der Verleumdung, die Unfähigkeit, das Gute zu tun und das Böse aufzuhalten, genötigt, meine Funktionen als Mitglied des Wohlfahrtsausschusses vollständig aufzugeben.« Was ist er anderes als »ein Sklave der Freiheit, ein lebender Märtyrer der Republik, Opfer und Feind des Verbrechens«! Er fürchtet nicht den Tod, er kennt die Vergangenheit und sieht die Zukunft: »Welcher Freund des Vaterlandes möchte den Augenblick überleben, wo man diesem nicht mehr dienen und nicht mehr die unterdrückte Unschuld verteidigen darf... Beim Anblick der Laster, die der Sturzbach der Revolution zusammen mit den Bürgertugenden aufgewirbelt hat, habe ich oft, ich gestehe es,

Angst davor gehabt, in den Augen der Nachwelt durch die unreine Nachbarschaft der verderbten Menschen, die sich unter die aufrichtigen Freunde der Menschen mischen, besudelt zu werden.« Fühlt er, daß es zu Ende geht? Ist dieser Schrei nicht wie der Ruf eines Stürzenden, der sein Werk in Flammen aufgehen sieht: »Franzosen, duldet nicht, daß eure Feinde eure Seelen erniedrigen und eure Tugend durch ihre trostlose Lehre schwächen. Nein, Chaumette, nein, Fouché, der Tod ist kein ewiger Schlaf. Bürger, löscht von den Gräbern diesen Spruch weg, der einen Trauerflor über die Natur legt, der die unterdrückte Unschuld entmutigt und der den Tod beleidigt. Meißelt lieber diesen Spruch ein: Der Tod ist der Anfang der Unsterblichkeit.« Diese Worte, die er der schweigenden Versammlung zuruft, sind sein letzter Wille: »Vor einiger Zeit habe ich versprochen, den Unterdrückten des Volkes ein gewaltiges Testament zu hinterlassen. Von nun an spreche ich es offen aus, mit der Unabhängigkeit, die sich für meine Lage ziemt: ich vermache ihnen die schreckliche Wahrheit und den Tod.«

Mit welchem Empfinden hört der Konvent diese Rede an? Robespierre spricht nun fast schon zwei Stunden, seine Stimme klingt hart und angestrengt. Ruhelos legen die Hände die Manuskriptseiten um oder suchen auf dem Pult hin und her. Wer ist dieser Mensch? Er spricht vom Tode wie einer, der ihn herbeisehnt, er spricht von der Zukunft wie einer, der an ihr verzweifelt. Lohnt es sich noch, ihn niederzuschlagen? Ist er nicht schon auf dem ungeheuren Trümmerfeld seiner kalten Träume zusammengesunken? Ach, wenn man sicher wäre, wenn man wüßte, ob der Verlöschende an der Schwelle der ewigen Dunkelheit steht oder ob er noch einmal aufflammen wird!

Der Konvent ist ratlos. Nie war dieser bleiche Mensch da oben rätselhafter als heute. Jetzt hebt er den Kopf und sucht die Reihen der Abgeordneten ab. Fouché ist nicht da, aber heftet sein Blick sich nicht auf die kleinen Gruppen der Tallien, Barras, Bourdon? Vielleicht doch nicht, denn plötzlich nennt er Cambon, den braven, fleißigen Finanzverwalter Cambon, heißt ihn einen Schurken, tadelt seine Arbeit, dann wieder macht er Anspielungen auf Carnot, selbst auf Barère, und verliert sich nach seiner Gewohnheit in unbestimmten Drohungen: »Ich wage nicht, sie in diesem Augenblick und an diesem Ort zu nennen. Ich kann mich nicht entschließen, den Schleier völlig zu zerreißen, der das tiefe Geheimnis dieser Verderbnis deckt.« Und noch einmal: Es gibt eine Verschwörung im Konvent und in den Ausschüssen, welche die Patrioten und das Vaterland zu verderben sucht. »Welches Heilmittel gibt es für dieses Übel? Die Verräter bestrafen, die Büros des Sicherheitsausschusses neu bilden, den Ausschuß selbst sieben und dem Wohlfahrtsausschuß unterstellen, den Wohlfahrtsausschuß ebenfalls säubern, die Einheitlichkeit der Regierung unter der obersten Autorität des Konvents herstellen.«

In verblüfftem Schweigen hat der Konvent bis zu Ende gelauscht. Er will also doch neue Opfer. Aber wen will er treffen? Einige? Alle? Die Versammlung ist wie erstarrt – wenn diese Rede unwidersprochen hingeht, ist alles verloren. Lecointre rafft sich als erster auf und verlangt die Drucklegung der Rede, in der Hoffnung, dadurch die Woge des Widerstandes zu entfesseln. Er täuscht sich nicht. Bourdon protestiert: Erst soll die Rede an die beiden Ausschüsse gehen, die ihr Gutachten abgeben sollen. Barère, der noch nicht ganz sicher ist, von welcher Seite der Wind weht, widerspricht vorsichtig. Aber schon ist Cambon aufgesprungen, hebt die Faust gegen Robespierre und schreit: »Ehe ich mich entehren lasse, will ich zu Frankreich sprechen... Bisher habe ich alle Angriffe verachtet, alles habe ich vor den Konvent gebracht. Jetzt ist es Zeit, die ganze Wahrheit zu sagen. Ein einziger Mann hat den Willen des Konvents gelähmt. Das ist der Mann, der eben diese Rede gehalten hat, das ist Robespierre.«

Cambon ist es also, der das Zeichen zum Angriff gibt. Er ist kein Verschwörer, er hat nicht an heimlichen Zusammenkünften teilgenommen, ihm ist es gleichgültig, wer die Macht hat. Aber niemand soll ihn kränken, niemand soll zu behaupten wagen, daß er sein Amt schlecht verwaltet, daß er seine Pflicht versäumt, daß er ein unanständiger Mensch ist. Darum zeigt er mit dem Finger auf Robespierre. Von allen Seiten springen jetzt die Abgeordneten auf und verlangen die Rückverweisung der Rede an die Ausschüsse. Charlier ruft aus: »Wenn man sich rühmt, den Mut zur Tugend zu haben, muß man auch den Mut zur Wahrheit haben. Nenne die Leute, die du beschuldigst, beim Namen!« Wilder Beifall bricht los, hundertstimmig ertönt es: »Namen nennen! Namen nennen!« Aber Robespierre schweigt. Die Drucklegung der Rede wird abgelehnt. Es ist fünf Uhr nachmittags. Die Abgeordneten erheben sich, um den Saal zu verlassen. Im Tumult des Aufbruchs hört kaum einer, wie Robespierre, der sich erschöpft auf seinen Sitz fallen läßt, vor sich hin flüstert: »Ich bin verloren.«

Es ist in diesen Tagen glühend heiß in Paris, seit Wochen ist kein Tropfen Regen gefallen, die Menschen kriechen im Schatten der Häuser dahin, jeder Schritt wirbelt eine Staubwolke auf. Im Hofe des Hauses Duplay sind die Blumen, die Eleonore liebevoll auf einem kleinen Beet gezogen hat, alle vertrocknet, die Gartenerde ist geborsten, ein glühender Wind schleicht über die Dächer und durch die verdorrten Kronen der Bäume. Auch der Abend bringt keine Kühlung. Robespierre geht nach Tisch mit Eleonore ein wenig auf den Champs-Élysées spazieren. Die Sonne geht im brennenden Widerschein eines purpurnen Himmels über den fernen Hügeln unter. Es ist Zeit, den Rückweg anzutreten, um rechtzeitig zur Abendsitzung der Jakobiner zu kommen. Schweigend wandern die beiden nebeneinanderher. Eleonores Herz schlägt, scheu blickt sie ihren Begleiter von der Seite an, sie spräche so gerne einmal, nur einmal mit ihm von der Zukunft. Aber sie wagt es nicht, sein niedergeschlagener Blick, sein zusammengepreßter Mund, das krampfhafte Spiel seiner Wangenmuskeln, alles das lädt nicht zur Vertraulicheit ein. Die glühende Röte des abendlichen Himmels betrachtend, sagt sie mit zaghafter Stimme: »Es wird schönes Wetter morgen.« Aber ihr Begleiter antwortet nicht.

Im Jakobinerklub herrscht eine erstickende Hitze, nie war der Saal so überfüllt, die Massen verlieren sich in den schlecht beleuchteten Wölbungen und Winkeln des länglichen Raumes. Der Schweiß fließt den Zusammengedrängten in Strömen von der Stirn, die Frauen in ihren leichten Kleidern haben es gut, die Männer würden gerne ihre Röcke ausziehen, aber Robespierre liebt solche Nachlässigkeiten nicht, das wissen und achten sie. Gegen zehn Uhr abends erscheint der Unbestechliche, von seinen Freunden aus dem Hause Duplay umringt. Minutenlang dröhnt der Beifall, der Saal bebt, die Schreie der Menschen umbranden ihn wie ein einziges langgezogenes Heulen. Nur mit Mühe kann er sich Gehör verschaffen und die Verlesung der Rede, die er heute nachmittag im Konvent gehalten hat, beginnen. Diese Jakobiner sind doch andere Leute als die Abgeordneten, allerdings geht es ihnen nicht an den Kragen. Immer wieder wird Robespierre durch Beifall unterbrochen, und Mitternacht ist vorüber, als er zu Ende ist. Nur schwer bringt er die Versammlung, die ihm zujubelt, zum Schweigen und sagt:

»Diese Rede ist mein Testament. Die Rotte der Bösewichter ist so stark, daß ich nicht hoffen kann, ihr zu entrinnen. Ich unterliege ohne Bedauern. Ich hinterlasse euch mein Andenken, und ihr werdet es verteidigen.«

Nun sind alle aufgestanden, werfen ihre Taschentücher und Hüte in die Luft und rufen ihm zu. Man hört deutlich die Stimme des Malers David, der ihm beide Hände hinstreckt und dazu schreit: »Wenn es sein muß, so will ich den Schierlingsbecher mit dir trinken.« Und eine andere Stimme ertönt: »Befreie den Konvent von den Verbrechern, die ihn unterdrücken! Los! Marschiere! Rette noch einmal die Freiheit!« Collot und Billaud versuchen vergeblich, sich Gehör zu verschaffen, um zu erklären, warum sie gegen die Drucklegung der Rede gestimmt haben. Ihre Worte werden von den Schreien: »Auf die Guillotine!« völlig zugedeckt. Man stößt sie, versucht sie zu schlagen, drohende Fäuste und Stöcke werden gegen sie geschwungen. Mühsam kämpfen sie sich dem Ausgang zu. Ihre Kleider sind zerrissen, ihre Hüte verlorengegangen und zertrampelt. Starke Fäuste packen sie jetzt, und ehe sie sich's versehen, sind sie auf der Straße.

Im Wohlfahrtsausschuß herrscht unterdessen friedliche Stille. An einigen Pulten ist Licht, unter grünen Schirmen sitzen gebeugte Gestalten, die Federn scharren über das fahl beleuchtete Papier, der große Raum ist voller Schatten. Jeder ist mit seiner Arbeit beschäftigt. Man hat wohl gehört, daß Robespierre im Klub großen Erfolg hat und daß Billaud und Collot nicht zu Worte kommen können, aber mehr weiß man nicht. Man kann sich kein friedlicheres, ja behaglicheres Bild vorstellen als diesen dämmerigen Raum, in dem nur wenige Leuchter unter dunklen Schirmen brennen. Man hört fast das Atmen der Arbeitenden, so tief ist die Stille. Carnot ist über eine Karte gebeugt, er macht Messungen mit dem Zirkel, er notiert Zahlen. Saint-Just schreibt ununterbrochen, eine blonde Locke ist ihm in die Stirn gefallen und zieht golden das Licht der Kerze an. Da wird die Tür aufgerissen, Billaud und Collot stürmen herein, mit zerwühltem Haar, die Hemdkragen aufgerissen. Ohne aufzublicken, fragt Saint-Just mit sanfter Stimme: »Nun, was gibt es Neues bei den Jakobinern?« Die Ironie dieses Tonfalls bringt Collot fast von Sinnen, er stürzt sich auf Saint-Just, packt ihn am Ärmel und brüllt: »Was schreibst du da? Du schreibst wohl die Anklageschrift gegen uns?« Der Jüngling blickt den Rasenden ruhig und sehr freundlich an, zögert eine Weile und sagt dann: »Ganz richtig, mein Lieber, das tue ich!« Und zu Carnot gewandt fügt er hinzu: »Auch dich habe ich nicht vergessen.« Dann taucht er die Feder ein und versucht weiterzuschreiben.

Aber die anderen Mitglieder mischen sich ein. Saint-Just hat nicht das Recht, sich unmittelbar an den Konvent zu wenden. Was er auch schreibt, er muß seinen Bericht erst den beiden Ausschüssen vorlegen. Nach einem erbitterten Wortwechsel verspricht er dies und bittet sich Ruhe aus, um weiterschreiben zu können. Es wird wieder still im weiten Raum, nur Collot geht noch erregt auf und ab, schwer atmend. Saint-Just blickt auf und sagt: »Collot, möchtest du dich nicht setzen, man kann sonst nicht schreiben.« Und nun hört man nichts mehr als den Gang der Federn. Niemand wagt den Raum zu verlassen, immer wieder wandern die Blicke verstohlen zu Saint-Just hinüber, der unermüdlich weiterschreibt. Solange er an seinem Pult sitzt, ist noch nichts verloren, man darf ihn nicht aus dem Auge verlieren. Was mag er da alles schreiben, wie viele Namen mögen in seinem schrecklichen Bericht vorkommen? Wenigstens hat er versprochen, ihn erst den Ausschüssen vorzulegen. Ein Dutzend böser Augen sind aus dem dämmerigen Halbdunkel starr und regungslos auf diesen jungen Menschen gerichtet, dessen blonder Engelskopf über das Papier gebeugt ist. Lächelt er? Schleppend vergehen die Stunden.

In den ersten Morgenstunden füllen sich die Vorzimmer mit Abgeordneten, die sich ratlos zusammendrängen und den Stand der Dinge zu erforschen suchen. Ihre Schritte und Stimmen sind im Arbeitsraum deutlich hörbar. Plötzlich sieht man, daß Saint-Just verschwunden ist, er hat einen Augenblick zerstreuter Aufmerksamkeit benutzt, um sich lautlos zu erheben und den Raum zu verlassen. Alles springt auf, jetzt heißt es handeln. Jemand zieht die Vorhänge beiseite, draußen glüht heller Tag – 9. Thermidor – die Morgensonne fällt in graue, übernächtigte Gesichter. Man löscht die Lichter und öffnet die Türen, Abgeordnete kommen, Boten eilen hin und her. Was soll geschehen? Soll man Hanriot, den Kommandanten der Nationalgarde, verhaften? Der Bürgermeister von Paris, Fleuriot-Lescot, und der Regierungskommissar bei der Stadtverwaltung, Payan, werden schleunigst vorgeladen und unter allerlei Vorwänden in den Amtsräumen des Wohlfahrtsausschusses zurückgehalten. Denn allen ist klar, daß es jetzt darauf ankommt, sich der bewaffneten Sektionen und der Leute des Rathauses zu versichern, da diese bisher immer zu Robespierre gestanden haben.

Nun kommt auch Barras für einen Augenblick. Er ist gut ausgeschlafen, mit Sorgfalt gekleidet und duftet nach Kölnischem Wasser. Er hat sich bereits mit Cambacérès, mit Boissy d'Anglas und anderen Männern der Rechten unterhalten. In seiner Tasche steckt ein Zettelchen, das Fouché ihm gestern abend gesandt hat: »Morgen muß losgeschlagen werden!« Aber Saint-Just erscheint nicht wieder, obwohl er versprochen hat, seinen Bericht vorzulegen. Statt dessen bringt ein Bürodiener einen Brief von ihm: »Die Ungerechtigkeit hat mein Herz verschlossen, ich werde es erst dem Konvent ganz und gar eröffnen.« Das ist die Kriegserklärung. Die heutige Sitzung darf nicht ohne Entscheidung zu Ende gehen. Wenn man nur Hanriot finden könnte, am besten wäre es, ihn sofort einsperren zu lassen! Während man noch über diese Frage streitet, kommt ein Saaldiener des Konvents herbeigeeilt und ruft: »Saint-Just ist auf der Tribüne!«

Ja, es ist wahr, Saint-Just steht am Rednerpult. Die Hände auf den Rücken gelegt, in braunem Frack und weißer Weste, betrachtet er regungslos die aufgeregte Versammlung, die nach ihren Plätzen sucht. Auf seinem Gesicht ist nicht die geringste Bewegung zu sehen, die Stirn ist rein und klar wie immer, leise schaukeln seine goldenen Ohrringe. Das erste Wort, das er sagt, gilt den Institutionen. Niemals vorher hat er diesen exakten und staatsmännischen Traum vor dem Konvent ausgebreitet. Aber heute wird er sie fordern, diese Institutionen, die wichtiger sind als Gesetze und »den menschlichen Hochmut unwiderruflich unter das Joch der öffentlichen Freiheit beugen werden«. Er fährt fort: »Der Ausschuß für Allgemeine Sicherheit und der Wohlfahrtsausschuß haben mich beauftragt...«

In diesem Augenblick springt Tallien auf die Tribüne und verlangt das Wort zur Geschäftsordnung. Mit ausgestreckter Hand zeigt er auf den Mann mit weißgepuderten Haaren, im himmelblauen Frack, der dort auf der ersten Bank sitzt, und schreit irgend etwas. Tausend Augenpaare richten sich auf Robespierre. Mit einem Schlage ist er in den Mittelpunkt des Dramas gerückt. Jeder versucht auf diesem verschlossenen Gesicht zu lesen, jeder gewahrt seine Blässe, jeder bemerkt, daß er die gleiche Kleidung trägt wie neulich beim Fest des Höchsten Wesens. Tallien klagt ihn an: Er hat das Vaterland an den Rand des Abgrunds gebracht. »Ich verlange, daß der Vorhang jetzt ganz zerrissen wird!«

Saint-Just wird nicht weitersprechen, nie wird er seine Rede zu Ende halten. Denn nun erhebt sich Billaud und stellt Saint-Just. Warum hat er seinen Bericht nicht dem Ausschuß vorgelegt? »Man will den Konvent erwürgen«, und auf Robespierre zeigend, fährt er fort: »Die Versammlung würde die Ereignisse und die Lage, in der sie sich befindet, falsch beurteilen, wenn sie sich verheimlichte, daß sie zwischen zwei Abgründen ist. Sie wird zugrunde gehen, wenn sie schwach ist!« Das ist das Wort! Alle Abgeordneten springen von ihren Sitzen auf, rufen »Nein! Nein!« Die wilden Schreie Billauds sind wie Möwen über einem entfesselten Ozean. »Wir sind alle bereit, in Ehren zu sterben, denn niemand unter uns will unter einem Tyrannen leben!«

Jetzt erhebt sich Robespierre, mit beiden Händen zieht er die Aufschläge seines Fracks zurecht und steigt auf die Tribüne. Spricht er? Man hört nichts, denn der Schrei aus tausend Kehlen: »Nieder mit dem Tyrannen!« erfüllt betäubend den hallenden Raum. Sie sind jetzt zu viert auf der Tribüne. Saint-Just ist zwei Stufen heruntergetreten und lehnt sich unbeweglich gegen die Wand. Billaud steht in der Mitte, neben ihm Tallien. Robespierre ist noch mit einem Fuß auf der letzten Stufe, unter den linken Arm hält er seinen Hut gepreßt, mit der rechten Hand klammert er sich an das Rednerpult. Lippen bewegen sich, Münder öffnen sich weit, Arme werden hochgeworfen, Fäuste aufgereckt. Tallien hält plötzlich einen Dolch in den Händen und schwenkt ihn gegen Robespierre. Dazu brüllt er immer wieder ein Wort, aber man hört nichts, der Saal ist ein einziges Toben, die Glocke des Präsidenten Thuriot läutet, das Volk auf den Tribünen trampelt, es ist der Donner des Weltgerichts.

Haltet ein, Männer des Konvents! Da kämpft ihr ums nackte Leben, die Gesichter von Schweiß überströmt, die Halsadern vom Brüllen geschwellt, die Kragen aufgerissen, die Augen verdreht. Ihr wollt leben, weiter nichts. Viele unter euch sind brave Männer, viele sind tüchtige Männer, manche sind Schurken. Ihr habt gekämpft, geduldet, geschuftet. Ihr habt Blut vergossen, Ströme unschuldigen Blutes. Jetzt fühlt ihr euch am Ende, euer Mut und eure Feigheit haben nichts genützt, euer armseliges kleines Menschenleben ist bedroht, und nur die Angst ist es, die euch zu kämpfenden Titanen macht. Ihr denkt an eure persönliche Sicherheit, ihr denkt an den morgigen Tag, höchstens noch an übermorgen. Aber die Idee, die vom Konvent ausgegangen ist und um die Erde läuft, wird noch in hundert Jahren nicht ausgeschöpft sein. Wer möchte euch tadeln, daß ihr eure Haut retten wollt, aber wie nichtig ist eure Angst, gemessen an dem Jahrhundertstrom von Wahrheiten und Irrtümern, den euer kurzes Walten in diesem Raum hier in Bewegung gesetzt hat. Kommende Generationen stehen schon ungeduldig bereit, um alles, was an euch irdisch, allzu irdisch ist, zu vergessen und in euch nur das Riesengeschlecht zu sehen, das »Frei leben oder sterben« auf den Altar des Vaterlandes geschrieben hat. Wenn euer schwacher Menschensinn euch jetzt erlaubte, einen Augenblick zu schweigen und den Atem anzuhalten, so würdet ihr in den Lüften einen Chor seliger Genien vernehmen, der mit Flügelschlägen dahineilt und euch alle, euch Täter und Opfer, euch Sieger und Besiegte, in sein zukunftstrunkenes Lied einschließt. Die Nachwelt, ob sie nun an die von euch verkündete Wahrheit glaubt oder nicht, ist entschlossen, euch über die Erbärmlichkeit eurer inneren Kämpfe zu trösten und euch daran zu erinnern, daß viele unter euch würdig zu sterben verstanden haben, wie es sich für jeden ziemt, der seine irdische Hand an das Schicksal eines Volkes legt. Vergeßt nicht, ihr habt gelehrt, daß das Vaterland eine Mutter ist, die zu den Menschen wie zu Kindern spricht. Haltet an und lauscht dieser Stimme, die ihr und nur ihr hörbar gemacht habt. Da schwenkt ihr die Hüte, ballt die Fäuste und schreit, während die Nachwelt schon mit lichthungrigen Augen zu den hohen Fenstern hereinschaut, während der Atem der Zukunft leise die zerfetzten Fahnen bewegt, die über dem Sitz des Präsidenten Thuriot aufgehängt sind.

Der erste, dessen Stimme wieder hörbar wird, ist Tallien. Er beantragt die sofortige Verhaftung des Generals Hanriot und seines Stabes. Genehmigt! Die Verhaftung des Präsidenten des Revolutionstribunals, Dumas. Genehmigt! Barère spricht in dem abebbenden Lärm einige Worte und schlägt Maßnahmen vor, um einen Aufstand der Kommune zu verhindern. Nun spricht Vadier, dessen Geschwätzigkeit eine gewisse Entspannung herbeiführt. Aber das darf nicht sein, und Tallien verlangt noch einmal das Wort, »um die Aussprache auf den eigentlichen Gegenstand zurückzuführen«.

»Das werde ich schon besorgen!« ruft Robespierre, und noch einmal hat seine Stimme die alte Schärfe und hochmütige Kälte. Wird sie ein letztes Mal ihre Wirkung tun und den Konvent bändigen, der seiner Sache keineswegs sicher ist und keinen festen Kampfplan, sondern nur Furcht hat? Aber kaum hat er den ersten Satz gesprochen, als die Glocke des Vorsitzenden seine Stimme übertönt. Thuriot handhabt diese Glocke ohne Unterlaß, er schwenkt sie wie eine Waffe, wie einen rasenden Hammer, ihr greller Klang ist gleich der übermächtigen Stimme eines boshaften Tieres, das seine Beute nicht locker lassen will.

Erst als Tallien sich erhebt, läßt dieses wütende Läuten einen Augenblick nach. Tallien schleudert neue Anklagen gegen Robespierre und seine Freunde. Warum hat er in den letzten Wochen, welche die kritischsten der Republik waren, im Wohlfahrtsausschuß gefehlt wie ein gewöhnlicher Deserteur, der seine Kameraden in der Stunde der Gefahr im Stich läßt? Warum hat er eine besondere Polizei gegründet, wenn nicht, um den Konvent zu unterdrücken? Robespierre will antworten, aber die Glocke Thuriots setzt sich wieder in Bewegung und mischt ihr wütendes Bellen in die Stimmen der Versammlung.

Hilfesuchend, gejagt und eingekreist läßt Robespierre seine Blicke wandern. Er versucht seinen früheren Freunden auf dem »Berg« ins Gesicht zu sehen, aber die meisten von ihnen wenden sich ab, als ob sie seinen Blick nicht verständen. Hofft er wirklich, irgendwo hier in diesem tosenden und von mörderischen Schreien erfüllten Raum noch Treue zu finden, hat er sich tatsächlich etwas von diesen Männern versprochen, die ihn stets nur gefürchtet haben? Sein verzweifelt wanderndes Auge fällt auf die Männer des »Sumpfes«, auf die Rechte, die seit einem Jahr geschwiegen hat und deren parlamentarische Bedeutungslosigkeit von ihm nie gestört worden ist. Da sitzt Sieyès, als ob ihn das Ganze nichts anginge. Da sitzt Cambacérès, als ob er sagen wollte: »Ich bin nur ein Fachmann!«, da sitzt Boissy und scheint sich an dem Bruderkampf der Terroristen zu weiden. Robespierre ruft ihnen zu:

»An euch, tugendhafte Männer, wende ich mich und nicht an jene Straßenräuber...«

Thuriots Glocke ist auf der Hut, schon tobt ihr Klöppel aufs neue hin und her, wütend, tückisch, unbesiegbar.

»Präsident von Mördern«, schreit Robespierre mit äußerster Anstrengung, »zum letzten Male verlange ich das Wort!«

Was, er nennt uns Mörder? denkt Barère, und blitzschnell ist seine Entscheidung getroffen. Dieser Robespierre und seine Leute sind nicht mehr zu retten. Wer zu ihnen hält, geht mit ihnen unter. Und Barère will keineswegs untergehen. Er läßt die drei fallen, und damit ist ihre Niederlage sicher, denn Barère hat den sechsten Sinn für Sieger und Besiegte. Er täuscht sich nie. Wen er im Stich läßt, der ist wirklich verloren. Wem er zustimmt, der hat wirklich die Oberhand. »Mörder?« ruft er, und mit einer großartigen Bewegung lädt er die überfüllten Tribünen ein, Zeuge dieses schamlosen Angriffes auf die Volksvertretung zu sein. »Ihr habt es gehört, Bürger!« Verworrene Zustimmung antwortet ihm. Die Zuhörer spüren, daß der Konvent siegen wird. Die wilde Verachtung, die Robespierre in seine Schreie legt, der schweigende Hochmut Saint-Justs, das wegwerfende Achselzucken Couthons ist ihnen unverständlich. Diese drei benehmen sich wie große Herren, nicht wie Leute aus dem Volk. Da gefällt ihnen der mit seinem Dolch fuchtelnde

Tallien oder der von seinem eigenen Speichel befleckte Schreihals Lecointre doch besser. Und zügellos mischen sich ihre Stimmen in das Chaos von Gebrüll und Geläute.

Robespierre hebt seine geballten Fäuste dem Präsidenten entgegen und versucht, dessen Glocke zu überschreien. Aber plötzlich bricht seine Stimme ab. Die Kehle gibt keinen Laut mehr her, die Stimmbänder sind wie gelähmt. Eine kalte Angst packt ihn, er fühlt jäh den Schweiß auf seinem Körper. Wo ist seine Stimme? Hat auch sie ihn verlassen? Der Abgeordnete Garnier sieht seine lautlosen Anstrengungen und ruft ihm zu: »Das Blut Dantons erstickt dich!« Robespierre wendet dem Zwischenrufer seinen blutunterlaufenen Blick zu und röchelt: »Ach so! Ihr wollt Danton rächen!« Und mit langsam wiederkehrender Stimmkraft: »Ihr Feiglinge! Warum habt ihr ihn denn nicht verteidigt?«

Dieser Ruf ist fast wie ein Schluchzen. Ja, Danton mußte sterben. Aber schlimmer als seine Umtriebe war die Widerstandslosigkeit, mit der Frankreich sich diesen großen Mann entreißen ließ. Und so wird es immer sein, denkt Robespierre, immer wird der Erfolg und nicht die Wahrheit die Menschen verführen; hier diese wogende Masse, die ihm noch jüngst einstimmig – einstimmig! – das schreckliche Gesetz vom 22. Prairial bewilligt hat, sie gibt ihn preis, weil sie ahnt, daß es ihm nicht auf Macht, sondern auf Beweis ankommt; sie wird jedem dienen, der ihr die Faust zeigt, und sie wird jeden verraten, der sich damit begnügt, an ihre Einsicht und Tugend zu appellieren. Oh, er hat keine Furcht davor, Danton im Reich der Schatten zu begegnen. Denn Danton kannte die Menschen. Gibt es niemand mehr in diesem mit den Fahnen unserer Siege und den Standbildern unserer Tugenden geschmückten Hause, der den Mut hätte, das Vaterland zu retten? Robespierre verläßt seinen Standort und wandert im Saale umher. Er steigt die Gänge zwischen den Bankreihen hoch, aber ein Gefühl überfällt ihn, das zugleich Zuversicht und Schwäche ist. Hinter diesen Wänden liegt Frankreich, aber hinter Frankreich liegt die Unsterblichkeit. Niemand kann ihm die Hoffnung rauben. Geschah nicht alles für die Zukunft? War nicht das ganze Leben nur ein kurzer Kampf gegen das große Einschlafen, das weder Verrat noch Leiden gelten läßt? Und die Abgeordneten, die den Unbestechlichen sinnlos zwischen den Bankreihen umherirren sehen und in unbewußter Angst von ihm wegrücken, wo er erscheint, hören ihn immer wieder das eine Wort flüstern: »Den Tod! Den Tod!«

In der allgemeinen Verwirrung erhebt sich Louchet. Louchet ist das Symbol des 9. Thermidor. Wer ist er? Was hat er bisher geleistet? Niemand kennt ihn, niemals hat er je den Mund geöffnet, niemals wird er ihn wieder öffnen. Er ist eine Null, er ist die Quersumme aller dieser Männer, die sich aus ganz verschiedenen, ja entgegengesetzten Gründen zusammengetan haben, um Robespierre niederzuschlagen. Nichts verbindet sie außer dem gemeinsamen Haß und der gemeinsamen Furcht, nichts haben sie gemeinsam außer dem Gegner. Sie sind so verschieden, daß ihre Kräfte sich gegenseitig aufheben. In diese Leere tritt Louchet und erklärt: »Ich beantrage das Verhaftungsdekret gegen Robespierre!«

Erschrockenes Schweigen folgt diesem Antrag, aber nur einen kleinen Augenblick. Denn plötzlich verstehen alle, daß es mit Robespierre vorbei ist. Jemand hat gewagt, seine Verhaftung zu beantragen. Alles springt auf und ruft: »Abstimmen!« In wenigen Minuten ist die Verhaftung einstimmig beschlossen. Die Abgeordneten begrüßen das Ergebnis mit begeistertem Schwenken ihrer Hüte und mit Rufen: »Es lebe die Republik!« oder »Es lebe die Freiheit!«

Ist niemand da, um Widerspruch zu erheben, um dieser Versammlung zu sagen, daß sie im Begriff ist, nicht nur dem Unbestechlichen und dem Terror, sondern auch sich selbst und der Revolution ein Ende zu machen? Nein, nur Robespierre der Jüngere, genannt Bonbon, erhebt sich, geht auf seinen Bruder zu, erfaßt seine Hand und erklärt: »Ich bin ebenso schuldig wie mein Bruder, ich teile seine Tugenden, ich will auch sein Schicksal teilen!« Da stehen die beiden Brüder Hand in Hand und allein im Sturm, dessen blindes Wüten vor ihrer Treue nicht haltmacht. Nun eilt auch der wackere Philippe Lebas herbei, er ist der Freund dieser beiden, er liebt Saint-Just wie einen Bruder, er ist der Gatte der jungen Elisabeth Duplay, die eben Mutter geworden ist, er ist ein einfacher Mensch, der keine Feinde hat. Er fragt nicht viel, er sieht seine Freunde in Not und tritt an ihre Seite. »Ich will mit der Schande dieses Dekrets nichts zu tun haben«, ruft er, »ich verlange ebenfalls meine Verhaftung!«

Durch die Reihen des Konvents geht ein Schauder. Dieser Neunundzwanzigjährige ist ein guter Mann. Seine reinen Augen spiegeln nur einfache und anständige Gefühle wider. Nie hat er einem anderen etwas zuleide getan. Der Konvent fühlt, daß es nicht viele wie ihn in seinen Reihen gibt. Darf man ihn achtlos in den Abgrund des Todes stoßen? Du Tapferer, du Bescheidener, warum willst du sterben? Ein Murmeln der Ratlosigkeit durcheilt die Reihen. Da bricht Fréron den Bann und verlangt den Haftbefehl gegen Lebas, gegen Saint-Just und Couthon. Nun gibt es kein Zögern mehr. In wenigen Augenblicken sind die Verhaftungen einstimmig angenommen.

Couthon hat während der ganzen Sitzung, die nun schon vier Stunden dauert und deren Sturm sich langsam über die Stadt verbreitet, kaum ein Wort gesagt. Als Fréron ihm zurief, daß er »ein vom Blut der Volksvertretung befleckter Tiger« sei, hat er nur mit den Achseln gezuckt. Aber als derselbe Schreier ihn anklagt, er habe sich »aus den Leichen der Volksvertreter Stufen machen wollen, um auf den Thron zu steigen«, da lächelt er melancholisch, zieht die Decke von den Knien, so daß seine gelähmten Beine allen sichtbar werden, und sagt: »Ich wollte auf den Thron steigen, ich?«

Saint-Just, blasser Todesengel, auf dem jetzt selbst der fahle Schein des Todes liegt! Seit Beginn der Sitzung, seitdem Tallien ihm das Wort entriß, hat er seine Stellung nicht gewechselt. Er ist lediglich zwei Stufen heruntergestiegen, wie um mit den Unreinen, die sich auf die Tribüne drängen, nicht in Berührung zu kommen. Mit verschränkten Armen lehnt er gegen das Holzwerk des über der Tribüne befindlichen Präsidentensitzes. Regungslos blickt er in das tobende Meer, nicht ein einziges Mal hat er die Lippen geöffnet, um auch nur ein Wort zu sich selbst zu sprechen. Nicht einmal der über ihn verhängte Haftbefehl hat ihn bewogen, seine statuenhafte Haltung aufzugeben. In der Hand hat er noch die Rolle mit dem Wortlaut der Rede, die er nicht hat halten können. Es ist eine große Rede, er weiß es. Die ersten Notizen für sie hat er auf den Schlachtfeldern, an den Lagerfeuern niedergeschrieben. Es ist die Rede eines Einsamen, der fast schon aus dem Jenseits spricht. Es ist die Rede eines Schülers, der seinen Meister überflügelt hat, denn er fühlt seit langem, daß Robespierre, den er zum Diktator erheben wollte, in sein Verderben eilt. Es ist die Rede eines Gesetzgebers, dem die Gegenwart zu klein ist und der seinen Anker in die Zukunft wirft, denn zum Schluß dieser Rede hätte er vom Konvent mehr als ein Gesetz, er hätte die Institutionen gefordert, durch die sich der Mensch endgültig der Allmacht des Staates unterwirft.

Nun ist das Leben zu Ende. Collot beantragt, daß Saint-Just seine Rede auf den Tisch des Hauses niederlege. Dieser rührt sich nicht, aber ohne Zögern liefert er dem Saaldiener, der sich ihm nähert, die Rolle aus. Sein Herz ist voll von Verachtung für diese armseligen Intriganten, die sich einbilden, Gesetzgeber zu sein, und vor ihren eigenen Gräbern zurückschaudern. Sie wollen reden und leben, aber er weiß, daß man schweigen und sterben muß. Sein Inneres ist mit Licht gefüllt, kommende Geschlechter werden ihn, davon ist er überzeugt, als den Verkünder jener wahren Gesellschaft ehren, die nicht auf dem Trieb zum Leben, sondern auf dem Opfer aufgebaut ist. Ein breiter Sonnenstreif, in dem dick und wolkig der Staub tanzt, erfaßt langsam seine Gestalt und läßt sein goldenes Haar aufleuchten. Seine großen Ohrringe schaukeln leise. Starr, wie verzaubert steht er da, es sieht fast so aus, als ob er schon tot sei. Oh, er könnte noch handeln, er könnte noch seine Haut retten, wenn er wollte! Aber er hat an der Front gelernt, daß man die Seinen nicht im Stich läßt, wenn die Schlacht verloren ist. Ja, die Schlacht allein könnte ihm vielleicht den Abschied vom Leben schwermachen! Der Krieg ist herrlich, die Fahnen sind schön, und die Marseillaise ist das einzige auf der Welt, das ihn je hat trunken machen können. Noch einmal vor der stürmenden Infanterie hermarschieren, taktfest, jung, den Federhut hoch auf der Spitze des Säbels!

So träumt er, regungslos, blicklos, und der Höllenlärm der Versammlung dringt kaum noch in sein Bewußtsein. Aber Robespierre träumt nicht, er kämpft. Er kämpft für seinen Bruder und für Lebas. Sie sind im tiefsten Sinne des politischen Schicksals unschuldig. Sie sollen nicht sterben! Mit zerbrochener Stimme stürmt er aufs neue gegen die Glocke des Präsidenten an. Sein totenbleiches und von Schweiß überströmtes Gesicht ist von Erbitterung wie zerfetzt, in seinen Mundwinkeln bildet sich weißer Schaum, seine geballten Fäuste zittern. Aber er kommt nicht mehr zu Wort, die Abgeordneten, die Tribünen, die Saaldiener, alles schließt sich zu einem einzigen Geheul des Protestes zusammen. Die Fenster klirren. Die zerfetzten Fahnen über dem Präsidentenstuhl beben. Thuriot will diesem Weltuntergang ein Ende machen. Er erhebt sich und setzt seinen Hut auf: die Sitzung ist unterbrochen. In dem abebbenden Lärm hört man Frérons erschöpfte Stimme: »Welch schwere Arbeit, einen Tyrannen niederzuschlagen!«

Niemand verläßt während der kurzen Sitzungspause den Saal. Die Abgeordneten wischen sich mit zitternden Händen den Schweiß von der Stirn und atmen ein wenig auf. Was für ein Tag, und noch ist er nicht zu Ende! Da unten sitzen die Ausgestoßenen. Muß man sie nicht fürchten, solange sie noch in Freiheit sind, ja solange sie noch leben? Als Thuriot die Sitzung wieder eröffnet, setzt das Haus eine Vorlage über Frontkämpferzulagen auf die Tagesordnung und tritt sogleich in die Beratung ein. Man möchte so gern unbefangen erscheinen und so tun, als ob ein kleiner Zwischenfall geregelt und nun alles in Ordnung sei. Aber niemand ist imstande, der Vorlage seine volle Aufmerksamkeit zuzuwenden. Immer wieder irren die Blicke zur ersten Bankreihe hin, wo Robespierre mit den Seinen sitzt. Jetzt nähert sich ein Saaldiener der Gruppe, er hält ein Papier in der Hand, die Abschrift des Haftbefehls. Robespierre nimmt das Schriftstück, wirft einen flüchtigen Blick darauf und legt es dann auf seinen Hut, um mit dem neben ihm sitzenden Bonbon weiterzusprechen.

Die Gleichgültigkeit dieser Bewegung zeigt dem Konvent deutlich, daß Robespierre sich noch nicht völlig verloren fühlt. Und so ist es wirklich. Der Geschlagene sieht noch zwei Möglichkeiten, seine Sache durch eine verzweifelte Kraftanstrengung zu retten. Noch gibt es die Kommune, die in den Händen seiner Freunde ist und die nur darauf wartet, dem Konvent wieder einmal eine Lehre zu erteilen. Und wenn dort die Führung versagt, so wird das Revolutionstribunal tausendmal zögern, ehe es ihn, Robespierre, verurteilt. Sind die Geschworenen nicht seine Kreaturen, ist nicht auch Marat freigesprochen und als Triumphator aus dem Gerichtssaal getragen worden? Dieser Haftbefehl ist also noch nicht das letzte Wort. Der Konvent liest den Gedanken förmlich auf Robespierres Stirn, der Eifer für die Frontkämpferzulagen nimmt schnell ab, die Unruhe greift aufs neue um sich, ein Mann springt nervös auf und verlangt, daß der Haftbefehl gegen die fünf Mitglieder sofort vollstreckt werde, damit diese »nicht länger den Konvent durch ihre Anwesenheit besudeln«. Robespierre blickt kalt zum Präsidenten auf und sagt mit schneidender Stimme: »Wir werden den Schluß der Sitzung abwarten und ...«

Weiter kommt er nicht, der Lärm, der jetzt einsetzt, ist wütender und fesselloser denn je. Zum ersten Male seit Beginn der Sitzung tauschen Saint-Just und Robespierre einen Blick. Ein kleines Lächeln geht zwischen ihnen hin und her, ein Lächeln gemeinsamer Verachtung und Einsicht. Man hat

Kommune zu stellen, alle Bürger werden aufgefordert, Hanriot lebend oder tot herbeizuschaffen, die Überwachungsausschüsse der Sektionen treten sofort zusammen und senden dem Wohlfahrtsausschuß jede Stunde einen Bericht über die Lage, die Truppenteile der Armee und der Nationalgarde schicken jede halbe Stunde einen Befehlsempfänger in die Tuilerien, Fleuriot-Lescot und Payan sind umgehend zu verhaften.

Paris, das hellhörige und schnellfühlende Paris würde auch ohne das harte Läuten der Sturmglocke begreifen, daß etwas Wichtiges vorgeht. Aber was? Auf der Terrasse des Feuillants, am Seineufer, im Tuileriengarten sammeln sich die Menschen. Andere drängen sich vor dem Rathaus zusammen. Überall werden die Neugierigen unsanft von den hin und her eilenden Ordonnanzen, Boten und Offizieren auseinandergestoßen, die sich sporenklirrend und mit verschlossenen Gesichtern ihren Weg bahnen. Kein Hauch bewegt die träge und glühende Luft, unbeweglich, wie erstarrt hängen die staubbedeckten Blätter an den Bäumen. Die Limonadenhändler machen gute Geschäfte. Fröhlich tönt ihre Schelle durch das bange Gemurmel der Menge. An dem vor Hitze fast schwarzen Himmel ist eine fette, weiße Wolke aufgestiegen.

Die von den Sektionen der Nationalgarde einberufenen Bürger begeben sich zu ihren Sammelplätzen. Sie haben es eilig, im Laufen knöpfen sie den Uniformrock zu, und manche tragen ein Brot auf das Bajonett gespießt, denn wer weiß, wann man zum häuslichen Suppentopf zurückkann. Die Befehle der Kommune und die Gegenbefehle des Konvents schaffen Unordnung und Ratlosigkeit. Von allen Seiten laufen Hilfeschreie der Sektionen im Rathaus oder in den Tuilerien ein: »Was sollen wir tun? Wir brauchen eine einheitliche Führung!«

Der Führer der Nationalgarde ist General Hanriot, dessen Verhaftung der Konvent schon um zwei Uhr mittags beschlossen hat. Aber er hat den Gerichtsboten, der ihm den Haftbefehl vorlegte, unter gräßlichen Flüchen zur Tür hinausgeworfen und dabei die konfusesten Reden geführt. Kein Zweifel, dieser sonst durchaus nüchterne Mann ist seit mehreren Stunden völlig betrunken, fuchtelt mit dem Säbel, brüllt seine Adjutanten an, galoppiert an der Spitze seines federgeschmückten und waffenblitzenden Stabes auf schäumendem Gaul sinnlos durch die Stadt, reitet harmlose Gaffer über den Haufen und verbreitet mit seinem Geschrei und seinen unverständlichen Befehlen die größte Verwirrung. Angstvoll sehen die Menschen dieser säbelschwingenden Horde nach, bis sie in einer Staubwolke verschwindet. Hanriot hat erfahren, daß Robespierre und die Seinen in den Räumen des Sicherheitsausschusses bewacht werden, um von dort ins Gefängnis gebracht zu werden. Er durchbricht mit seinen Begleitern die Absperrung, tritt die Türen ein und steht plötzlich Robespierre gegenüber, der ihm seelenruhig guten Tag wünscht und ihm rät, nichts zu unternehmen: »Laß mich nur vor das Tribunal gehen! Ich werde mich schon verteidigen!« Hanriot glotzt nur, er versteht kein Wort. Ehe er sich versieht, sind die über den Haufen gerannten Gendarmen herbeigestürmt, werfen sich auf ihn und fesseln ihn. Er ist gefangen.

Immer noch läutet die Sturmglocke, aber zahlreiche Bürger, die bei ihren Sammelstellen nichts Klares haben erfahren können, gehen wieder nach Hause, ziehen ihre Uniformen aus, um sich schlafen zu legen oder um sich unter die Neugierigen zu mischen. Immer noch drängt sich das Volk vor den Tuilerien und dem Rathaus, ohne zu verstehen, was eigentlich vor sich geht. Aber wissen die Hauptfiguren dieses Dramas es selbst, weiß die Kommune, weiß der Konvent, weiß Robespierre, wer in diesem Augenblick die Macht in den Händen hat? Vom Rathaus ist der Befehl an alle Gefängnisse ergangen, keine neuen Häftlinge mehr aufzunehmen. Kommt die Anordnung zu spät oder wird sie nicht beachtet? Robespierre der Jüngere wird im Gefängnis Lazare abgelehnt, aber nur wegen Überfüllung. Er landet schließlich im Gefängnis La Force. Couthon wird auf einem Bett in der Kanzlei des Gefängnisses La Bourbe abgeladen. Saint-Just wird ins ehemalige schottische Seminar hinter dem Panthéon eingesperrt, und Lebas verschwindet in der Strafanstalt des Departements. Aber nicht für lange, denn die Kommune wird sie bald befreien. Robespierre kommt gegen acht Uhr abends – es ist noch hell, und der Himmel füllt sich mit rötlich angestrahlten Gewitterwolken – in einer Droschke am Tor des Luxembourg an. Die ihn begleitenden Polizisten verhandeln mit dem Gefängnispförtner, der ihnen den Befehl vorweist, keine neuen Häftlinge aufzunehmen. Robespierre in seinem eleganten, hellblauen Frack wird sogleich von der Menge erkannt, einige rufen ihm »Hoch Robespierre!« zu, die meisten betrachten ihn mit vorsichtigem Schweigen. Nach kurzer Beratung mit den Polizisten läßt er sich in die Amtsräume der Polizeiverwaltung am Quai des Orfèvres fahren. Die Leute, die dort umherstehen, sehen ihn aus dem Wagen herausstürzen und, ein Taschentuch gegen den Mund gepreßt, mit verstörter Miene im Gebäude verschwinden.

Da sitzt er nun unter den Beamten der Polizeiverwaltung und hört ihren halblauten Gesprächen zu. Aber bedarf die Kommune nicht seiner führenden Hand? Der Weg des Aufruhrs ist beschritten, ein Zurückweichen ist unmöglich. Wenn man Robespierre um Rat gefragt hätte, so hätte er zweifellos gewarnt. Denn er weiß, daß er in diesem Aufruhr die Hauptrolle zu spielen hat, obwohl es nie seine Sache gewesen ist, an der Spitze der aufständischen Massen zu marschieren. Er ist kein Führer, er ist ein Denker. Er kann Gläubige in die Knie zwingen, aber er kann nicht zu den Sektionen eilen und sie zu kampfesfreudigen Stoßtrupps zusammenballen. Robespierre ist ein Mann der Formalitäten, er ist am größten, wenn er nachts an seinem Schreibtisch das Papier mit den langen und lückenlosen Sätzen einer Rede bedeckt, aber er ist schwach, wenn er auf der Stelle aus einem ratlosen und lärmenden Haufen ein politisches Instrument machen soll. Seine Fähigkeit ist die unbeirrbare Verwaltung und Verwirklichung des Dogmas, aber nicht die hurtige Improvisation, die sich erst in lebendiger Fühlung mit der Masse entzündet. Er weiß dies besser als irgendein anderer Mensch, und darum hört er mit widerstreitenden Gefühlen die Stimme der Sturmglocke, die ihm zuzurufen scheint: »Komm schnell! Komm schnell!«

Weltanschauung und politische Wirklichkeit sind mit einem Schlage so nahe aneinandergerückt worden, daß Robespierres Seele von Zweifeln und Kummer zerrissen wird. Hat er falsch gelebt, hat er sich zu viel mit den Grundsätzen und zu wenig mit den Menschen beschäftigt? Die Nachrichten, die ihm hier im Büro der Polizeiverwaltung zugehen, zeigen deutlich, daß die Waffe, die er sich in höchster Vollendung geschmiedet zu haben glaubt, nicht wirksam ist. Die revolutionären Ausschüsse bei den Sektionen sind von ihm ebenso unermüdlich gereinigt worden wie der Jakobinerklub. Seine Leute haben alle wichtigen Beamtenposten und politischen Stellungen in der Hand, sie sind nicht nur politisch, sondern auch materiell von ihm abhängig. Denn sie sind ja fast alle bezahlte Beamte. Man sollte glauben, daß sie sich bei der Kunde von seiner Verhaftung mit einem Schlage in Bewegung setzen würden. Aber nichts dergleichen geschieht, die meisten Leute erscheinen überhaupt nicht auf ihren Posten, die Ausschüsse treten nur in wenigen Sektionen zusammen. Der Klub tagt, aber er ist gespalten, er weist plötzlich zahlreiche Freunde Fouchés auf und tastet hin und her. Alle diese Menschen haben sich durch das Bewußtsein von Robespierres unumschränkter Macht politisch behauptet. Nun ist diese Macht in Frage gestellt. Sie hängen in der Luft, denn er hat an *ihre* Macht geglaubt, und sie haben sich auf *seine* Macht verlassen.

Ja, sie hängen in der Luft. Das Volk von Paris entzieht sich ihnen. Jäh wird ihnen deutlich, daß sie seit Monaten über die Köpfe der Masse hinwegregiert haben, daß sie dem Bürger das öffentliche Geschäft aus der Hand gewunden und ihn dadurch zur Gleichgültigkeit und Indolenz verurteilt haben. Die Stunde ist gekommen, Paris müßte jetzt das Dogma von der Volksherrschaft in machtvolle und schlagkräftige Wirklichkeit umsetzen. Aber Paris bleibt zu Hause, soweit es nicht als neugierige

Zuschauermenge mit den Händen in den Taschen zu den erleuchteten Fenstern des Rathauses oder des Konvents hinaufblickt. Die politische Müdigkeit einer durch gewalttätige Klubs und Gruppen terrorisierten Bevölkerung lähmt den Aufstand der Kommune. Die Arbeiterquartiere hätten noch am ehesten Lust, den Rufen aus dem Rathaus Gehör zu schenken, aber in ihren Reihen gehen die Schatten eines Chaumette, eines Jacques Roux um und weisen auf Robespierre als ihren Mörder und den Vernichter des wahren sozialen Ausgleichs zugunsten des Proletariats. Und sind nicht seit kaum einer Woche die Höchstlöhne in Kraft gesetzt, für die Robespierre als der eigentliche Machthaber die volle Verantwortung trägt? Nein, es kann keine Rede davon sein, daß die Sektionen wie ein Mann aufstünden und dem Unbestechlichen zu Hilfe eilten. Zögernd finden sich kleine Abteilungen auf der Place de Grève vor dem Rathaus ein. Langsam füllt sich der Platz mit Batterien und Mannschaften. Und wäre dort nicht der herkulische Coffinhal mit seiner Donnerstimme und seiner unverwüstlich guten Laune, so würde mit der kleinen Truppe überhaupt nichts anzufangen sein.

Der Konvent ist um sieben Uhr abends zu einer Dauersitzung zusammengetreten, um die Ereignisse geschlossen beobachten zu können. Die Räume der Ausschüsse sind leer, alles ist in den Sitzungssaal zusammengeströmt, nur Carnot sitzt einsam an seinem Pult unter der grünen Lampe und arbeitet an einer Denkschrift über die leichte Artillerie. Aufruhr oder nicht, die Armeen können nicht warten, und niemals arbeitet es sich ungestörter, als wenn alle Kollegen im Konvent versammelt sind und er in dem stillen Raum allein zurückbleiben kann. Collot leitet die Sitzung. Die Nachrichten, die unaufhörlich einlaufen, sind sehr schlecht. Die Fühlungnahme mit der Truppe ist nicht gelungen. Die Sektionen sind dem Hilferuf der Volksvertreter ebenso zögernd und unvollständig gefolgt wie der Aufstandsparole des Rathauses. Die Tuilerien sind unbewacht. Plötzlich kommt atemlos ein Bote gelaufen und flüstert dem Präsidenten etwas ins Ohr. Collot erhebt sich bleich und teilt mit, daß Coffinhal mit einer Abteilung Artillerie das Gebäude des Sicherheitsausschusses besetzt. Hanriot befreit habe und nun gegen den Konvent anrücke.

Tragisches Schweigen erfüllt den weiten Raum. Collot fügt hinzu: »Bürger, der Augenblick ist gekommen, auf unserem Posten zu sterben!« Das Publikum auf den Tribünen und in den Wandelgängen drängt dem Ausgang zu, die Lage wird brenzlig, der Konvent soll sehen, wie er fertig wird. Das Getrappel der eiligen Füße verscheucht für einige Minuten das bange Schweigen. Dann ist der Konvent allein. Er wartet. Das Flackern der Kerzen macht die großen Schatten des Raumes nur noch tiefer und drohender. Träge schleicht die Zeit dahin. Manche Abgeordnete sind mit dem Kopf auf ihrem Pult eingeschlafen, andere schreiben eifrig, andere wieder unterhalten sich im Flüsterton miteinander. Ist es das Ende? Von draußen dringt undeutlich der Lärm von Waffen, von rollenden Kanonen und trabenden Hufen herein, man hört ferne Stimmen, Schreie, verwehende Kommandos. Wird Hanriot gleich in diesen Saal dringen und den Konvent mit dem blanken Säbel auseinandertreiben? Hanriot erscheint nicht, auch Coffinhal erscheint nicht, der Lärm draußen scheint sich zu verziehen. Was ist geschehen? Einige Abgeordnete wagen sich ins Freie und kommen sofort jubelnd zurück: Die Truppen der Kommune sind abgerückt.

Tatsächlich, sie sind abgerückt. Niemand weiß, warum. Dem Konvent ist das Leben wiedergeschenkt. Eifer und Eile fährt in die Versammlung, alles hat sich von den Sitzen erhoben, alles ruft durcheinander, alles meldet sich gleichzeitig zum Wort. Endlich gelingt es Voulland vom Sicherheitsausschuß, sich Gehör zu verschaffen. Er schlägt zwei entscheidende Verfügungen vor. Robespierre und alle Leute, die ihn unterstützen, werden in Acht erklärt. Das bedeutet, daß sie, sobald sie verhaftet sind, ohne Prozeß, ohne Urteil hingerichtet werden. Ferner wird Barras zum Oberbefehlshaber der Nationalgarde und aller in Paris und Umgebung stehenden Truppen ernannt. Barras trifft sogleich seine Maßnahmen. Alle erreichbaren Truppen von

Paris, Meudon und Saint-Germain treten sofort auf der Place du Carrousel an und erhalten scharfe Munition. Sämtliche Brücken und sämtliche auf den Tuileriengarten mündenden Straßen werden besetzt. Dann wartet er, damit die Ächtung Robespierres und seiner Freunde ihre Wirkung tun kann.

Die junge Frau Lebas, welchc die ganze Nacht auf den Beinen ist, um zu crfahren, was aus ihrem Gatten geworden ist, sieht kurz vor Mitternacht einen seltsamen Zug. Drei Abgeordnete zu Pferd kommen den Quai entlanggeritten, sie tragen ihre Federhüte und ihre trikoloren Schärpen. Vor ihnen gehen einige Trommler und vier Gendarmen, welche rauchende Pechfackeln emporhalten. Der Zug hält an jeder Straßenecke, die Trommeln schlagen einen Wirbel, die Abgeordneten ziehen ihre Säbel, und einer von ihnen verliest mit schallender Stimme die Ächtung Robespierres, seines Bruders, Couthons, Saint-Justs, Lebas', Hanriots, Fleuriots, Payans »und aller, die den Verschwörern Hilfe leisten oder ihren Anordnungen folgen«. Elisabeth Lebas begreift, daß das Ende da ist.

Die Geächteten sind in diesem Augenblick in einem Saal des Rathauses versammelt. Robespierre hat bis zum letzten Augenblick gezögert, seinen Aufenthaltsort in den Räumen der Polizeiverwaltung zu verlassen. Aber als aus dem Rathaus die Nachricht eintrifft: »Der vom Stadtrat ernannte Vollzugsausschuß bedarf deiner Ratschläge. Komm auf der Stelle!«, da entschließt er sich, zu seinen Freunden zu stoßen. Sein Glaube, daß der Aufstand der Kommune sich durchsetzen werde, ist freilich völlig geschwunden. Die Nachricht von dem Ächtungsbefehl hat jeden Zweifel bei ihm beseitigt: Alles ist verloren, denn kein Nationalgardist, kein Gedarm ist dem eisigen Schrekken gewachsen, der von dem Wort »vogelfrei« ausgeht. Auf einen Prozeß vor dem Revolutionstribunal kann man also nicht mehr rechnen. Er betritt das Rathaus mit der Gewißheit, daß er besiegt ist.

Der neugeschaffene Vollzugsausschuß ist im Saal der Gleichheit versammelt und empfängt Robespierre mit wilder Begeisterung. Die meisten Freunde sind da. Augustin Robespierre und Saint-Just sind schon vor einigen Stunden auf freien Fuß gesetzt und hierhergebracht worden. Nur Couthon fehlt noch. Eilends wirft Augustin eine Botschaft auf ein Stück Papier und läßt seinen Bruder und Saint-Just mitunterschreiben:

»Couthon, alle Patrioten sind geächtet, das ganze Volk hat sich erhoben. Es wäre Verrat an ihm, wenn du dich nicht mit uns der Kommune zur Verfügung stellen würdest, wo wir in diesem Augenblick sind.«

Die Botschaft trifft den Gelähmten fest schlafend an. Aber kaum daß er die Zeilen gelesen hat, ruft er auch schon nach seinem Gendarmen, läßt sich von ihm in den Rollstuhl heben, und die Fahrt geht los. Niemand denkt daran, ihn zurückzuhalten. Das Gefängnis liegt am Ende der Rue Jacques, einer schnurgeraden und abschüssigen Straße, die fast bis zum Rathaus führt. Couthon läßt den Rollstuhl die steile Straße hinabsausen, der Gendarm hat große Mühe, im Trab zu folgen. Erschrocken sehen die Leute dem seltsamen Fahrzeug nach.

Die Front des Rathauses ist hell erleuchtet. Die Kommune hat eine Illumination des Gebäudes, wie sie bei festlichen Gelegenheiten üblich ist, angeordnet, damit die Umgebung mit ihren winkligen Gäßchen und ineinandergedrängten Häuschen übersehbar wird. Im ersten Stock sind Robespierre und seine Freunde versammelt. Payan hat bereits einen Hilferuf an Robespierres eigene Sektion gesandt. Jetzt schreiben sie zusammen einen Aufruf an die Armeen. »In wessen Namen?« fragt der eilig redigierende Robespierre den neben ihm sitzenden Couthon. Dieser schlägt vor, daß man im Namen des Konvents schreiben solle, weil hier im Saale die entscheidenden Männer dieser Körperschaft versammelt seien. Robespierre widerspricht: »Ich bin der Ansicht, man sollte im Namen des französischen Volkes schreiben.« Dann wendet er sich an den Gendarmen, der hinter Couthon steht, erfaßt seine Hand und sagt: »Ihr Gendarmen seid brave Leute, bleibt uns nur immer treu. Du solltest jetzt hinuntergehen und die Leute gegen die Verschwörer aufbringen.« In diesem Augenblick fällt ein Blitz, dem sofort ein gewaltiger Donnerschlag folgt. Ein jäher Windstoß fegt Staub und welke Blätter herein, eilig werden die Fenster geschlossen. Dann setzt auch schon der Regen ein. Hart wie ein stählerner Trommelwirbel stürzt er herab.

Der Gewitterguß vertreibt die wenigen Truppen, die noch auf dem Platz vor dem Rathaus geblieben waren. Die Kanoniere flüchten in die Kneipen oder gehen ganz einfach nach Hause. Nur wenige Posten bleiben bei den Geschützen zurück, deren dicke Rohre im Regen glänzen. Mitternacht ist vorüber, langsam wandert das Gewitter fort. Der Regen läßt nach. Die Wolken teilen sich und lassen wieder einige Sterne sehen. Sogleich wird auch die schwere Julihitze wieder spürbar, die in diesen Wochen nicht einmal nachts weichen will. Der Boden dampft, die Luft ist mit schwüler Feuchtigkeit gesättigt. Die da oben tagen immer noch, die Lämpchen der Illumination sind vom Regen fortgeschwemmt, aber die sieben großen Fenster des ersten Stocks schneiden leuchtende Rechtecke in die dunkle Front des Gebäudes.

Marschtritte und Trommelschläge werden laut und nähern sich langsam. Sie erschallen sowohl vom Fluß als auch von der Rue Honoré her. Die Truppen des Konvents sind im Anmarsch, zwei Kolonnen unter Führung von Léonard Bourdon und Barras bewegen sich auf das Rathaus zu. Ein Adjutant Hanriots hat das Losungswort verraten, so daß die beiden Abteilungen keinen Widerstand finden. Die wenigen Posten, die auf dem Platz zurückgeblieben sind, werden schnell überwältigt. Noch drei Sprünge, und Bourdon stürmt mit seinen Leuten das Treppenhaus hinauf. In wenigen Sekunden ist der Platz, sind Gänge und Hallen mit Bewaffneten gefüllt. Schüsse fallen, die Türen werden mit Kolben eingeschlagen, das Getrampel genagelter Stiefel dröhnt die steinernen Korridore entlang, der Dampf des Pulvers schleicht in dicken Wolken unter den Gewölben hin, Schreie werden laut, Flüche mischen sich mit Schmerzenslauten, Hilferufen und dem dumpfen Gepolter stürzender Körper.

Die Truppen, die auf dem Platze nachdrängen, sehen ein seltsames Schauspiel. Ein junger Mann klettert zu einem Fenster des oberen Stockwerks heraus, er hält seine Schuhe in der Hand, er blickt suchend um sich, irrt einige Augenblicke auf dem steinernen Gesims hin und her und wirft sich dann kopfüber hinab. Der Körper fällt in die unten zusammengedrängte Menge, reißt zwei Leute zu Boden und bleibt dann auf den Steinen liegen. Es ist der jüngere Robespierre, er atmet noch, aber er ist schrecklich verletzt. Jetzt wissen alle Leute, daß die Kommune ihre Sache verloren gibt. Sich schiebend und stoßend drängt alles nach und überflutet die Gänge des Rathauses. Die Eindringenden finden endlich zu dem Raum hin, in dem Robespierre sich aufhält. Sie schlagen die Tür ein. Lebas liegt tot am Boden. Die erstarrte Hand hält die Pistole umklammert. Robespierre erhebt seine Waffe; ein Schuß fällt, – hat er auf sich selbst gezielt? Die Kugel geht ihm in den Unterkiefer, blutüberströmt fällt er auf den ersten Mann, der den Raum betritt. Er wird sogleich sorgfältig ausgestreckt, er atmet noch. Das Blut färbt seinen hellblauen Frack dunkel. Saint-Just läßt sich widerstandslos verhaften. Couthon ist eine steinerne Treppe hinuntergestürzt und wird, aus einer tiefen Kopfwunde blutend, ergriffen. Hanriot hat sich in einem Schacht zu verbergen gesucht und ist dabei in eine Kloake gefallen, wo er erst am anderen Tage gefunden wird. Kurz vor zwei Uhr morgens wird Maximilien Robespierre auf einem Brett in die Tuilerien getragen. Der Konvent tagt noch. Der Präsident, dem die Ankunft des Verwundeten gemeldet wird, fragt die Versammlung:

»Der Feigling Robespierre ist da. Wollt ihr, daß er hereinkommt?«

»Nein, nein!« erschallt es von allen Seiten, und immer noch klingt Furcht in den Stimmen mit.

»Der Platz eines Tyrannen«, ruft Thuriot aus, »kann nur die Pest bringen. Der gegebene Platz für ihn und seine Spießgesellen ist der Richtplatz. Die beiden Ausschüsse müssen sogleich die notwendigen Maßnahmen ergreifen, damit das Schwert des Gesetzes sie unverzüglich treffen kann.«

Großer Jubel begrüßt diese kurze Ansprache. Alles hat sich von den Sitzen erhoben. Weiße Taschentücher und Hüte mit dreifarbigen Federbüschen werden in der Luft geschwenkt. Die Tribünen klatschen in die Hände. Die zerfetzten Fahnen von Wattignies und Fleurus beben leise in der von Jubel erschütterten Luft.

Robespierre wird in einen Warteraum des Wohlfahrtsausschusses getragen und dort auf einen Tisch gelegt. Still blutet seine Wunde. Der 10. Thermidor ist angebrochen.

Schlafen

Inmitten der großen Welt und ihrer Geschehnisse leben die Millionen Welten des menschlichen Leidens und der menschlichen Freuden. Wer wagt zu entscheiden, was wichtiger und lebendiger ist: der Lauf der Geschichte, die auf ihrem Flügelwagen aus dem Gewölk bricht, um über die Bühne des Jahrhunderts zu rollen, oder der von unzähligen Hoffnungen, Erkenntnissen und Verzichten erfüllte Kosmos, der sich in einer einzigen Träne widerspiegelt? Ist dieser Tag des 10. Thermidor das Ende der Schreckensherrschaft, ja der Revolution, oder ist er der Abgrund bitteren Leides, mit dem niemand Erbarmen hat und das sich schweigend verzehren muß, bis es in Tod und göttlichem Erbarmen erlischt? Arme Seele, in deinen namenlosen Kummer eingekerkert, wie bist du verlassen! Du hast an die äußersten Grenzen der irdischen Macht gerührt, du hast versucht, den Menschen nach deinem Bilde zu formen, wie es einst der Schöpfer mit seellosem Lehm tat, du hast deinen Finger auf jenen dunklen Spiegel gelegt, der Verwirklichung heißt, du hast keinen Herrn über dir gehabt als deinen Gedanken. Du hast keiner Macht gehuldigt außer deinem Traum. Und nun bist du endlich dir selbst wiedergegeben und deinem Leid.

Ein Kind, das auf dem Wege zur Schule ist und den Pont Neuf entlangtrödelt, hat eine Begegnung, die es sein Leben lang nicht vergessen wird – es steht plötzlich dem Unbestechlichen gegenüber; er sitzt auf einem Sessel, die vier Träger, die im Begriff sind, ihn in die Conciergerie zu schaffen, haben ihre Last abgesetzt, um zu verschnaufen. Es ist Vormittag, die Seine strömt in der Sonne blitzend dahin, die Tauben trippeln über das Pflaster, die Brücke donnert von Wagen, die Menschen eilen ihres Wegs – und mitten unter ihnen, wie ein Pfeiler, der einen Strom teilt, sitzt Robespierre auf seinem Sessel, den Kopf dick verbunden, die Strümpfe bis auf die Schuhe herunterhängend und mit geschlossenen Augen wartend, bis die Träger genügend Atem geschöpft haben, um ihn weiterzutragen.

Im Gefängnis bleibt er nur kurz. Fouqier-Tinville wartet schon, um sich die Gefangenen vorführen zu lassen. Da sie sämtlich in Acht erklärt worden sind und daher eine Verhandlung nicht mehr erforderlich ist, geht die Sitzung sehr schnell vonstatten. Der Schub beträgt einundzwanzig Personen, denn Lebas ist ja schon tot. Vier Bahren werden in den Gerichtssaal getragen, auf ihnen liegen die Verwundeten, Robespierre, Couthon, der jüngere Robespierre, der schwere innere Verletzungen hat und kaum noch bei Bewußtsein ist, und Hanriot, der von seinem Sturz ebenfalls bös mitgenommen ist. Die übrigen stehen neben den Tragbahren. »Bist du Maximilien Robespierre?« fragt der Vorsitzende. Der Daliegende nickt mühsam mit dem Kopf. Auch die übrigen Geächteten werden namentlich aufgerufen. Damit ist ihre Identität festgestellt, das übrige ist Sache des Henkers.

Paris ist in einer Feststimmung, die sich bei den Gefangenen am stärksten Luft macht. In der Nachbarschaft der Gefängnisse sind die Menschen auf die Dächer gestiegen, um den Häftlingen in den Höfen freudige Zeichen zu geben und ihnen die baldige Befreiung anzukündigen. Im Gefängnis Le Plessis drücken die Männer die Gitter ein, welche die Frauenabteilung abtrennen. Alles umarmt sich und lacht und weint vor Freude. Die düsteren Mauern hallen von heiteren Gesängen wider, das Leben hat aufs neue begonnen, die frisch eingelieferten Robespierristen werden mit ironischem Beifallklatschen, mit Beschimpfungen und schließlich mit Schlägen empfangen. Eine neue Zeit mit neuer Macht und neuen Opfern ist gekommen. Die Verschwörer haben ihr Ziel erreicht, sie haben den niedergeschlagen, den sie den Tyrannen nannten, aber ihre eigene Tyrannei sollte dabei keinen Schaden nehmen. Die wenigsten unter ihnen hatten die Absicht, der Herrschaft des Schreckens ein Ende zu machen, sie wollten lediglich das Triumvirat Robespierre beseitigen. Aber Frankreich nimmt ihnen den Sieg aus der Hand und macht ein eigenes Ding daraus: das Ende der Revolution. Mit Robespierre ist die Herrschaft der Jakobiner gebrochen, der Prophet ist gefallen, und die Gemeinschaft der Rechtgläubigen wird in alle Winde geblasen. Das künstliche Gefüge der Volksgesellschaften und revolutionären Ausschüsse, das den Terror ermöglichte, stürzt zusammen. Der Schrecken ist wie eine Flüssigkeit, die ihres Gefäßes beraubt ist und nun verströmt.

Die Verschwörer, die diesen Staatsstreich gemacht haben, sind sich in diesem Augenblick noch nicht klar darüber, daß sie kein einheitliches Gebilde darstellen, sondern nur durch die Furcht vor jenem zusammengeschweißt wurden, der gleich sterben wird. Morgen werden sie in ihre ursprünglichen Gegensätze, Verschiedenheiten und Feindschaften zurückfallen. Die Furcht war so groß, daß sie nicht einmal den Gedanken an den kommenden Tag hat aufkommen lassen. Der Herrscher ist gestürzt, aber nichts ist vorbereitet, um seine Nachfolge zu regeln. Der Konvent glaubt sich befreit zu haben und hat nur seinen eigenen Verfall eingeleitet. Die Volksvertretung wird von Stufe zu Stufe sinken, bis ihre letzten Reste von Buonapartes Grenadieren zu den Fenstern des Schlosses von St. Cloud hinausgejagt werden. Wo war das Volk gestern? Wo wird es morgen sein? Am ehesten noch an der Front, unter Waffen. In diesen Stunden werden diejenigen geboren, die als Trümmer der Jungen Garde in den glühenden Schmelztiegel von Waterloo eingehen werden.

Der Tyrann ist gestürzt, und die Republik der Geschäftsfreunde, der Kriegsgewinnler, der ausgehaltenen Frauen und der Lebemänner kann beginnen. »Nun wird kein Blut mehr fließen«, sagen die Leute, aber es wird noch viel Blut fließen.

Und doch haben sie recht, denn der Tod hört auf, ein Teil der Politik zu sein. Der Staatsgedanke ist nicht mehr auf dem Tode aufgebaut. Noch viele Menschen werden auf den Richtplätzen sterben, auch viele Unschuldige werden daran glauben müssen, aber der Staat wird alles tun, um ihnen vorher eine strafbare Handlung nachzuweisen. Der Tod wird nicht mehr der feierlich bekannte Sinn der Politik, sondern ihre peinliche Begleiterscheinung sein. Der Wettstreit wird sich nicht mehr zwischen Tugend und Tod, sondern zwischen dem Lebenswillen und der Erbärmlichkeit abspielen.

Vorläufig ist der Konvent Sieger und nimmt als solcher seit neun Uhr morgens die von allen Seiten einströmenden Huldigungen entgegen. Alles beeilt sich, den Mächtigen von gestern einen Fußtritt zu versetzen und den Herren von heute Weihrauch dafür zu streuen, daß sie »das Vaterland gerettet« und die Verschwörer niedergeschlagen haben, »die sich einbildeten, den majestätischen Gang der Revolution aufhalten zu können«. Stundenlang defilieren die Abordnungen mit ihren Glückwünschen vorbei, bis Thuriot schließlich über den Zeitverlust besorgt wird und den Antrag stellt, die Guillotine solle für den heutigen Tag auf ihren alten Platz verlegt werden. So wird es beschlossen. Das Instrument wird am südöstlichen Stadtrand, wo es seit dem Fest des Höchsten Wesens steht, abgebrochen und nach dem Platz der Revolution geschafft. Damit vergeht Zeit, und die Karren können erst gegen sechs Uhr abends den Hof des Tribunals verlassen.

Der Weg vom Gitter des Justizpalastes bis zur Richtstätte ist von einer unermeßlichen Menschenmenge besetzt. Die Fenster und Balkone der Rue Honoré sind zu hohen Preisen vermietet und quellen von Menschen über. Die Gitter, auf welche sich die Neugierigen stützen, sind mit Teppichen überhängt, die Frauen sind mit Bändern und Blumen geschmückt, die drückende Hitze erlaubt ihnen, alle überflüssigen Hüllen abzuwerfen und sich in durchsichtigen Tuniken aus Musselin zu zeigen. Im tiefen Ausschnitt tragen sie Blumen, die schnell verwelken, ihre nackten

Schultern glänzen, wenn sie sich zu den hinter ihnen stehenden Kavalieren wenden, um sich das Opernglas geben zu lassen oder eine Portion Fruchteis entgegenzunehmen.

Schon von weitem kündigt sich der Zug durch das Geheul, die Pfiffe und das Hohngeschrei an, das ihn begleitet. Das Gedränge auf der Straße ist so lebensgefährlich, daß die Karren nur langsam vorwärtskommen und die Reiter mit der flachen Klinge Platz schaffen müssen. Im ersten Fahrzeug sitzt Hanriot, die Uniform noch mit dem Kot der Kloake bedeckt, in der er aufgefunden wurde, die Wangen zerfetzt, ein Auge blutig aus der Höhle hängend. Zu seinen Füßen liegt der sterbende Bonbon. Saint-Just lehnt aufrecht am Gitter des Karrens, sein brauner Frack und seine weiße Weste sind sauber und straff, ein einziges Strohhälmchen aus der Gefängniszelle steckt in seinen goldenen Locken, sonst ist seine Erscheinung ohne Tadel. Im nächsten Karren sitzt Robespierre, sein Kopf ist immer noch von der Serviette umwickelt, die von altem Blut ganz dunkelbraun ist. Der große Verband macht ihn fast unkenntlich, viele Neugierige fragen die Gendarmen, wer nun eigentlich Robespierre sei, und diese zeigen erklärend mit der Spitze ihres Säbels auf die einzelnen Verurteilten: »Das ist der Haupttyrann, das im dritten Wagen ist der lahme Couthon, das ist der Herr Bürgermeister, das ist der Bluthund Dumas vom Tribunal!« und so fort. Es gibt auch Leute unter den Zuschauern, Männer in Schurz und Hemdsärmeln, die besonders nach den gestürzten Herren der Kommune ausschauen und bei ihrem Anblick ausrufen: »Nieder mit den Höchstlöhnen!«

Immer wieder stockt der Zug, er ist schon dreiviertel Stunden unterwegs und noch immer in der Rue Honoré. Jetzt hält er aufs neue an. Da ist das Haus Duplay. Robespierre blickt auf und schließt dann schnell die Augen. Das Geheul der Menge wächst an, einige Weiber fassen sich an der Hand und tanzen eine Ronde um den Karren. Ein Metzgerlehrling nimmt einen Besen, taucht ihn in einen mit Ochsenblut gefüllten Eimer und beschmiert die Fensterläden des Hauses damit. Robespierre sieht nichts von all dieser Schmach. Der Schmerz in seinem Inneren ist so übermäßig, daß er jede andere Empfindung überschwemmt und ihn fast fühllos macht. Das Weh ist wie eine Woge, die sich überschlägt und in eine dumpfe Seligkeit verläuft: Komm, holder Tod, komm schnell, du schöner Tod! Er weiß nicht, daß drinnen im Hause Elisabeth Lebas und Eleonore Duplay auf dem Boden des verdunkelten Hofzimmers liegen und, von stundenlangem Schluchzen gebrochen, wie Tote schlafen. Er weiß nicht, daß die übrige Familie seit dem frühen Morgen im Gefängnis sitzt und daß Mutter Duplay sich in diesem Augenblick schon am Gitterfenster ihrer Zelle erhängt hat, ein Ausgabenbuch und zwei Paar Brillen hinterlassend. Er weiß und fühlt nichts mehr. Taumelnd treibt sein Herz auf der Flut des Todes dahin.

Erst um halb sieben Uhr abends kommt der Zug am Fuß der Guillotine an. Der ungeheure Platz ist von der Brüstung des Tuileriengartens bis zum Eingang der Champs-Élysées dicht mit Menschen gefüllt. Couthon wird als erster auf das Schafott getragen. Es erweist sich als unmöglich, den Krüppel auf dem Brett auszustrecken. Er wird auf die Seite gelegt und es dauert fast eine Viertelstunde, bis der Kopf in die Halseisen eingespannt ist und das Messer fallen kann. Donnerndes Freudengeschrei begleitet jeden fallenden Kopf. Robespierre ist von den Schergen auf den Boden gelegt worden. Sie haben ihm den hellblauen Frack über die Schultern herabgerissen, um seinen Hals freizumachen. Regungslos liegt er da und blickt in den Himmel, während seine Freunde sterben. Jetzt steigt Saint-Just die Treppe hinauf. Er ist bleich, aber unbewegt. Starr hält er seinen schönen Kopf aufgerichtet, leise schaukeln die großen Ohrringe. Kalt blickt er auf das blutige Dreieck aus Stahl. Für ihn hat der Tod keine Schrecken. »Die großen Männer sterben nicht in ihrem Bett«, hat er einst gesagt. Er ist nicht das Opfer des Todes, sondern sein Herr. Er ist der Genius, der die Zukunft an sein Herz gepreßt hält und sich vom Tod wie von einem Windstoß in eine andere Landschaft tragen läßt. Ist niemand da, um ihm Lebewohl zuzuflüstern? Niemand, und das ist gut so, denn er ist schon zu entrückt, um noch eine irdische Stimme vernehmen zu wollen. Sie ergreifen ihn, verwehender Glanz, sein blonder Kopf verschwindet, das Messer fällt.

Robespierre soll als vorletzter sterben, ihm wird nur noch Fleuriot-Lescot, der Bürgermeister, folgen. Man richtet den Gefesselten auf, festen und schnellen Schrittes ersteigt er die Stufen. Da steht er unter dem noch hellen Himmel des Pariser Sommerabends, gleich einem Orkan dringt der Schrei der Menge zu ihm herauf. Wer ist es, der dort so schreit, wem gehören die vielen tausend geöffneten Münder, die zahllosen aufgereckten Arme, diese Augen, diese Stimmen? Dem Volk, dem französischen Volk? Nein, das kann nicht sein, er hat das Volk gesehen, sein Hauch hat ihn gestreift, seine Stimme hat ihn getröstet, wenn er an seinem kleinen Tisch in der Nacht arbeitete. Er nimmt sein Geheimnis mit sich... Aber Robespierre kommt mit seinen Gedanken nicht weiter. Der Henker packt ihn und reißt den Verband, den er um den Kopf trägt, mit einem Ruck ab. Die fürchterliche Wunde kommt zum Vorschein, der Unterkiefer hängt lose herab, Blut stürzt aus dem klaffenden Munde. Robespierre stößt einen wilden Schmerzensschrei aus, so wild und gellend, daß er über den ganzen weiten Platz hörbar ist. So ist das letzte, was die Welt von Maximilien Robespierre hört, der Schrei der Kreatur, der Schrei des vergewaltigten Lebens. Die unerschöpfliche Wunde und der allmächtige Schmerzenslaut – so schwebt der Unbestechliche ein letztes Mal zu Häupten des Volkes, ehe die Schergen ihn packen und unter das Messer legen, das hart herabfällt.

Wenige Augenblicke später verkündet Tallien dem soeben zu einer Abendsitzung zusammengetretenen Konvent: »Das Haupt der Verschwörer ist gefallen...« Weiter kommt er nicht, tosender Beifall von allen Bänken und Tribünen setzt ein und erschüttert minutenlang das Haus. Mühsam verschafft er sich noch einmal Gehör und ruft: »Laßt uns zu unseren Mitbürgern stoßen, teilen wir die allgemeine Fröhlichkeit. Der Todestag eines Tyrannen ist ein Fest für die Brüderlichkeit!«

»Unter rauschendem Beifall und Schreien der Freude«, wie der Stenograph vermerkt, wird die Sitzung aufgehoben.

Der Friedhof von Errancis liegt in einer Ecke des Parkes Monceau, unmittelbar an der Stadtmauer. Es ist eine öde Gegend, nur wenige Häuser stehen dort, aber schöne alte Bäume, die den Vögeln gefallen. Das Gelände wird seit einiger Zeit nicht mehr zu Begräbnissen benutzt, für die Toten des 10. Thermidor wird es jedoch noch einmal geöffnet, um dann für immer geschlossen zu werden. Die Grube ist schon am Nachmittag ausgehoben worden, beim sinkenden Licht geht der Wagen mit den Leichen hinaus. Mit raschen Griffen wird das große Erdloch gefüllt. Bevor die Männer es mit Erde zuschaufeln, schütten sie eine dicke Lage ungelöschten Kalk über die Körper, »um zu verhindern, daß eines Tages mit ihnen ein Kult getrieben wird«.

Es ist noch etwas hell, als die Arbeit vollendet ist. Die Männer verlassen den umfriedeten Platz und vernageln die rohe Brettertür, die in die Mauer eingelassen ist. Der älteste der Totengräber zögert ein wenig, still und glühend ruht das spärliche Licht auf den regungslosen Bäumen. Kein Vogellaut ist hörbar. Wo bist du, großes und wildatmendes Paris, wo bist du, Welt mit deiner Lust und deinem Schmerz? Die Zeit steht eine kleine Weile still – gerade so lange, wie ein kurzes Gebet dauert – und nun will sie weiterströmen. Der alte Mann an der Tür sucht umständlich in seiner Tasche, holt ein Stück Kreide hervor und schreibt quer über die rohen Bretter:

»SCHLAFEN«

Friedrich Sieburg
Das literarische Werk

1920 Die Erlösung der Straße Gedichte
1922 Oktoberlegende Erzählungen
1929 Gott in Frankreich? Ein Versuch
Auch französisch, englisch, schwedisch, norwegisch, italienisch, ungarisch, tschechisch, estnisch
(Erweiterter Neudruck 1954)
1931 Frankreichs rote Kinder
Auch französisch (Neudruck 1956)
1931 Vendée
Auch französisch
1932 Die rote Arktis
»Malygins« empfindsame Reise
Auch französisch
1933 Es werde Deutschland
Auch französisch und englisch
1934 Polen
Legende und Wirklichkeit
1935 Robespierre
Auch französisch, englisch, dänisch, norwegisch, schwedisch, ungarisch, italienisch
(Neudruck 1948 und 1958. Auch als Taschenbuch)
1937 Portugal Bildnis eines alten Landes
Auch französisch
1938 Afrikanischer Frühling Eine Reise
Auch französisch

1939 Blick durchs Fenster
Aus zehn Jahren Frankreich und England
Auch französisch
(Neudruck 1965. Auch als Taschenbuch)
1939 Die stählerne Blume   Eine Reise nach Japan
Auch französisch und italienisch
1949 Schwarzweiße Magie
Über die Freiheit der Presse
1950 Unsere schönsten Jahre
Ein Leben mit Paris
Auch französisch
1951 Was nie verstummt
Begegnungen
1952 Geliebte Ferne
Der schönsten Jahre anderer Teil
1953 Hundertmal Gabriele   Erzählung
(Neudruck 1964)
1953 Kleine Geschichte Frankreichs
(Erweiterte Ausgabe 1964)
1954 Die Lust am Untergang
Selbstgespräche auf Bundesebene
(Auch als Taschenbuch)
1955 Nur für Leser   Jahre und Bücher
(Auch als Taschenbuch)
1956 Napoleon
Die hundert Tage
Auch französisch, englisch, holländisch und spanisch
1959 Paris   Anblick und Rückblick
(Reclams Universalbibliothek)
1959 Chateaubriand
Romantik und Politik
Auch englisch
1960 Helden und Opfer
(Insel-Bücherei)

1961 Lauter letzte Tage
Prosa aus zehn Jahren
(Sonderausgabe in der Reihe »Die Bücher der Neunzehn« 1963)

1961 Eine Maiwoche in Paris

1961 Im Licht und Schatten der Freiheit
Frankreich 1789–1848
Bilder und Texte
Auch französisch

1964 Gemischte Gefühle
Notizen zum Lauf der Zeit
(Gekürzte Neuausgabe 1978)

1966 Verloren ist kein Wort
Disputationen mit fortgeschrittenen Lesern

1967 Nicht ohne Liebe
Profile der Weltliteratur

1967 Robespierre Napeoleon Chateaubriand
Einbändige Ausgabe

1974 Das Geld des Königs
Eine Studie über Colbert